Kirsten Jüngling

»Ich bin doch nicht nur schlecht«
NELLY MANN

Kirsten Jüngling

»Ich bin doch nicht nur schlecht«

NELLY MANN

Die Biografie

Propyläen

Propyläen ist ein Verlag der Ullstein Buchverlage GmbH
www.propylaeen-verlag.de

ISBN 978-3-549-07269-1

Lektorat: Julia Niehaus
Gesetzt aus der Adobe Garamond
bei Pinkuin Satz und Datentechnik, Berlin
Druck und Bindung: Friedrich Pustet, Regensburg
Printed in Germany

Inhalt

I. KAPITEL

»Ich kann gut laufen, ich habe Füße
wie ein Landbriefträger.«

9

II. KAPITEL

»Jedenfalls zog sie aus, um von Berlin
Besitz zu ergreifen.«

19

Frauen um Heinrich Mann – ein Exkurs
»Er war ja ein Mann der Kontraste.«

20

III. KAPITEL

»Das ist Tusnelda Kannichtsdafür«

45

IV. KAPITEL

»Aber was wird ein Götterweib schon telegraphieren,
es kann nur ›Geld‹ heissen.«

69

V. KAPITEL

»Lieber Heinrich, dass Du über mich schlecht denkst,
macht nichts. Du hast mir oft Unrecht getan.«

97

VI. KAPITEL

»Meiner Frau kann ich helfen gesund zu werden,
wenn ich mich mit ihr trauen lasse.«

113

VII. KAPITEL

»Außer der Küche und dem Wein gibt es noch
einige große Kleinigkeiten, an die man sich
schwer gewöhnen wird!!«

121

VIII. KAPITEL

»Wie habe ich mir Amerika anders gedacht.«

131

IX. KAPITEL

»Henri suchte die Augen, sie waren geschlossen,
alle Farben erloschen, und dieser Schlaf
schien unheilvoll.«

151

Nach Nelly

167

Zu diesem Buch

173

Anmerkungen

177

Quellen und Literatur

223

Dank

231

Bildnachweis

234

Personenregister

235

1. Kapitel

»Ich kann gut laufen, ich habe Füße wie ein Landbriefträger.«[1]

Mai 1897. Es blühen Pflaumenbäume, Kirschbäume, Apfel- und Birnbäume. Und der Duft des Rapses liegt betörend über dem oldenburgischen Land zwischen Nord- und Ostsee, zieht bis in die Gassen der »Fleckensgemeinden« Ahrensbök, Barghorst, Grebenhagen, Holstendorf, Lebatz, Neuhof, Spechserholz, Schwochel. Weiß und Gelb – und grüner Schimmer über den Äckern: Winterweizen, Winterroggen. Und blauer Himmel? Aufmerksam beobachten die reicheren Hufner und ärmeren Kätner, die zusammen mit ihren Leuten die Felder bestellen, das Wetter. Es gibt Tage, an denen die schwere Arbeit im Freien Freude macht. Auch den Briefträgern! In den letzten Monaten sind sie meist in Sturm, Nässe und Kälte unterwegs gewesen, und das zu Fuß. Bislang kennt nicht einmal die Post in der Metropole Berlin das Fahrrad[2] als Dienstfahrzeug. Auf ihren Wegen zwischen Wiesen, Weiden und Äckern begegnen sie dem Gesinde, in den Dörfern werden sie von Hausfrauen und Mägden erwartet, die darin wetteifern, die schmuck uniformierten[3] und sich von den Bauern und Tagelöhnern so vorteilhaft abhebenden Männer für sich einzunehmen.

Bertha Margaretha Elise Westphal scheint das im Mai 1897 in Ahrensbök gelungen zu sein. Im folgenden Jahr, am 15. Februar nachmittags um drei, bringt sie ihre zweite nicht eheliche Tochter zur Welt.[4] Die Hebamme Margareta Catharina Lilienthal[5] zeigt dem Standesbeamten die Geburt der kleinen Emmy

9

Johanna an. Am 11. April wird das Kind evangelisch getauft. Eine Frau Schuldiener, eine Frau Bäckermeister und die Frau Händler Troplowitz, in deren Haus die Dienstmagd niedergekommen ist, fungieren als Patinnen.[6]

»Ich kann gut laufen, ich habe Füße wie ein Landbriefträger«,[7] bemerkte Emmy-Nelly später gern spöttisch. Die Kinder auf der Straße hatten sie über ihre Herkunft aufgeklärt. Die Mutter wollte nicht darüber sprechen. Die Briefträger waren in Verruf geraten. In Emmys Geburtsjahr waren sie – ein in Ahrensbök bis heute unvergessener Skandal – einer von der Turnerschaft veranstalteten Maskerade aus Protest ferngeblieben. Vorangegangen war eine Kontroverse, einige hohe Herren waren dagegen gewesen, sie einzuladen. Wer weiß, warum? Besaßen doch vier der neun Briefträger im Bezirk immerhin ein eigenes Haus, und ihre Zunft galt als unbescholten. Also boykottierten die Verschmähten die ansonsten »glänzend« verlaufene Veranstaltung. Querelen, die offenbaren, dass Ansehen immer schon etwas mit Herkunft, Profession, Vermögen und Verhalten zu tun hatte.

Uneheliche Geburten waren damals weder eine Ausnahme – 1898 kamen in Ahrensbök von hundertzehn Kindern fünfzehn mit diesem Prädikat zur Welt – noch zwingend von Nachteil. Eine gute Magd entließ man deshalb noch lange nicht. Es herrschte Arbeitskräftemangel, die Armut hatte Ende des 19. Jahrhunderts viele junge Frauen in die Stadt, nach Lübeck oder Hamburg, getrieben, wo sie ihr Auskommen in »besseren« Haushalten suchten. In den kümmerlichen Leutestuben auf dem Land mussten sich oft drei Schläferinnen einen mit Stroh gefüllten Bettkasten teilen und mit jeweils einer Kommodenschublade zur Unterbringung ihrer allerdings meist geringen Habe zufrieden geben. Wie auch mit zweimal täglich Buchweizengrütze, ergänzt durch Buchweizenklöße und Buchweizenpfannkuchen, jahrein, jahraus. Wer gezwungen war, sich mit unehelichen Kindern am Bein (die immerhin auch bald in der Landwirtschaft würden mithelfen können) in die beschränkten Verhältnisse der Dienstherren zu fügen, war unbedingt erwünscht. Welche dieser jungen Frauen hätte damals die Muße, die Fähigkeit und das Interesse haben können, in Tagebüchern oder Briefen über all das zu berichten? Bertha Westphal etwa? Was hätte sie erzählen können über die Zeit zwischen dem Frühling 1872 – da kam sie in Eilsdorf als »eheliche Tochter des Tischlers Heinrich Detlev Westphal und der Elsabe Magdalena« zur Welt – und 1898, dem Geburtsjahr ihres zweiten Kindes?[8] Von Eilsdorf nach Ahrensbök ist es ein kurzer Weg, man kann ihn zu Fuß gehen. Doch die Ereignisse, die Bertha dorthin führten, sind nicht überliefert. Wie auch das Leben der Tochter vor ihrer Bekanntschaft mit dem berühmten Schriftsteller Heinrich Mann durch keine private Zeile von ihr selbst dokumentiert ist. Erinnerungen von Familienmitgliedern und Zeitzeugen sucht man nahezu vergebens.[9]

So bleibt unsicher, wann Bertha Westphal ins beschauliche Ahrensbök zog, wo noch ein uniformierter Nachtwächter ab zehn Uhr abends bis in die Morgendämmerung hinein die Stunden ausrief. Als ihre zweite Tochter geboren wurde, wohnte sie jedenfalls im Haus des Händlers[10] und fünffachen Familienvaters Noah Troplowitz.[11] Der Sohn eines jüdischen Agenten und dessen christlicher Ehefrau war aus dem schlesischen Gleiwitz nach Ahrensbök gekommen, wo er die Schneiderin Dorothea Helena Johanna Stegemann kennenlernte. Kurz vor der Hochzeit mit ihr ließ er sich evangelisch taufen. Troplowitz wird oft als Vater Emmy Johannas gesehen – eine verführerische These, denn nach ihr gäbe es einen gut dokumentierten Stammbaum sowie die Gewissheit, dass Emmys leiblicher Vater Halbjude war, was allein schon Grund genug für ihre Flucht 1933 gewesen wäre. Doch zwingend ist sie keineswegs. Dass ihre Mutter Mieterin im Hause Troplowitz war,[12] erklärt die Geburt des Kindes dort. Und nicht zu vergessen: Emmy selbst hielt sich für die Tochter des Briefträgers! Das dürfte von größerer Bedeutung gewesen sein als eine erst in den siebziger Jahren publik gemachte Vaterschaftsvermutung, die überdies vom Urheber revidiert wurde. Mit Emmy Johanna und der drei Jahre älteren Elsa Emma Westphal lebten im Haus des Händlers, einem nicht allzu großen Weberkaten am Ortsrand von Ahrensbök,[13] also zeitweise sieben Kinder. Die Töchter der Dienstmagd hatten sich, für einige wenige Jahre, in diesen Verband einzuordnen.

Bertha Westphal dürfen wir uns wohl als eine begehrenswerte Person vorstellen, fleißig und anpassungswillig, wie sie war. Nicolaus Heinrich Kröger, ein Niendorfer Fischer, nahm sie zur Ehefrau und ihre Töchter bei sich auf. Im Juni 1903 wurde das erste Kröger-Kind geboren: Ein Sohn, August Hermann Carl getauft, genannt Audi.[14] Da war Emmy fünf. Ein gutes Jahr später kam Käthe Sophie Elise[15] und nach etwas mehr als drei Jahren Hedwig Bertha[16] zur Welt. Als im Mai 1910 Walter Ewald[17] geboren wurde, war der Vater sechsunddreißig, die Mutter achtunddreißig Jahre alt. Sie sollten, da war Nelly längst tot, ihre Goldene Hochzeit feiern. Ein anrührendes Foto zeigt Nicolaus, Bertha buchstäblich noch immer zugeneigt; er hat den Arm um die zierliche Frau gelegt, der man ein arbeitsreiches Leben ansieht und in deren Gesichtszügen man die von Nelly erkennt.

»Wie haben wir beide immer gelacht und wie hat sie mich immer bemuttert in unserer Jugendzeit in Hamburg. [...] In Lübeck schleppte sie mich durch alle Museen [...].« Schon damals also Ausflüge in die Stadt. Und: »Wie schön war es in Niendorf bei ihren lieben Eltern, täglich gab es dort frische Fische.« Lebenslustig, großzügig, neugierig, »und so sehr natürlich«[18] beschrieb Ilse Paduck ihre Freundin Emmy. Ihre Äußerungen sprechen nicht für *Ein ernstes Leben*,[19] nicht für eine Kindheit und Jugend, wie sie Heinrich Mann aus Nellys Erinnerungen destilliert haben soll, doch das ist eine andere Geschichte. Fischiger Geruch und raue Hände waren jedenfalls Berthas Sache. Bertha und Nicolaus als Eltern, die vier jüngeren Krögers als Geschwister, so verstand es die Freundin, so wollte es Emmy. Tatsächlich findet sich am

linken Rand ihrer Geburtsurkunde folgender Nachtrag: »Ahrensbök den 30. Dezember 1920. In seiner vor dem unterzeichneten
Standesbeamten am 29. Dezember 1920 abgegebenen Erklärung
hat der Fischer Nicolaus Wilhelm Heinrich Kröger, wohnhaft
in Niendorf an der Ostsee als Ehemann der Mutter des neben-
bezeichneten Kindes, diesem mit Einwilligung der Mutter und
des Kindes, seinen Familiennamen Kröger erteilt.« Warum? Vor
allem: Warum zu diesem Zeitpunkt? Die Zweiundzwanzigjährige
will (zusammen mit der drei Jahre älteren Elsa Emma) darum gebeten haben: »Mutter, Du hast einen guten Mann, warum heißen
wir nicht auch Kröger?«[20] So ihre eigene, vage Erklärung für die
späte Namensänderung. Denn darum handelt es sich wohl, auf
eine regelrechte Adoption deutet jedenfalls nichts hin. Wohl aber
darauf, dass mit dieser Aktion bis zur Volljährigkeit gewartet
wurde, weil kein leiblicher Vater ihr nun mehr zustimmen musste.[21] Man kann davon ausgehen, dass Emmy-Nelly zufrieden war,
denn sie identifizierte sich mit dem Namen Kröger, solange sie
lebte. Hierin also lag sie richtig.

Betrachten wir allerdings ihre nächste Zukunft, finden sich
einige Gründe, an ihrem Instinkt für das, was ihr gut tat, zu
zweifeln. Nach dem Abschluss der Niendorfer Volksschule[22] ließ
sie sich zur Näherin oder Schneiderin in Lübeck oder Hamburg
ausbilden. Doch sie wollte mehr aus sich machen, das »spieße-
rische«[23] ablegen. Also würde sie sich schließlich Nelly nennen,
sich nach Berlin wagen – und auf die Nase fallen, zunächst.
Möglich, dass ihr die Berlin-Idee durch Feriengäste gekommen
war. Im Seebad galt sie als eine »Strandschönheit«. Charly Ewers,
ein gewitzter Fischer, der während der Saison Ausflügler über die
Lübecker Bucht segelte, verfasste sogar ein vierstrophiges Gedicht
auf das großgewachsene, angenehm zur Üppigkeit neigende rot-
blonde Mädchen.[24]

Keine Frage: Allein durch die äußere Erscheinung beeindrucken zu können verschafft ein Gefühl von Macht über Menschen, speziell über Männer. Warum sie nicht nutzen? Sicher

war es in den zwanziger Jahren schwer, als junge Schneiderin den Lebensunterhalt zu verdienen. Doch es gab eben auch andere Wege. Ihrer führte offenbar zu Schmidt, Werner, oder, wie sie ihn nannte, Werther. Bankier soll er gewesen sein. Joachim Seyppel, der in den siebziger Jahren erstmals zu Nelly Mann recherchierte und diese spärlichen Informationen bekam, urteilte damals nach einem inzwischen verschollenen Foto: »[...] ein Schwerenöter anno 1924, 1925, so schätze ich, in weißen Tennishosen, Sakko, Hemd und Schlips und fürchterlich glatt rasiert, das Haar auch glatt und in der Mitte wie mit dem Beil gescheitelt, Typ Dr. med. oder jur. im Rot-Weiß Tennis-Club Berlin mit Villa [...].«[25] Auf einem Bild Nellys aus dieser Zeit – es ist das früheste, das wir kennen – ist auch ihr Scheitel präzise gezogen, die Locken sind perfekt gelegt. Zum schulterfreien Kleid trägt sie ein dreireihiges Perlenarmband, Ehering mit Vorsteckring und zeigt, trotz geschminkter Lippen, nach wie vor ein richtiges Schulmädchengesicht. »Mach sie glücklich«,[26] diesen schlichten Appell soll die zur standesamtlichen Trauung nach Berlin gereiste Brautmutter an Schmidt gerichtet haben. Umsonst. Die Ehe wurde schon bald geschieden, der Name Schmidt von Nelly abgelegt.

Immer wieder ist in Veröffentlichungen über Nelly Mann von einem Kind die Rede. Wo ist es geblieben? Wurde es überhaupt geboren? Starb es, oder wurde es zur Adoption freigegeben? Wenn ja, warum? Ist das Scheitern der Schmidt-Ehe damit verknüpft?[27] Oder Nellys spätere Kinderlosigkeit? Oder mehr? Wer soll der Vater gewesen sein? Von Nelly ist zu alldem nichts überliefert. Wenn einer Bescheid wusste, dann Heinrich Mann. Nelly erzählte ihm viel aus ihrer »Vergangenheit«. Er ließ sich inspirieren, mehr war es wohl nicht, zu seinem Roman *Ein ernstes Leben*. Und wenn darin die Heldin ein uneheliches Kind hat, so mag das ebenso wenig auf Nelly zutreffen wie die sehr ärmlichen Verhältnisse, in denen ihr Alter Ego Marie Lehning aufwuchs.[28] Viel später, in Los Angeles, unterzeichnete sie jedenfalls ihr Testament samt dem Passus: »I hereby declare that I have no issue of my body, and I expressly disinherit any person who may claim to be related to me except my beloved husband.«[29]

Nellys Entschluss, nach Berlin zu gehen, beinhaltete den Wunsch, Niendorf zu verlassen. Aber nie brach sie mit ihrer Heimat, nie verlernte sie ihr Plattdüütsch. Sie sprach es auch am Kurfürstendamm und gefiel damit einem wirklichen Herrn, dem berühmten Schriftsteller, und – war das für die als Fischerstochter mit gesellschaftlichen Ambitionen auftretende Nelly nicht wichtiger? – Sohn eines Lübecker Senators.

Heinrich Mann hatte keine Probleme, sich das Umfeld, in dem diese Bardame aufgewachsen war, vorzustellen. Niendorf liegt nah bei Lübeck, vielleicht war er als Kind mit seinem Vater dort gewesen, wenn er als prospektiver Erbe ins Geschäft eingeführt werden sollte: »Mit ihm im gemieteten Zweispänner über Land zu fahren war ein Fest. Die großen Bauern erschienen auf ihren Türschwellen, wir wurden bewirtet, und alles Getreide ging dabei in seine Speicher über.«[30] Einer Nelly Kröger zuzuhören, wie sie im vertrauten Dialekt das Leben auf dem Lande schilderte, so wie sie es kannte, musste die Faszination und die Irritation wiederbeleben, die das Senatorensöhnchen auf seinen Ausflügen erfahren hatte. Doch verstand Heinrich Mann ihre Geschichten? Konnte er neben der Schlichtheit auch die Geborgenheit des Lebens nachvollziehen, von dem diese Frau erzählte? Das Gefühl, den gestampften Boden einer weiträumigen Diele zu betreten, das Zentrum des Hauses, wo gearbeitet wurde, wo man Vorräte lagerte, wo das Herdfeuer brannte, in dessen Qualm Speckseiten zum Räuchern hingen? Nach links und rechts Türen zu öffnen zur Werkstatt, zu Ställen oder Stuben und Kammern, wo Herrschaft und Leute in schrecklich-schöner Nähe zueinander hausten? In der Lübecker Mengstraße war die Diele gefliest, es gab einen Keller nur für den Wein, ein einzigartiges Zimmer, das nach der Tapete »Landschaftszimmer« genannt wurde, und – Trompel'oeil auch das – mit echtem Fell überzogene Spielzeugschafe sowie hölzerne Soldaten, denen der Knabe Heinrich in seiner maßgeschneiderten Uniform Befehle erteilen konnte.

Die Niendorfer Katen, die nichts anderes sein wollten als eben Niendorfer Katen, glichen einander bis aufs Tafelwerk der Wände und die reetgedeckten Walmdächer. Nur gab es kleinere und größere, Bauernkaten und Fischerkaten, so wie den Kröger'schen. Ein Foto zeigt ihn, allerdings nicht mehr mit Reet auf dem Dach: Ziegelbau, zweistöckig, traufständig; in der Mitte, unter einer Spitzgaube, geht es einige Stufen hinauf zur zweiflügeligen Eingangstür, die in eine Utlucht, einen Vorbau mit vielen Fenstern, führt.[31] Ärmlich ist das nicht.[32] Die Adresse: Nagelsallee 1, Strandnähe, unweit der Boote, mit denen die Fischer zu den Fangplätzen in der Lübecker Bucht und um Fehmarn unweit der dänischen Küste segelten und bei Flaute auch ruderten. Eine schwere und gefährliche Arbeit, das wusste Nelly, und war entsprechend beeindruckt, wenn sie diesen Männern in ihren braunen Wettermänteln und Südwestern und den bis über die Knie reichenden Lederstiefeln beim Hantieren mit den Segeln, Netzen und Reusen zuschaute. Oder beim Entfachen des Feuers unterm Lohkessel, in dem eine streng riechende Brühe aus Eichenrinde kochte, zum Imprägnieren von Kleidung, Netzen, Segeln. Oder beim Verstauen des Fangs im Eishaus: Hering, Dorsch, Lachs, Sprotte und Butt, wie sie schimmernd ins Kältelager glitten.

Und erst die Steinfischer. Mit Zangen holten sie tonnenschwere Findlinge aus der See, vom Gletscherfluss abgehobelte, in südliche Richtung verschobene erratische Blöcke. Zu Molen, Wellenbrechern wurden sie aufgeschichtet zum Schutz vor den winterlichen Sturmfluten – wie der legendären, mit über zwei Metern Hochwasser in der Nacht vom 30. auf den 31. März 1913 oder einer ähnlich schlimmen fünf Jahre zuvor. Auch dieses Bild nutzte Heinrich Mann für seinen Roman, Marie Lehnings Vater kommt in den Wellen um.[33] Nelly musste in ihrer Kindheit und Jugend keinen derartigen Verlust beklagen. In ihren Niendorfer Sommern waren die Dünen voll von duftenden Immortellen.

Wenn bei Westwind das Meer zurücktrat, liefen die Kinder mit Eimern über den Strand, um sie mit Köderwürmern und den schönen rötlichen und bläulichen Seesternen zu füllen. Sie wussten, wo die gelbe Teichrose blühte, wo das Reet wuchs und wo es gelagert wurde, bis es Dächer deckte. Sie stöberten Schleiereulen auf und beobachteten Kolkraben. Sie erforschten Gräben und Hecken und ließen sich dabei von Mücken zerstechen. Sie besuchten die Pferde auf ihren Koppeln, das Milchvieh auf den Weiden, die Schweine in den Kiefernwäldchen. Niendorf: Fischerdorf, Bauerndorf. Und, seit Mitte des 19. Jahrhunderts, seit die erste Gastwirtschaft eröffnet hatte und die Erlaubnis erteilt worden war, Badekarren zu »halten«, Fremdenverkehrsort. Diese Entwicklung war durch nichts, nicht einmal durch den Ersten Weltkrieg, aufzuhalten gewesen. Ein Katen war bald zu Johannsens Hotel ausgebaut worden; Gäste, auch prominente (1911 beispielsweise Hermann Löns, der hier eine veritable Ehekrise durchlebte und dennoch 1913 wiederkam), erreichten den Ort zunächst zu Fuß, mit Breaks oder Landauern, ab 1913 mit der Eisenbahn. Da war Niendorf bereits ans Telefonnetz angeschlossen. 1915 wurde erstmals die elektrische Straßenbeleuchtung eingeschaltet, von 1920 bis 1922 dauerte der Ausbau der Aalbekmündung zum Fischereihafen. Nelly war da vielleicht schon in Berlin.

17

II. Kapitel

»Jedenfalls zog sie aus, um von Berlin
Besitz zu ergreifen.«[1]

Die Niendorfer Idylle – vorbei. Berlin also. Ereignete sich in
der Metropole das, was man als einen entscheidenden Bruch in
Nellys Biografie bezeichnen könnte? Als sie 1939 Heinrich Mann
heiratete, gab sie nicht Schmidt als Nachnamen an, sie war
Emmy Johanna Kröger. Mehr, so wollte sie es, ist dazu nicht zu
erfahren.[2]

Es sieht ganz danach aus, als habe sie wohl ihr Umfeld, nicht
aber ihre Art, auf das Leben zuzugehen, geändert. Auch in Berlin scheint sie aufs Lernen durch Beobachten gesetzt zu haben,
schulte vor allem den Blick fürs Äußerliche, studierte die Wirkung oberflächlicher Reize. Die Fähigkeit, daraus Gewinn für
sich selbst zu ziehen, war ihr offensichtlich gegeben. Stolz schickte sie ihr Foto nach Hause: strahlendes Lippenstiftlächeln, aus
der engen Seidenkappe schauen sorgfältig gelegte Herrenwinker,
ein schwerer Pelzkragen kontrastiert zu zarten Spitzenrüschen
und einer feinen Perlenkette. »So seh ich nun aus, geht, nicht?«[3]
Doch, ja! Anpassungswilligkeit und -fähigkeit sind ihr unbedingt
zu attestieren; auch wenn es darum ging, sich Menschen an-
zuschließen, die oft, so wie sie, Grenzgänger waren und ihr Heil
in Lösungen suchten, die ihnen zum Schaden gereichen konnten.
Das war das eine. Das andere: der nicht so leicht zu verwischende
Unterschied. Für jemanden, der den Ehrgeiz hat, zu den »besseren« Leuten zu gehören, fehlte es ihr an Herkunft, Bildung und
an der Selbstsicherheit, die daraus erwachsen kann. Ein weiteres:

Nelly wollte zwar ihrer Familie imponieren, sie aber nicht brüskieren; wollte im Nest wohl die Größte sein, aber nicht um den Preis, hinausgeschubst zu werden. Würde sie diese Spannung aushalten? Mit 25 war sie jedenfalls in der berüchtigten Gegend um den Kurfürstendamm herum unterwegs und verdiente ihr Geld damit, in Nachtlokalen männliche Gäste so gut zu unterhalten, dass diese bereit waren, eine ordentliche Rechnung zu machen.[4] In den kommenden Jahren würde sie sich äußerlich weiter verbessern, innerlich aber herunterkommen.

Und dann war sie da, die Standardsituation. Ohne nachzudenken richtig reagieren, wenn ein soignierter Herr nahe der sechzig Interesse zeigt, das war für erfahrene Bardamen jenseits der dreißig kein Problem. Jedenfalls gelang es Nelly schnell, Heinrich Mann – eine echte Prominenz, das hatte sie gleich heraus – nachhaltig zu beeindrucken. Und der ließ es sich gerne gefallen. In seine Frauengeschichten aktiv einzugreifen war seine Sache nicht. Mochte es wieder einmal kommen, wie es wollte.

FRAUEN UM HEINRICH MANN – EIN EXKURS
»ER WAR JA EIN MANN DER KONTRASTE.«[5]

»Für mich ist ›Liebe‹ Einbildung wie alles übrige«, schrieb Heinrich Mann als Zwanzigjähriger. »Es sind in mir, bei Beginn des Prozesses, Reizungen der Sexualnerven vorhanden, die überhaupt keinen äußern, sondern nur in mir liegende physiologische und pathologische Gründe haben. Das erste mir begegnende, meinem Geschmack einigermaßen zusagende und – zugängliche Weib wird dann Exzesse veranlassen. Wohlverstanden: Nicht jede relativ reizende Frau genügt meinen speziellen Ansprüchen. Es kommen natürlich Geschmacksfragen in Betracht. [...] Für mich selbst liegt ein Beweis für die obige Theorie auch im häufigen

Wechsel des Objekts. Die Hamburger Blondine, von der ich Dir neulich berichtete, hat mich in den letzten Wochen zweimal zu Exzessen veranlaßt. Als ich sie vorgestern, in meinem dunklen Drange, wieder aufsuchte, fand ich sie weder auf dem Strich noch im Café und entschädigte mich mit einer wilden schwarzen Berlinerin: pikant und gemein.«

Wohlgemerkt, »Eingehendes« über sein »Innenleben« wollte Heinrich Mann dem ein Jahr älteren Ludwig Ewers mitteilen, und das sollte nicht als »Herrenanekdote« missverstanden werden. – »Ich rate Dir, möglichst alle Ausgaben zu vermeiden, bis Du 10 Mark beieinander hast. Dann lenke die beschleunigten Schritte in die Straße (ich habe vergessen, wie sie heißt) vis-à-vis der Ägidienkirche. Das Haus, oben rechts in der Gasse, hat von außen ein blankmessingnes Stiegengeländer, und drinnen befindet sich die Pension Knoop, deren eine Pensionärin mir einst meine ersten normalen sinnlichen Seligkeiten verschaffte. Das sind liebe Erinnerungen, so was.«[6] Wer das schreibt, der will beeindrucken. Auch sich selbst! Da mag die Phantasie weiter gehen als die Realität. Käufliche Liebe. Dienstleistung gegen Geld. Davon wird der Schüler in Lübeck nicht allzu viel, nur wenig mehr der Buchhandelslehrling in Dresden oder der Verlagsvolontär in Berlin den »Damen« anzubieten gehabt haben, also wird auch die Gegenleistung bescheiden gewesen sein. Aber wozu hat einer wie er die Gabe der Imagination schon bei den Mines und Stines, die ihn als Kind versorgten, und beim Zusammensein mit Kusine Alice erprobt?

Doch warum das alles, warum so? Wie kam dieser junge Mann dazu, aus seinen Versuchen mit Frauen ausgerechnet die Variante der romantischen Liebe herauszuhalten? Wovor fürchtete er sich? Enttäuscht zu werden? Hintergangen zu werden? Wie sein Vater? Der älteste Sohn kann nicht verstanden haben, was er als Vierjähriger sah. Noch in seinem siebten Lebensjahrzehnt zeichnete Heinrich Mann die Situation, die ihm weiterhin vor Augen stand: Seine Mutter beim Tete-a-Tete mit einem jungen

Offizier, zu ihren Füßen das Kind, sich scheinbar abwesend in einem Blumenbeet räkelnd, tatsächlich aber hellwach.[7] Heinrichs Interesse am »innigen Gang«[8] der Dinge war früh erwacht, und so stand erst einmal die Mutter im Zentrum seiner Aufmerksamkeit: »Leichtsinn und Eifer des Hauses, das den Ball erwartet«, ergriffen den Siebenjährigen. »Es ist überhell, und es duftet nach Blumen, nach ungewöhnlichen Gerichten. Ich darf Mama bewundern.« Statt ins Bett zu gehen, schlich er sich aus seinem Zimmer über die Treppe, »phantastisch angezogen von dem Fest im Saal, dem farbigen Glanz, der hervorströmt, von der Musik, dem Scharren auf Parkett, von Stimmengewirr und warmen Düften. [...] Nackte Schultern, mild vom Licht überzogen, Haare, schimmernd wie Schmuck, und Juwelen, die blitzen vom Leben.« Er stand »hinter der Tür des Ballsaales, ratlos ergriffen von dem Glück, dem alle nachtanzen.«[9] 27 Jahre alt war Julia Mann damals, eine Frau, die exotisches Flair – die Lübecker wussten natürlich, dass sie zur Hälfte eine von ihnen und zur Hälfte Brasilianerin war – mit einer soliden gesellschaftlichen Stellung als Senatorenfrau und Mutter verband. Auch der junge Ludwig Ewers schmolz dahin, wenn die schöne Mutter seines Freundes sich ans Klavier setzte, um sich zu romantischen Liedern von Liebe und Glück selbst zu begleiten. Wie sehr die Familiensituation Heinrich Mann bedrückte, mag die Tatsache zeigen, dass er seine Heimatstadt nach dem Tod des Vaters und dem Umzug der Witwe samt ihren fünf Kindern nach München nicht mehr betreten sollte. In der bayrischen Metropole suchte die nun nicht einmal mehr wohlhabende Julia Mann die Bestätigung ihrer Attraktivität umso mehr. Dazu diente ihr ein Salon mit eher mediokren männlichen Gästen. Heinrich mied ihn, mied auch München und war meist auf Reisen. Älter geworden, versuchte Julia Mann für ihre erwachsenen und ebenfalls von Selbstzweifeln geplagten Kinder die omnipotente Mutter zu geben, eine Rolle, in der sie nicht überzeugte. Was sollten die so sehr mit sich selbst beschäftigten Söhne Heinrich und Thomas damit anfangen? Ihrer Mutter die ersehnte

Anerkennung zu geben, ihr eine Bedeutung zuzuschreiben, die sie nicht besaß, das vermochten beide nicht. Sie retteten sich in kaltblütige Ignoranz und geheucheltes Zugehörigkeitsgefühl. Alles Theater.

Ähnlich distanziert blickte Heinrich Mann auf das Leben seiner Schwestern. Das lässt sich sogar für die jüngere, Carla, die Schauspielerin, sagen. Er liebte sie, man könnte sagen leidenschaftlich, allerdings gab es lange Phasen, da waren die beiden eher Kumpane, die sich, ihre diversen Liebesverhältnisse betreffend, gegenseitig Deckung gaben vor dem Rest der Familie. Für Heinrich beinhaltete das alles keine wirkliche Nähe, kein intensives Interesse, außer dem des Schriftstellers. Über Jahre beobachtete er, wie Carla vergeblich auf ihren beruflichen Durchbruch hoffte. Er wusste, dass sie immer Zyankali bei sich trug. Als ihr Versuch, in die Ehe zu flüchten, scheiterte, als sie das Gift nahm und elend starb, mit 29 Jahren, da hatte auch und gerade Heinrich Grund, sich kritische Fragen zu stellen. Vielleicht tat er es ja, denn er sorgte viele Jahre für die Pflege ihres Grabes auf dem Münchner Waldfriedhof. Soll man es Schwäche nennen oder übergroßen Respekt vor den Entscheidungen anderer, dass er darauf verzichtet hatte, sich einzumischen?

Möglicherweise war es auch ein Mangel an Empathie. Der ist sicher im Hinblick auf seine ältere Schwester, Julia, festzustellen. Sie lag ihm gar nicht. Ihr Versuch, sich einen bevorzugten Platz in der Welt durch Heirat mit einem Bankdirektor zu sichern, musste ihm sehr fremd sein. Sie ekelte sich schließlich vor ihrem Mann, mit dem sie drei Kinder hatte, und versuchte es mit Liebhabern, bis sie sich auch vor sich selbst ekelte. Längst hatte sie die Gewohnheit angenommen, ihre Gefühle durch Morphium wegzudrücken. Kurz vor ihrem 50. Geburtstag, am 10. Mai 1927, erhängte sie sich. Heinrich Mann bemühte sich zu keiner Zeit, Julia zu verstehen.

Bruder Thomas hatte gerade geheiratet, da war die Zeit gekommen und Heinrich Mann doch bereit, es einmal mit so etwas wie einer romantischen Liebe zu versuchen. Anfang 1905 lernte er in Florenz Inés Schmied[10] kennen, eine Südamerikanerin mit dem Plan, Sängerin oder Schauspielerin zu werden, passend also auch das Biografische. Drei Monate ließ sie sich Zeit, bis sie Heinrich den ersten Kuss gewährte, was für ihn neu gewesen sein dürfte. Danach sahen sich die beiden als Verlobte. Um was ging es ihm? Am 9. Juni 1905 schrieb er an Nena, wie er Inés nannte: »Ich erinnerte mich genau, wie unmöglich ich immer eine wirklich intime Annäherung an eine Frau gefunden hatte. Daß es bei Dir gegangen ist! Daß ich mich Dir ganz richtig habe erklären können. Daß Du alles an mir genehmigt hast; und daß Du Die bist, die Zug für Zug mit mir übereinstimmt!«

Immer unsicherer, immer unterwürfiger gab sich Heinrich, als laure er darauf, von der Angebeteten aufgehoben, aufgewertet zu werden. Ein hübsches Spiel um Macht und Ohnmacht wurde das, denn gleichzeitig bot er sich als Beschützer an, schickte Mittelchen gegen diverse Leiden und riet zur Schonung. Floskeln. Doch auch Heinrichs Demutsgesten sollten täuschen. Er hatte still und heimlich den Rückzug angetreten, bekannte wenig später: »Hauptsache ist: Der Stoff geht mich persönlich an, ich beseele ihn mit Dem, was ich jetzt erlebe, und wozu mir meine Nena verhilft.« Was das sein konnte, ahnte sie, denn sie hatte *Die Göttinnen* gelesen. Und die gefielen ihr gar nicht. Sie sah sich eher als intellektuelle Partnerin des Schriftstellers, doch das gefiel ihm nicht. Viel lieber breitete er Fotografien der schönen Frau vor sich aus, »spürte« in ihren Mienen »herum« und »erträumte« sich »mancherlei«.[11] Dennoch lösten sie ihre Verlobung erst 1908, ihre Beziehung gar erst 1909. Da war noch viel Zeit für Hoffnungen, die sich letztlich durch einen gemeinsamen Aufenthalt mit Thomas und Katia in Venedig zerschlugen. Da passte nichts zusammen. Inés Schmied und die Manns, ein Kapitel für sich, das jede der folgenden Heinrich-Bräute hätte studieren sollen. Auch Julia als künftige Schwiegermutter machte keine gute Figur: »Willst Du einmal eine Frau fürs Leben lieber haben als Deine Mutter, dann soll es eine sein, die Deiner ganz würdig ist u. die Dich ganz glücklich macht; dann will ich gerne verdrängt werden.«[12] Entlastet wäre wohl auch passend gewesen, denn der immerhin 37-Jährige beschäftigte sie noch mit allerlei, was sie sicher gern an eine fürsorglichere Ehefrau, als Inés zu werden versprach, abgetreten hätte: »Liebe Mama, ich wusste schon, Du würdest meine Sommerunterwäsche dort haben; denn wo sonst sollte sie sein. [...] An 2 sehr leichten weißen Unterhosen ist mir gelegen. Was Du findest, laß, bitte, vorläufig dort. – Aus Meran wirst Du 1 Paket erhalten haben. Darin sind: 1 Paletot, 1 ganzer Anzug und 1 Jackett, ferner *Winter*-Unterwäsche (Hosen, Leibchen, Strümpfe) Bitte, merke Dir, daß Du diese Sachen hast. [...]«[13]

So der Sohn, der sich gern weltmännisch gab. Einer verheirateten Wienerin, Edith Kann, folgte er eine Weile, keineswegs unbemerkt, von einem Grandhotel zum anderen, von der belgischen Küste an den Comer See. Frau Kann lockte ihn unter anderem mit schwärmerischen Briefen. Und damit, dass Karl Kraus, Arthur Schnitzler und Berthold Viertel zu den Freunden der Familie zählten. Als die für Heinrich Mann kostspielige Liaison aufflog, hatte er genug gesehen, um darüber schreiben zu können: *Die große Liebe,* ein Drama. Er gönnte sich neue kleine Freundinnen, auch teuer, aber weniger kompliziert.[14]

Als *Die große Liebe* 1913 in Berlin uraufgeführt werden sollte, war er oft zu den Proben im Lessing-Theater. Irgendwann traf er dort Maria Kanuová, eine junge Schauspielerin aus Prag.[15] Tatsächlich protegierte er Schauspielerinnen niemals ernsthaft, startete aber in dieser Hinsicht viele halbherzige und wohl auch deshalb erfolglose Aktivitäten. Auch für Maria Kanuová würde es keine Ausnahme geben, so sehr sie ihn auch an seine Schwester Carla erinnern mochte. »Mimi« – der Puccini-Liebhaber konnte nicht widerstehen, sie so zu taufen – klammerte sich fortan an Heinrich. Wenn sie ihn oder, mehr noch, die Versicherung seiner Liebe vermisste, reagierte sie mit Fressorgien. Wurde »Pummi« gar zu pummelig, schickte Heinrich sie zur Kur. Um sie als

Schwan zurückzubekommen, wie er ihr mit auf den Weg gab. Da musste sie ihn enttäuschen, natürlich. Als eine gemeinsame 5-Zimmerwohnung bezogen werden sollte, schrieb Heinrich am 20. März 1914 aus Nizza, da war er gern im Frühling: »Aber ich freue mich doch auf die Annehmlichkeiten, und dass ich dann meine Pummi wieder habe! So viele schöne Wäsche wird sie haben, und über den langen Korridor kugeln, wenn ihr etwas nicht passt, und wird den treuen Mann füttern, und er wird seine Frau lieb haben und ihr dankbar sein.«[16] Am 27. August 1914 wurde in München standesamtlich die Ehe geschlossen.[17] Trauzeugen waren Maximilian Brantl, Rechtsanwalt und Vertrauter des Bräutigams, und Thomas Mann, der um eine Verschiebung der ursprünglich für den 12. August geplanten Hochzeit gebeten hatte.[18] Das Brautpaar war ihm entgegengekommen, dennoch fühlte er sich unwohl bei dem Gedanken an das neue Familienmitglied, und noch vor der anschließenden Feier, einem Frühstück bei Böttner in der Theatinerstraße, verabschiedete er sich. Nun ja, Mimi war eben auch eine typische Heinrich-Braut,[19] allerdings hiermit zum Familienmitglied avanciert und daher zu integrieren, wenn auch nicht mit Freundlichkeiten zu überschütten. Also bemühte sich Julia Mann, die Überbleibsel der Lübecker Senatorenausstattung fair zu verteilen: »Habe H. u. M. geschenkt den großen Mahagonischrank und die Mahagonikommode. Dazu kommt noch das Bettzeug, bestehend aus Plumeau, 2 Kopfkissen und Steppdecke, u. Handtuchgestell u. das große Bettuch. Geliehen habe ich das große Buffet mit 6 Stühlen u. runder Servante [...]«[20]

Am 10. September 1916 wurde Heinrich Manns einziges Kind, Carla Marie Henriette Leonie, genannt Goschi, in München geboren. Der Mittvierziger beeindruckte als Kinderwagen schiebender Vater; er blieb auch mit der Tochter allein in München, wenn Mimi Lust auf einen Prag-Besuch hatte. Von dem sie mit neuen Rezepten zurückkam, denn sie war eine gute Köchin und großzügige Gastgeberin. Mit respektlosen Gästen allerdings, die sich für banalste Späße auf ihre Kosten nicht zu schade waren, wie Albert Steinrück,[21] der hundert Mark dafür geben wollte, Mimi einmal nackt sehen zu dürfen, »weil sie so schön dick sei, so wunderbare weiße Haut habe und herrlich nach Parfüms und Essenzen dufte«.[22]

Mimi bemühte sich sehr, ihrem Mann (samt Kind) ein Zuhause zu schaffen, das ihn von wie auch immer motivierten Exkursionen in altbekannte Gefilde abhalten sollte. Als das misslang, versuchte sie es mit Launen, Klagen, bis hin zur Hypochondrie. Dieser Mangel an Selbstkontrolle machte sie zur Außenseiterin im Familienverband der Manns, in dem ein so gänzlich anderer Verhaltenskodex galt. »Erlahmt« und »peinvoll«, diese Worte fand Heinrich schließlich für seine Ehe.[23] Eine gemeinsame Reise nach Bühl bei Baden-Baden, wo Mimi kurte und Heinrich sich auf neue eheliche Herausforderungen einzustellen versuchte, erwies sich als ein zu simpler Ansatz, um das komplexe Problem zu lösen. Letzte gemeinsame öffentliche Auftritte des Paars erfolgten 1927 zur Beerdigung von Heinrichs Schwester Julia und im Verlauf einer Serie von Vorträgen in Paris. 1928 noch ein gemeinsamer Urlaub in Biaritz, dann die Trennung. Heinrich zog es nach Berlin, Mimi und Leonie blieben vorerst in München.[24]

Er ging mit leichtem Gepäck, nur ein paar persönliche Sachen nahm er mit. Die Wohnungseinrichtung blieb, wo sie war. Allerdings gab Heinrich Mann sein Eigentum daran nicht auf. Er hing an den Gemälden, den gerahmten Familienfotos, den beiden Schreibtischen, dem halben Dutzend Kommoden, dem Buffett mit Aufsatz, dem Tisch mit den zwölf Stühlen, dem Dielenschrank (darin feinste Bett- und Tischwäsche), der Vitrine mit dem blauen englischen Porzellan, den muschelförmigen Lübecker Schüsseln, am Silberzeug, ja sogar an der großen alten silbernen Zuckerdose. Doch für Berlin wäre das nur Ballast gewesen. Heinrich Mann warb um eine Frau, die er sich kaum in der gediegenen Pracht von Mahagonimöbeln vorstellen konnte: um die Schauspielerin und Kabarettistin Trude Hesterberg.

Eine handschriftliche Notiz Goschis auf einem Zeitungsauschnitt machte aus dem Scheidungsgrund gleich die Nachfolgerin ihrer Mutter. Die dort abgedruckte Zeichnung zeigt Frivolitäten für Biedermänner: eng geschnürtes Mieder, großer Hut mit viel Platz für viele Federn, zwischen berüschten Unterhosen und Lederstiefelchen freie Knie. Man kann sich gut vorstellen, wie die Hesterberg so über die Bühne des Berliner Wintergartens tobte.[25] Heinrich Manns neue große Leidenschaft. Es gibt ein Foto, das den Endfünfziger zeigt, wie er im Hintergrund geschäftig mit einem Blumenstrauß in der Hand herumläuft, während die Hesterberg routiniert vor einem Flugzeug posiert. Freund der Hesterberg zu sein, das war etwas für Ehrgeizige. Denn das hieß auch, mit den maßgebenden Leuten der Berliner Theater-, Kabarett- und Filmszene zu verkehren, wie mit Fritzi Massary und Max Pallenberg, Claire Waldoff und Max Reinhardt. Alfred Kerr und Alfred Polgar waren ihr wohlgesinnt. Bert Brecht, Kurt Tucholsky, Walter Mehring, Ringelnatz und Klabund lieferten Texte für ihr Kabarett, die »Wilde Bühne«,[26] Friedrich Hollaender komponierte für sie. Mit 29 war die Hesterberg Berlins jüngste Theaterdirektorin, mit 36 war sie eine Größe in Berlin, aggressiv-feminin und blitzgescheit. Eine Ikone der Jahre, für die sie die Bezeichnung »goldene« ablehnte. »Arbeitsam und dem Leben gewachsen«, als »[…] die Frau, an der ich nicht vorbeigehen konnte«, beschrieb sie Heinrich Mann Freund Brantl am 23. Dezember 1928, nach einem chaotischen Jahr und wohl in einer vorweihnachtlichen Gefühlskrise und bestand darauf, dass sie kein flüchtiges und zum Vergnügen bestimmtes Geschöpf sei: »Sie geht im Gegentheil daran, sich mit mir sehr ernsthaft das Leben einzurichten.«[27]

Das war keine Privatangelegenheit. Die Presse, sogar die ausländische, war »skandaliert«.[28] »Heinrich Mann heiratet Trude Hesterberg«, meldete das *Neue Wiener Journal* am 15. Dezember 1928: »In Berliner Künstlerkreisen wird bekannt, dass der Dichter Heinrich Mann, der eben dabei ist, sich von seiner Frau scheiden zu lassen, nach Erledigung dieses Prozesses die Absicht haben

soll, die bekannte Schauspielerin Trude Hesterberg zu heiraten.«
Die Affäre war noch mehr als zehn Jahre später derart im Pres-
segedächtnis verankert, dass die *Los Angeles Times* am 12. Sep-
tember 1939 die Nachricht von der Eheschließung Heinrichs mit
Nelly überschrieb: »Heinrich Mann Takes Third Wife«.[29] Aus
der Heirat Hesterberg/Mann wurde jedoch nichts. Warum? Eine
Situation gab es in dieser Beziehung, die ihren Anfang und auch
ihr Ende erklären kann. »Was ich noch sagen wollte«, überschrieb
Trude Hesterberg ihre Erinnerungen, so soll sie gehört werden:
»Es war so um die Jahre 1927/28 herum [tatsächlich war es im
Herbst 1929], als es noch nicht gefährlich war, mit dem großen
Schriftsteller Heinrich Mann befreundet zu sein. Wir waren ge-
rade zusammen in Gastein.« Dort offenbarte sie ihm ihren lang-
gehegten Wunsch, »der beinahe zu einer fixen Idee geworden war.
Ich wollte irgendwann einmal, […], die ›Künstlerin Fröhlich‹
darstellen, diese faszinierende Erscheinung in dem großartigen
Roman ›Professor Unrat‹. […]« Und nun diese Chance. »Er saß
neben mir und strich gedankenvoll über seinen grauen Spitz-
bart; seine sarkastischen blauen Augen funkelten mich an. […]
›Nein‹, meinte er kategorisch«, zunächst, denn er misstraute dem
Medium Film. Als ihm klar wurde, dass die Hesterberg sich selbst
in der weiblichen Hauptrolle sah, wurde er zugänglich: »Wenn
Sie das spielen werden, ich könnte mir keine bessere Interpretin
denken!« Und sicher auch keinen besseren Darsteller des tyran-
nischen Gymnasiallehrers Raat als Emil Jannings, den man, zufällig, am nächsten Tag auf der Promenade traf und auf das Projekt
einschwören konnte. Kaum zurück in Berlin, kam der erwartete
Anruf: »Emil selbst war am Apparat und bat mich, mit Heinrich
Mann so schnell als möglich ins Hotel ›Esplanade‹ zu kommen.«
Der finanzielle Teil der Besprechung ging problemlos über die
Bühne, die Ufa war nicht kleinlich, wenn sie etwas haben wollte.
»Nun aber kam der Knalleffekt! Jannings schob alle Anwesenden
zur Tür hinaus, mit der Äußerung, er wolle mit Heinrich Mann
und mir noch ein paar Worte allein sprechen. Aha, dachte ich,

jetzt kommt mein Vertrag. Aber es kam etwas, was mich von den im Geiste schon erklommenen Höhen höchsten Ruhmes in alle Höllen tiefster Enttäuschung stürzte. Ich bekam nun zu hören, daß der berühmte Regisseur aus Hollywood, Josef Sternberg, [...] nunmehr den Film ›Professor Unrat‹, der später den so erfolgreichen Titel ›Der blaue Engel‹ bekam, übernehmen würde – Allerdings mit der strikten Bedingung, dass die Rolle der ›Künstlerin Fröhlich‹ an Frau Marlene Dietrich abgegeben werden müßte. Darauf nahm der still zuhörende Heinrich Mann schweigend seinen Hut und verließ das Zimmer [...].«[30]

Wohin er gehen konnte, das wusste er. Denn wieder einmal war da noch jemand. Vielleicht hatte er sie im April 1929 getroffen, vielleicht schon 1928. Vielleicht tatsächlich in einer Bar. Vielleicht gibt es aber auch einen Zusammenhang zwischen dem Kennenlernen der beiden und Manns derzeitigen Besichtigungstouren durch »proletarische Viertel« in Zehlendorf (die Reuter-Siedlungen), in Spandau (die Grenadier- und Dragonerstraße), am Stettiner Bahnhof[31] ... jedenfalls war es das Jahr der Trennung von Trude Hesterberg und vor der Scheidung von Mimi, als die Neue auf Heinrich Manns Radarschirm erschien: Er hatte Nelly Kröger entdeckt und geortet. Nun war er auf dem Weg zu ihr.

* * *

Heinrich Mann
Mädchen am Schreibpult eines Postamtes[32]

Sie schreibt

Herr Jraf! Sie haben mich angequatscht
Sie wissen wohl: Dienstag bei de Fabrike
Sie haben mich noch auf die Backe getatscht
Un gefragt »Wie heisst Du?« Ich sagte »Rike.«
Sie fragten: »Was meinst Du wohl, mein Kind
Zu Hoppegarten un neue Kleider?«
»Da müsst' mein Herz ja'n Affe sind!«
Sagt' ich. Doch heute bereu' ich es leider.

Es giebt mir 'nen Stich, wenn Mutter so weint.
Sie müßte noch selbst auf Strasse gehen.
Was Vatter is, säuft, un der Vicewirt meint,
Wir soll'n uns de frische Luft besehen.

Bis mein Bräut'gam von's Militär loskimmt,
Komm' ich unter'n Kinderwagen vor Warten:
Drum pfeif' ich auf den ganzen Zimmt
Un bin für Jraf und Hoppegarten.

Nu denken Sie, ich bin'n fideles Huhn?
Ja, wenn mir sonst was übrig bliebe
Denn würd' ich es ganz gewiss nich dhun.
P. S. Ich dhue es übrigens blos aus Liebe!

Den in diesem frühen Gedicht von 1899 erkennbaren sozialen
Hintergrund zu spüren war für Heinrich Mann immer wichtig
gewesen. In solchen Vorstellungen musste er auch damals, Ende
der zwanziger Jahre, schwelgen, bevor er gestimmt war, eine
Dame aus dem von ihm so sehr geliebten Milieu an sein Herz
zu ziehen.

»Die Bar war ein ernstes Geschäft. Pünktlich halb acht trafen die Mädchen ein.« Schon in ihren Abendkleidern, räumten sie auf, aßen zu Abend, warteten auf die ersten Gäste und legten sich die Karten, während Eintänzer und »Verkehrsdamen« auf der Tanzfläche Betrieb mimten. So und durch die Beflissenheit des Portiers wurde Flaneuren das Eintreten erleichtert. Gegen elf war die Bar besetzt. Wenn Heinrich Mann kam, fand er sich schnell von freundlichen Frauen umgeben. Er sah »lange seidene Beine in Schuhen mit roten Absätzen«[33] und ein glitzerndes Etwas, das die Arme freiließ. Schöne Arme um ihn herum aufgestützt, gepudert, seidig matt schimmernd auch die Schultern: Davon umringt zu sein, das genoss er. »Nackte Schultern, mild vom Licht überzogen«,[34] die hatten es ihm ja schon als Kind angetan. Und deshalb liebte er diesen für das Berlin der Goldenen Zwanziger so typischen Ort: die Bar. Wo so vieles inflationär war, das Flüchtige sicher, der Werteverfall eine fixe Größe. Die Mädchen hier waren jedermann gegenüber von verlässlicher Liebenswürdigkeit, was viel umfassen konnte, aber in der Regel aufs Animieren zum Dableiben und Mittrinken hinauslief. Eine von ihnen – war es in der *Bajadere* oder im *Kakadu* oder anderswo, egal –,[35] sie nannte sich Nelly, vermittelte ihm ein Gefühl von Kontinuität, von Heimat, wie er es tatsächlich nicht im Elternhaus, nicht in den zahllosen Pensionen, Hotels und Kurheimen, ja auch nicht mit Frau und Kind in der gutbürgerlichen Münchner Etagenwohnung empfunden hatte. Diese Nelly machte alles richtig. Der Typ Mann, der da vor ihr saß, war ihr vertraut. Der träumte von Nestwärme für Erwachsene. Und wollte erforschen, zuschauen, mit eigenen Augen sehen, wie Frauen funktionierten, was sie erregend fanden. Ein paar gezielte Berührungen zu gewähren, das kam immer gut an, damit sollte Nelly auch in diesem Fall kein Problem haben, das war im Repertoire einer Bardame durchaus drin. Auch hatte sie genügend Erfahrung, um seinem Spleen, erotisch aufgeladene Situationen in Zeichnungen festzuhalten, verständnisvoll zu begegnen. Der Lebensraum Bar im Berlin der zwanziger Jahre hatte viele Facetten und ein Motiv: Frau macht Mann das Leben angenehm – zum eigenen Vorteil.

Und als das Wohlbehagen Heinrich Mann langweilig zu werden begann, da konnte Nelly mit der Geschichte ihres bisherigen Lebens aufwarten, die den Gast aufhorchen ließ. Gerade das wenig Reputierliche, das Unordentliche zog ihn an, das spürte sie. Einiges wusste sie auch von ihm. Er hatte den Gazetten ja reichlich Stoff geliefert; über die Trennung von seiner Ehefrau und die Affäre mit Trude Hesterberg war lang und breit berichtet worden.

Auf seinen Streifzügen durch die Etablissements um den Kurfürstendamm begleitete ihn in diesen Tagen Wilhelm Herzog, der dreizehn Jahre jüngere Bekannte aus Münchner Zeiten und irgendwie auch Schicksalsgenosse – Ex-Ehemann einer Schauspielerin,[36] auch er und Vater einer Tochter etwa in Goschis Alter. Und so saßen sie eines Tages Nelly gegenüber. Sie nahm sich den Älteren der beiden vor, der mit seinem dunklen Teint, länglichen Zügen, verhängten Augen, dunkelblondem Schnurr- und Knebelbart wie ein spanischer Grande aussah. Ach, wie gut ihm sein Anzug mit Weste stand. Wie hübsch der Ring an seinem leider etwas dicklichen Finger saß. Mit welcher Eleganz er sein Lorgnon handhabe, wenn er die Weinkarte studierte. Und bewies nicht seine Art zu sprechen, »näselnd, scharf und jede Silbe mit leicht affektierter Präzision betonend«,[37] dass man einen nicht alltäglichen Menschen vor sich hatte? Fortan würde sie nur für ihn da sein. Bardame? Das hatte sie wohl seit dem 11. Juni 1929 hinter sich. Zu diesem Tag notierte nämlich Wilhelm Herzog in sein Tagebuch von 1932: »[…] Heinrich Mann: 3jähriger Hochzeitstag«,[38] was danach klingt, als habe das Paar diesen Tag als Beginn seines Zusammenseins gefeiert. Tatsächlich verkehrte Nelly jetzt als Gast in den Bars und machte es ihrem ständigen Begleiter Heinrich nett – allerdings so diskret wie nur möglich. Selbst Herzog bekam es nicht gleich mit, denn noch sollte diese

Beziehung nicht publik werden. Heinrich war noch nicht ge-
schieden. Also ging er alleine zum Presseball am 25. Januar 1930,
traf dort unter anderem Marlene Dietrich, die Erfolgreiche, und
Trude Hesterberg, die Unterlegene im Kampf um die Hauptrolle
im *Blauen Engel*. Der Begleiter der Hesterberg: ein Herr von
Lustig.[39] Das Lachen war allerdings ganz auf Nellys Seite, der
Daheimgebliebenen, denn sie hatte das Privileg, den Film mit
Heinrich zusammen am 23. März, eine Woche vor der offiziellen
Premiere in Berlin, zu sehen. Eigentlich hatte Mann dazu nach
Paris kommen sollen, war aber wegen einer Fußverletzung nicht
reisefähig gewesen. Also machte sich der Produzent Erich Pom-
mer mit einer Filmkopie auf den Weg – gen Süden, nach Nizza.

Von Jugend an gewöhnt, seiner Gesundheit zuträgliche Gegenden
aufzusuchen, verließ Heinrich Mann Berlin, wenn es dort kalt
und regnerisch wurde, und ging nach Südfrankreich, wie er auch
im Herbst regelmäßig in Gastein kurte. Im Frühjahr 1930 war
Nelly mit von der Partie. Mann unterschied sich darin übrigens
nicht von seinen Bekannten aus der Hauptstadtszene, für die
solche Fluchten ebenfalls obligatorisch waren. Auch Wilhelm
Herzog promenierte zeitweise lieber entlang der Engelsbucht in
Nizza als auf dem Kurfürstendamm in Berlin: »3 h mit H.M.
u. seiner Freundin nach Monte Carlo. Spaziergang durch die
Stadt. Eingekauft. Nach dem Abendessen mit Heinrich Mann
u. seiner Freundin in der Halle des Hotels«, notierte der fleißige
Tagebuchschreiber. Seit er am 19. März, dem Tag seiner Ankunft
in Nizza, eine »üppige Blonde« erspäht hatte, die bei seinem Eintreten aus Heinrich Manns Hotelzimmer floh, beschäftigte ihn
diese seltsame Beziehung. Gleich am nächsten Tag schrieb er: »4h
mit Heinrich Mann und seiner Freundin im Autocar nach Monte
Carlo«; am 22. März: »3/30h von Nizza im Autocar mit Heinrich
Mann u. seiner Freundin nach Cannes. Ins Casino«; am 24.
März: »1½ h mit Heinrich Mann und seiner Dame zusammen
gegessen. Leicht Mimi und Trude gemischt mit einem Schuß

Bardame (Bajadere)«; am 25. März: »4 h mit H. M. und seiner Freundin nach Monte Carlo im Autocar. [...] H. M. mit der Bardame. Sonderbar. Und auch wieder nicht sonderbar, wenn man ihn kennt«; und am 26. März: »1½ h ins Hotel de Nice zurück. H. M. mit seiner Freundin. Seltsames Zusammenleben. Aber so ist dieses Dasein. Derselbe Typ wie Mimi und T. H. [Trude Hesterberg]. Nur noch ordinärer, ungebildeter. Aber vielleicht begehrlicher. Schon längere Zeit in Berlin mit ihm zusammen. Köstlich ihre Lebensauffassung, ihre Konversation, der er ernst u. interessiert lauscht. Sei es über Rotwein, Orska, Kerr, Jeritza o. ähnl.«[40]

Nelly und Heinrich trafen Wilhelm Herzog also praktisch täglich, zum Abendessen, zum Spaziergang und im April bevorzugt im Baccarat-Saal des Jolie, inmitten einer »wüste[n] Gesellschaft von vom Teufel nicht abgeholten Frauen«. Die Männerfreunde fanden das spannend, sie genossen den Anblick gutgewachsener arabischer Tänzerinnen ebenso wie Gespräche über »Demokratie, Diktatur, Klugheit der Konterrevolution« und »Berliner Schieber«. Auf Nellys Kommentare reagierte Heinrich »recht streng, aber nicht gerecht. Oft komisch. Schulmeisterlich. [...] Was soll man sagen? Alles verständlich.« – »H. M. zuweilen tyrannisch, schulmeisterlich, mürrisch u. streng [...].« Was wohl Nelly dabei empfand, wenn der Mann, von dem sie bisher geglaubt hatte, ihm aus dem Bauch heraus alles recht machen zu können, ihr harmloses Geplauder plötzlich peinlich fand? Und damit anfing, sie erziehen zu wollen? Am 23. April reiste Herzog ab. Zuvor hatte er noch einige Anläufe des Paars mitbekommen, vom Hotel in eine preiswertere möblierte Wohnung umzuziehen. Sein Kommentar: »naiv u. ahnungslos« über Nelly, »wenig Geschmack« über Heinrich, beides am 17. April 1930.[41]

Im Sommer trafen sich die drei wieder in Berlin. Nelly und Heinrich wirtschafteten nun auch hier gemeinsam – was im Wesentlichen bedeutete, dass sie ihn in seiner Wohnung in der Spichernstraße 15[42] bekochte. Was er sehr schätzte. Heinrichs Ehe war seit dem 30. Juni 1930 rechtskräftig geschieden, er und Nelly hätten also auch zusammenziehen können. Sie entschlossen sich aber erst Ende 1932 dazu. Allerdings gab Nelly das ständige Umziehen von einem möblierten Zimmer ins andere auf und mietete in der Kantstraße 156 eine Wohnung, in der auch Heinrich Mann sich wohlfühlen konnte. Gemeinsam aufzutreten, beispielsweise im Uhlandseck, in Mampes Guter Stube, im Grill am Zoo oder im Korso-Kabarett, war jedoch kein Problem mehr.[43] Der Kurfürstendamm samt Seitenstraßen war ja längst beider Zuhause. Nelly saß jetzt in diesen Etablissements, Konditoreien, Restaurants, Bars und Kabaretts, die man durchaus als ihr erweitertes Wohnzimmer bezeichnen konnte, auf schlichten Stühlen oder gepolsterten Sesselchen neben der einen oder anderen veritablen Berühmtheit. Beneidet von denen, die hier den Kick suchten, jemanden wie Heinrich Mann am Nebentisch zu entdecken.

In jenem Herbst hätte sie sogar hier oder da ihren künftigen Schwager treffen können. Thomas Mann war immer mal wieder in Berlin, als angeheirateter Verwandter der reichen Rosenbergs – Katia war deren Nichte – und als Gründungsmitglied der Sektion Dichtkunst der Preußischen Akademie der Künste. Der Nobelpreisträger hätte ihr sicher schon damals keine freundschaftlichen Gefühle entgegengebracht. Er hätte sie als unpassend empfunden, in jeder Hinsicht. Anders Klaus und Erika, seine Kinder, so darf man vermuten. Auch sie kamen in diesen Jahren öfter nach Berlin und wohnten dann gerne in der Gegend um den Kurfürstendamm. Sie suchten die Szene, wenn auch nicht so konsequent wie ihr Onkel Heinrich.

Ein paar Monate später, Herzog war in München, zu Gast in der »Poschi«, der Villa Thomas Manns:[44] »Über H.M. und seine Frauen. Katia Mann – die ganz auf Mimis Seite.« Ein paar Stunden später, so schrieb er, kam ein Anruf von Heinrichs Ex: »Von Frau Thomas Mann benachrichtigt. Klatscht, tratscht, stöhnt, jammert, weint wieder […].«[45] Hier würde Nelly sicher niemanden finden, der sie mit offenen Armen aufnähme.

Was wusste Nelly überhaupt von Heinrich Mann, außer dem, was die Sensationspresse seine Frauenmalaisen betreffend verbreitet hatte? Wusste sie, dass ein Wiener Verlag schon seit 1925 seine gesammelten Werke herausgab?[46] Dass er mit dem Schreiben von Novellen lange vor ihrer Geburt begonnen hatte, dass sein erster Roman, *In einer Familie*, 1894 erschienen war? Dass er ohne Pause produzierte und veröffentlichte? 1900: *Im Schlaraffenland*, 1903: *Die Göttinnen oder Die drei Romane der Herzogin von Assy*, *Die Jagd nach Liebe*, 1905: *Professor Unrat oder Das Ende eines Tyrannen*, 1907: *Zwischen den Rassen*, 1909: *Die kleine Stadt*, 1917: *Die Armen*, 1918: *Der Untertan*,[47] 1925: *Der Kopf*, 1927: *Mutter Marie*. Wusste sie von weiteren Novellen und Dramen, die Titel trugen wie *Die große Liebe* oder *Madame Legros*? Dazu passend hatte Heinrich Mann schon 1905 *Les Liaisons dangereuses*, Sittengemälde des Ancien régimes und Hauptwerk der französischen Literatur des 18. Jahrhunderts, ins Deutsche übersetzt.[48] Und schließlich der Film, der sensationelle *Blaue Engel*, 1929/1930 entstanden nach Heinrich Manns *Professor Unrat* und sofort mit Jugendverbot belegt, was am 16. Juni 1930 von der »Film-Prüf-Stelle Berlin« bekräftigt wurde: »Der Bildstreifen wird zur öffentlichen Vorführung im Deutschen Reiche zugelassen, darf jedoch vor Jugendlichen nicht vorgeführt werden.«[49] Ein Einblick in die Themen und Motive im Werk ihres Gegenübers wäre sicher sehr interessant und aufschlussreich für Nelly gewesen, aber es ist nicht anzunehmen, dass sie, abgesehen vom *Blauen Engel*, darüber Bescheid wusste. Zunächst, vom Bardamenstandpunkt aus betrachtet, war das ja auch gar nicht nötig. »Für jeden von uns nimmt das Schicksal die Gestalt einer (oder mehrerer) Frauen an.«[50] Diese Formulierung Sigmund Freuds ist ein bemerkenswertes Zugeständnis: männliche Passivität bis hin zur Übernahme der Opferrolle. Heinrich Mann war das sehr vertraut. Nelly musste dieses und anderes noch herausfinden – auch, dass es ihrem Schicksal gefallen hatte, die Gestalt dieses Mannes anzunehmen.

Über die politischen und standespolitischen Aktivitäten ihrer Eroberung könnte Nelly durch ihre Kontakte zur linken Szene jedoch das eine oder andere gewusst haben. Beispielsweise, dass diese in den Jahren 1918 und 1919 im Zeichen der Münchner Räterepublik gestanden hatten, wie die Mitarbeit im »Politischen Rat geistiger Arbeiter« und das Verfassen einer Gedenkrede für Kurt Eisner. Vielleicht auch, dass die Sektion Dichtkunst der Preußischen Akademie der Künste in Berlin ihn 1926 zu ihrem Mitglied gewählt hatte. Eher nicht, dass Heinrich Mann, der sich für eine Aussöhnung zwischen Frankreich und Deutschland einsetzte, 1927 im Trocadéro, Paris, eine Ansprache zum 125. Geburtstag Victor Hugos hielt.[51] Dafür aber, dass er 1928 Vorsitzender des Volksverbandes für Filmkunst in Berlin wurde.

Auf die Frage, ob sie diesen Mann tatsächlich in einer Bar getroffen habe, hatte sich Nelly die spaßige Antwort zurechtgelegt: »Aber naan, den Haanrich habe ich in der Kaaser Wilhelm Gedächtniskirche kennengelernt.«[52] Versuchte sie, seine politische und damit öffentliche Standortbestimmung nachzuvollziehen? Und seine ganz private? Selbst wenn, eine Linie hätte sie weder hier noch da erkennen können. Heinrich Mann neigte dazu, die Welt so sehen, wie er mit ihr umgehen konnte. Gelang das nicht, entfernte er sich kommentarlos. Er war kein Analytiker, kein Kämpfer, der gewonnene Erkenntnisse durchsetzen wollte. Er hangelte sich durch die Zeit und hielt sich ernsthaft und konsequent an dem fest, was gerade seinen Anschauungen entsprach. Wenn er sich dabei in einem Kreis von Gleichgesinnten behaglich und bestätigt fühlen durfte – an Worten, sich da einzufügen, fehlte es ihm nie –, umso besser.

Prominent war der Mann, den Nelly vielleicht schon seit 1928 kannte,[53] längst. Doch seit Ende 1929 war sie noch dazu mit dem Bruder des Nobelpreisträgers für Literatur liiert. Gewiss studierte Nelly die Bilder, die in Zeitungen und Zeitschriften reichlich erschienen, genau. Sie sah Thomas Mann, der immer wieder seine Verbundenheit mit Katia, ihren Anteil an seinem Erfolg herausstellte. Welcher Niendorfer Fischer oder Berliner Barbesucher hätte sich wohl seiner Frau gegenüber so verhalten? Ob damals bereits ihr Ehrgeiz geweckt wurde, Gleiches für Heinrich Mann zu tun? – Um ebenfalls so geschätzt zu werden? Auch in dieser Hinsicht stand ihr eine Lehrzeit bevor. Heinrich Mann war nämlich, verglichen mit seinem Bruder, ein Lebemann und in Bezug auf Frauen mitunter ein Roué, ein gewissenloser Mensch.[54]

Eine Frau wie Nelly hatte natürlich auch einen Herzallerliebsten. Er hieß Rudi Carius,[55] und seine Existenz störte Heinrich Mann in keiner Weise, er war in diesen Dingen nicht kleinlich. Auch dass Carius Kommunist war, kümmerte ihn nicht, im Gegenteil. Die Männer vertrugen sich offenbar gut, wenn sie einander in Nellys Wohnung begegneten. Als Walter Kröger seine Schwester einmal in Berlin besuchte, ließ er sich von ihr herumführen und erlebte zu seiner Verblüffung, dass sie Bekannte hatte, die sie mit »Rot Front« und »Heil Moskau« grüßte. Nelly auch politisch auf einer Linie mit Rudi Carius, dem Feinmechaniker, der des Mordes an dem Polizisten Josef Zauritz und dem Gärtner Hans Eberhard Maikoswski[56] angeklagt und in absentia zu Zuchthaus verurteilt wurde?

Am 25. März 1982 erinnerte sich Rudi Flach in einem Brief an Joachim Seyppel an seinen Kumpel Carius und an den Abend des 30. Januar 1933: »Ich war nur 30 m entfernt, war eigentlich der nächste Zeuge. Die Tat geschah vor R. Carius Haus« – was Seyppel zu der Aussage verdichtete: »Von Nellys Freund, Rudi C., wurden zwei SA-Leute erschossen.«[57] Was war geschehen? Anlässlich der Ernennung Hitlers zum Reichskanzler war die SA an diesem Tag da aufmarschiert, wo es Sieger in Berlin eben taten: am Brandenburger Tor und Unter den Linden. Der berüchtigte Charlottenburger SA-Sturm 33 wollte jedoch auch noch vor der Nase der ihnen bestens bekannten Kommunisten im Arbeiterviertel Wedding paradieren. Dort kam es vor dem Haus Wallstraße 24, in dem Carius gewohnt haben soll, zu einer Schießerei, deren Opfer der Charlottenburger SA-Sturmführer Maikowski und der Polizei-Oberwachtmeister Zauritz wurden.[58] Zwar war der Gestapo die Information zugegangen, ein SA-Mann habe geschossen, dennoch wurden umfangreiche Razzien gegen Sozialdemokraten, Kommunisten und Gewerkschafter durchgeführt. Bis 1934 fanden Schauprozesse gegen sechsundfünfzig Angeklagte statt.[59] Die Ermordeten erhielten ein Staatsbegräbnis: eine Großveranstaltung mit über einer halben Million Teilnehmern, Trauerreden u. a. von Goebbels und Göring, die im Rundfunk übertragen wurden. Erst nach dem Krieg tauchten Aussagen von SA-Leuten auf, die einen der ihren als Täter nannten. Maikowski sei ein unbequemer Mann gewesen, der gezielt beseitigt worden sei. Wie auch Zauritz als möglicher Zeuge der Tat. Bis heute werden die Umstände dieser beiden Morde als »nicht völlig geklärt« bezeichnet.[60]

Nelly bewegte sich also zwischen zwei Welten: dem hochroten Wedding einerseits und Charlottenburg andererseits, wo es um Genuss und Vergnügen ging, wo internationales Flair herrschte und die kulturelle Avantgarde zu Hause war. Sie trank Schnaps in der Kutscherkneipe in der Marburger Straße und Sekt im Eden-Hotel – seit 1919 wegen der Morde an Rosa Luxemburg und Karl Liebknecht ein denkwürdiger Ort. Sie bewegte sich damit auch im Fokus spießbürgerlicher Blicke von links und von rechts. War ihr das bewusst?

Im Kreise ihrer Freundinnen aus dem Milieu spielte es jedenfalls keine Rolle. Viel weiß man nicht über diese Frauen. Gerade mal, dass Nelly wie Margot Voss eine Zeitlang in der erwähnten Marburger Straße, Hausnummer 5, bei Martha Holz zur Untermiete wohnte. Die Vossen stand zu ihrem »Gewerbe«. Sie war eine Bekannte der Barbesitzerin Sophie Scholz, Nellys Arbeitgeberin, und auch Heinrich Mann war für sie kein Fremder.[61] Was nicht verwunderlich ist, denn er gehörte zu einer kosmopolitischen Clique, die sich rund um den Kurfürstendamm, der sich von einer vornehmen Wohnstraße zum Vergnügungs- und

Konsumzentrum von Rang entwickelt hatte, in Wohnungen einrichtete, die von den Besserverdienenden nach und nach aufgegeben wurden. Die hatten weiter westlich, im Grunewald, attraktive Bedingungen für einen Ortswechsel ausgemacht: Steuervorteile einer Landgemeinde, jedenfalls bis 1920. Die Nachfrage nach Bauland war so groß, dass Gelände trockengelegt wurde, wodurch die Seen entstanden.[62]

Auch Nelly durchstreifte diese Gegenden – mit einer alten Bekannten an ihrer Seite, Ilse Paduck. Derselben Ilse, die schon in Lübeck mit ihr die Museen abgelaufen war. Sollte es wirklich ein Zufall sein, dass auch sie nun in Berlin lebte, ganz in der Nähe von Nelly? Die beiden trafen sich oft. Dann war die Bubikopffrisur glattgebürstet. Das Kleid überspielte, was am Abend betont wurde: den Busen, die Taille. Es ging bis knapp übers Knie, das gab Bewegungsfreiheit, wie auch die Seidenstrümpfe der robusteren Art, die Spangenschuhe mit soliden Absätzen, die es erlaubten, anmutig, aber schnell und sicher übers Pflaster zu laufen, durch das Gewimmel von Fußgängern, Radfahrern, Autos, Bussen und Pferdefuhrwerken, über Straßenbahngeleise, die Treppen zu den U-Bahnhöfen hinunter und wieder hinauf, bis dahin, wo jeder sofort versteht, warum das Berliner Umland Streusandbüchse heißt:[63] Nelly und Ilse liefen am liebsten »rund um den Grunewaldsee«, um dann »einzukehren in Onkel Thoms [sic!] Hütte.«[64] Das war ein ganz schönes Stück: zu Fuß bis zum Bahnhof Zoo, Fahrt bis Grunewaldsee, dann das Lange Luch entlang zum Riemeisterfenn, wo das Wirtshaus gleichen Namens stand. Oder vom Tennisclub Blau-Weiß aus, vorbei an einer Skisprungschanze, bis zum 1925 errichteten Trainingsgelände der Militaryreiter, auf dem die Qualifikationen für die Olympischen Spiele 1928 in Amsterdam ausgetragen wurden. Lauter elitäre Sportarten – den Bewohnern der Villenkolonie entsprechend. Da mag Nelly sich gut umgeschaut haben, vielleicht, um das Domizil des einen oder anderen abendlichen Barbesuchers ausfindig zu machen.

In der Mahlerstraße 8 wohnten Lion und Marta Feuchtwanger, mit denen Nelly später das Exil in Frankreich und
Amerika teilen sollte.[65] Einstweilen kreuzten sich ihre Wege, zumindest offiziell, noch nicht. Feuchtwanger war Mitglied der
Preußischen Akademie der Künste. Als die Sektion Dichtkunst
1931 zu Ehren des 60. Geburtstags ihres gerade gewählten Präsidenten Heinrich Mann ein festliches Essen veranstaltete, hielt
er eine Rede.[66] Marta war damals Heinrichs äußerst elegante
Tischdame. Sie war eine Frau, so verschieden von Nelly, wie man
es sich nur denken kann. Nie hätte sie sich Launen gestattet,
nie eine Vernachlässigung beklagt, die damit zusammenhing,
dass ihr Ehemann sich auf die angemessene Entgegennahme
von Huldigungen vorbereitete. Mit anderen Worten, nie hätte
sie sich so benommen wie Nelly, die natürlich nicht eingeladen
war: »Zieht Gesichter. Hatte [ihren 32.] Geburtstag gefeiert mit
›Freundinnen‹. H. Mann indigniert. Sehr komisch. Mit H.M.
allein in den ›Kamin‹.«[67] So lästerte Herzog am 15. Februar 1931.
Am nächsten Tag traf Heinrich Mann seine Nichte und seinen
Neffen, Erika und Klaus Mann, in der Edenbar, auch ohne
Nelly, versteht sich.

Als Ilse ihren Aktionsradius einschränken musste, weil sie
ein Kind bekommen hatte, fanden die gewohnten Spaziergänge
quasi vor der Haustür statt, vorzugsweise im Preussenpark. Wenn
Nelly tatsächlich ein Baby verloren haben sollte, muss es sie
belastet haben, die Freundin mit ihrem Söhnchen zu erleben.
Was könnte sie dann getröstet haben? Nichts. Oder sehr wenig:
Seit Dezember 1932 lebte Nelly mit Heinrich zusammen, in der
Fasanenstraße 61, einem repräsentativen Haus nahe dem »Ni-
ckelsburger Platz«.[68] Für beide eine Möglichkeit, Kontinuität in
ihr Leben zu bringen. Auf dem Balkon gab es einen Sonnenplatz
für Tomatenpflanzen, die tatsächlich Früchte ansetzen sollten.
Da war Heinrich Mann allerdings bereits im Exil[69] und Nelly
mit der Abwicklung des von ihm hinterlassenen »Schlamassels«
beschäftigt. Dabei litt sie noch an den Folgen eines schlimmen

Unfalls. »1932 besuchte Nelly mich oft«, erinnerte sich Ilse, »sie war damals sehr krank, kam meistens mit der Krankenschwester. Sie erzählte mir, sie wäre mit dem Kopf auf die Nähmaschine gefallen und hätte eine Gehirnerschütterung davon getragen.«[70] War Nelly betrunken, als das passierte? War Heinrich Mann bewusst, dass er es mit einer Frau zu tun hatte, die alkohol-krank war oder zumindest gefährdet, es zu werden? Wusste er, was das bedeutete? Und Nelly? Wie banal und wie zwingend ist die Sehnsucht, ohne Wenn und Aber anerkannt und geliebt zu werden von jemandem, dessen Urteil außer Diskussion steht? Wie lebensnotwendig und unerreichbar zugleich? Nelly glaubte, Heinrich Mann würde diese Sehnsucht erfüllen. Enttäuscht wird sie werden, wieder und wieder. Viele Jahre lang.

III. KAPITEL

»Das ist Tusnelda Kannichtsdafür«[1]

Nelly konnte es genießen, den berühmten Heinrich Mann um sich zu haben. Es gefiel ihr, ihn zu beobachten, wenn er sich auf seine öffentlichen Auftritte vorbereitete. Sie durfte ihn zwar nicht begleiten, aber ihm assistieren, wenn er Anzug und Krawatte wählte oder gar den Frack anlegte. Anlässe dafür gab es genügend, denn zu Beginn ihrer Bekanntschaft befand sich der Schriftsteller im Zenit seiner Karriere. Doch hinter der Fassade glänzenden öffentlichen Ansehens lauerte längst der Zwang, mit Schreiben Geld zu verdienen: Die Inflation von 1923 hatte das vom Vater ererbte Vermögen entwertet, das ihm bis dahin ein unabhängiges Leben ermöglicht hatte. Seiner geschiedenen Frau hatte er Zugeständnisse gemacht, die ihn noch lange belasten würden. Und da war auch noch die Konkurrenz zum jüngeren Bruder …

Nelly kam trotzdem auf ihre Kosten. Zwar nicht in Berlin, aber an der Côte d'Azur, wo sie sich im Winter 1931/32 wieder aufhielten. Ebenfalls dort: Wilhelm Herzog. Im Dezember 1931 hatten die drei sich in Marseille getroffen und waren gemeinsam nach Toulon gefahren, von wo aus Nelly und Heinrich weiter nach Nizza reisten. Dort trafen sie Herzog wieder, der am 24. Januar 1932 notierte: »12 ¾ nach Nizza – zu Heinrich Mann. Ins Hotel Nice. Mit ihm und Frau Kröger zu Mittag gegessen, er ist sehr deprimiert. Vor allem Geldsorgen. Angst vor der Zukunft.«[2] Anfang Februar wollte Heinrich Mann unbedingt nach Berlin zurück, möglicherweise, weil Nelly schon wieder dort war. Herzog konnte ihn überreden, noch fünf Wochen zu bleiben und mit ihm zurückzufahren. »Abends im Speisewagen mit Heinrich Mann. Er bestellt auffallend und gewohnheitswidrig viele Cognacs. […] 12h in Straßburg. Hotel Excelsior. Dann ausgegangen in eine Bar. H. M. läßt sich neppen. Von 2 Animierdamen. […] 300frcs schließlich. Ich wollte fort. Er bleibt! Bestellt […] Café und Schnäpse. Müssen den Mädchen und dem Barkellner 50 frcs geben. Als wir hinausgehen, fordert H. M. hart und streng von mir 140 frcs, etwa die Hälfte. Generös gegen Huren, hart gegen den Freund. Peinlich.«[3] Heinrich traf übrigens gerade rechtzeitig in Berlin ein, um seinen Bruder in der Akademie der Künste über Goethe sprechen zu hören. Genies im Umgang mit Sprache beide, beide hilflos mit etwas so profanem wie Geld.

Geld! 1932 hatten zwei Frauen ein veritables Interesse daran, dass Heinrich Manns Arbeit ertragreich war: seine Geschiedene und die Geliebte; das muss man bedenken, wenn man folgendes Dokument liest.

»Sehr geehrte Frau Mann!
Was ich für Ratschläge möchte ist leider nicht so einfach gesagt, denn H. M. darf vorläufig von unserer Verbindung nichts wissen und müßte unter uns bleiben. Er verträgt nicht, wenn ich auf Dunin was sage und der nützt H. Mann so aus. Nun ist der neue Roman bald fertig, natürlich erledigt, wenn nicht noch ein Wunder passiert, M. Dunin die geschäftliche Angelegenheit, dafür bekommt er 10 bis 15 Prozent – außerdem maßt er sich das Recht an, die Gelder zu kassieren, da er oft gerade in Verlegenheit ist, hat er sich schon 4–5 mal etwas von dem Gelde H. Manns entliehen (die Rückgabe kann man sich bei einem H. Dunin denken) Das geht nun jahrelang so, und H. Mann kommt in diesem Punkt nicht zur Einsicht. Hinzu kommt, das viele Verleger überhaupt nichts von H. D. wissen wollen u gar keine Geschäfte mit ihm anfangen, auch nicht, wenn er H. Mann hat. Von Freunden H. M. habe ich oft gehört, dass

es ihm so schadet – einen Dunin als Vertreter zu haben (er ist bestimmt nicht einwandfrei) Wenn ich H. M. alle diese Gründe klar mache sagt er mir – er braucht ihn – oder – wo ich einen besseren habe. Leider habe ich gar keine geschäftliche Beziehungen. F. S. mit der ich darüber sprach – meinte dass Sie, Frau Mann, doch Beziehungen hätten und doch auch was davon verständen – deshalb dachte ich – dass man vielleicht so Dunin doch ausschalten könnte – Geschäfte sind heute sehr schwierig – Zsolnay zahlt nicht, Kiepenheuer ist ganz pleite. Neue Verbindungen suchen liegt H. M. selbst gar nicht und dabei könnten sehr viele Sachen von ihm zu Geld gemacht werden – man müsste nur Ausdauer und eben Beziehungen suchen. Fr. S. meinte gestern, Sie sei während H. S. und H. M. im Juli in Gastein sind auch allein in Berlin. Vielleicht lässt es sich machen, daß sie da einige Tage mal rüber kommen. Man kann nicht alles schreiben – das ist nur halbe Sache. seien Sie bestens gegrüßt von Nelly Kröger«[4]

Dieses etwas krause, im Wesentlichen Misstrauen gegen Heinrich Manns Literaturagenten Lyonel Dunin äußernde Schreiben stammt aus Mimi Manns Feder und ist »Kopie des Briefes von Frau Kröger« überschrieben. Warum Mimi Mann diese Abschrift anfertigte und aufbewahrte, ist unklar. Wie korrekt sie ist, kann ohne Original nicht beurteilt werden. Ob es je ein Original gab, auch nicht. Sollte das jedoch der Fall sein, muss der Brief Nellys Reaktion auf ein Schreiben Mimis sein, darauf deutet eine Einfügung neben Anrede und Datum hin: »Bitte entschuldigen Sie, daß [ich] erst heute dazu komme, Ihren Brief, für den ich Ihnen danke zu beantworten.« Die Abkürzung »S.« muss dem Ehepaar Sinsheimer zugeordnet werden. F. und H. S., Frau und Herr Sinsheimer, waren seit der gemeinsamen Münchner Zeit eng mit Mimi und Heinrich befreundet.[5]

Dafür, dass Mimi tatsächlich nach Berlin kam, während Heinrich Mann wie gewöhnlich um diese Jahreszeit in Bad Gastein kurte, gibt es keinen Anhaltspunkt. Wohl aber dafür, dass der ein schlechtes Gewissen gegenüber Wilhelm Herzog hatte, sich und Goschi Bad Gastein zu gönnen, denn er schickte ihm von dort 600 Francs. Im Oktober saßen Nelly, Heinrich und Herzog wieder in Berlin zusammen.[6]

Übers Jahr mussten solche Abende wie der reine Übermut erscheinen. Weit mehr als ein Datum: Mit Hitlers Ernennung zum Reichskanzler am 30. Januar 1933 waren die Hoffnungen vieler Hellsichtiger definitiv zu Illusionen geworden. Am 15. Februar nötigten führende Mitglieder der Akademie der Künste Heinrich Mann, sein Amt als Präsident niederzulegen, ja auf seine Mitgliedschaft zu verzichten. Die vorgeschobene »Begründung«: Heinrich Mann hatte mit anderen im Jahr zuvor einen Appell des Internationalen Sozialistischen Kampfbundes unterschrieben, der darauf abzielte, durch ein taktisches Zusammengehen von SPD und KPD bei den bevorstehenden Reichstagswahlen im Juli den Vormarsch der NSDAP zu stoppen. Das Bemühen war fruchtlos, wie man weiß. Als im März 1933 wieder Wahlen anstanden, plakatierte der Internationale Sozialistische Kampfbund am 13. Februar den »Dringenden Appell« erneut. Diese Gelegenheit nutzten die Verantwortlichen, um Heinrich Mann daraus einen Strick zu drehen. Zur entscheidenden Sitzung war er nicht geladen, niemand hatte ihn informiert. Erst zur Erklärung seiner Demission wurde er herbeizitiert.

Wie seit Jahren um diese Zeit fuhr Heinrich Mann anschließend an die Côte d'Azur, nun aber war er auf der Flucht: »[…] als ich am 21. Februar abreiste, hätten Gepäck, Wagen und andere Anzeichen des versuchten Entkommens mich ohne weiteres ausgeliefert. Indessen trug ich nichts als einen Regenschirm […]. Zu Fuß ging ich nach der Haltestelle der braven anonymen Straßenbahn. Keine unanständige Eile, den Zug nach Frankfurt zu besteigen! Es ist nur Frankfurt, meine Fahrkarte reicht nicht weiter, wer hat etwas dagegen. Mit meiner liebevollen Frau wandele ich auf und nieder, so viele Minuten noch fehlen. Dank Ihrer

Geschicklichkeit liegt der Rest meiner Habe glücklich im Netz. Sie möchte sprechen, schluchzt, unterdrückt die Schwäche [...].«[7] So beschrieb Heinrich Mann den Abschied von Deutschland in seinen Erinnerungen. Er folgte Wilhelm Herzog, der schon am 12. Februar nach Südfrankreich abgereist war. Etwa um diese Zeit hatte Heinrich Mann an einer Abendgesellschaft des Chefredakteurs der *Vossischen Zeitung* teilgenommen. Die Gefährlichkeit der Nationalsozialisten wurde erörtert, die Gäste wollten sie wahrhaben – oder nicht. Es wurden Szenarien entworfen, was man tun würde, wenn ... Derartige politische Frivolitäten waren Heinrich Manns Sache nicht. Über seinen Ruf bei den präsumptiven Machthabern machte er sich keine Illusionen.[8] Er hatte ein Visum für Frankreich, das noch bis September 1933 gültig war.[9] Doch er wollte sofort weg. Er gab sich und Nelly gerade genügend Zeit, um Papiere durchzugehen bzw. zu vernichten und einige Absprachen zu treffen, zum Beispiel bezüglich der Verschlüsselung von Botschaften, denn es war davon auszugehen, dass sie bald nicht mehr offen würden kommunizieren können. Sie blieb zurück, damit es so aussah, als käme er bald wieder. Seine Schritte wurden ja längst überwacht. An dem bewussten Dienstag, dem 21. Februar, verließen sie getrennt die Wohnung in der Fasanenstraße 61 Richtung Anhalter Bahnhof. Nelly beeilte sich, vor ihm da zu sein und den kleinen Handkoffer unauffällig im Gepäcknetz zu verstauen, bevor Heinrich seinen Platz einnahm. Dann spielte sie eine Frau, die einem Mann die Wartezeit bis zur Abfahrt des Zuges vertreibt und danach scheinbar unbeschwert nach Hause zurückkehrt. Wer wollte da Emigration vermuten?

Schon am nächsten Tag fuhr Mann über Baden-Oos nach Kehl, wo er zu Fuß über die Grenze ging: am 22. Februar 1933, Übergang Pont du Rhin, so der Eintrag in seinem Pass. Sein Ziel in Frankreich war Nizza, mit Zwischenstation Toulon, wo ihn Herzog empfing und ihm weiter half, nach Nizza, wohin Bertaux ein Startkapital überwiesen hatte. Heinrich Mann hatte verlässliche Freunde.

Für seine komplizierte Berliner Hinterlassenschaft sollte Nelly als seine »Sekretärin« zuständig sein. Die bald überfordert war! Kein Wunder, denn das Paar hatte unausgegorene Pläne und überdies wohl jeder der beiden seine eigenen Ziele: Heinrich ging es erstrangig um die Abwicklung seiner Angelegenheiten, während Nelly für sich und Rudi Carius eine Anlaufstelle im französischen Exil brauchte. Nachdem Stufe eins ihres Plans ordentlich gelaufen war und Heinrich Mann sich in Nizza im Hotel einquartiert hatte, sollte Nelly, Stufe zwei, den ganzen Hausrat in der Fasanenstraße 61 abstoßen und aus dem Erlös offene Rechnungen begleichen, um, Stufe drei, Deutschland ebenfalls in Richtung Côte d'Azur zu verlassen. Heinrich hatte sich den leichteren Part zugewiesen.

»Ich sitze in dem ganzen Schlamassel drin, muss alles ausbaden, mich überall verantworten, werde schikaniert und Sie sind da u. hören und sehen nichts davon [...]«[10] Nelly übertrieb nicht. Die »Mitteleuropäische Industrie- und Handelsgesellschaft m. b. H.«, Vermieterin der gemeinsamen Wohnung, vertreten durch die Hausverwaltung, hielt sich an Frau Kröger: »Wie wir soeben feststellten, beabsichtigen Sie Möbelstücke der Wohnung Mann zu verkaufen. Wie Ihnen bekannt, hat Herr Mann noch bis zum 31. Dezember gemietet und schuldet bisher bereits die Miete für April und Mai. Wir machen Sie darauf aufmerksam, dass Herr Mann im Mietvertrag ausdrücklich anerkannt und versichert hat, dass die Möbel sein Eigentum seien. Wenn dies nicht der Fall sein sollte, hätte er sich des Betruges schuldig gemacht, was wir nicht annehmen können. Wir haben Anweisung gegeben, dass kein Möbelstück herausgelassen wird [...].« Geplant war ja, mit dem Erlös aus dem Verkauf der Möbel die Miete zu bezahlen – nun sollte gezahlt werden, um die Möbel freizubekommen. Überraschend? »Der Zahlungsbefehl gegen Herrn Mann ist auf Ihren Wunsch erlassen.« Und: »Entsprechend Ihrem Vorschlage werden wir Anfang Juni gleich die Miete für drei Monate einklagen.«[11]

Wenn Heinrich und Nelly glaubten, dadurch Zeit zu gewinnen, täuschten sie sich: Fräulein Kröger musste binnen drei Tagen die Wohnung verlassen, gleichzeitig wurde sie wegen Diebstahl, Einbruch und Unterschlagung angezeigt. «Daß ich jetzt noch ein Sichtvermerk [ohne den war jeder Pass ungültig] bekomme, ist aus geschlossen. Vielen Dank!!!«[12] Heinrich Manns Interventionsversuche waren dilettantisch: »Frl. K. ist nicht Ihre Mieterin, und Sie haben das ›Vermieterpfandrecht‹ wissentlich zu Unrecht gegen sie geltend gemacht. Sie haben die Stirn, Strafanzeige zu erstatten, wenn Frl. K. ihre eigenen Sachen verkauft«, herrschte er die »Mitteleuropäische« brieflich an. Bestenfalls nutzlos die Drohung: »Man weiss hier sehr genau, auf welche Weise die politischen Flüchtlinge ihres Besitzes und ihrer Existenz beraubt worden sind. [...] Ich stelle Ihnen folgende Bedingungen: [...] Sie erkennen an, dass Frl. Kröger Eigentümerin der Wohnungseinrichtung ist. Sie ziehen den Strafantrag gegen Frl. K. zurück.« Sicherheitshalber versuchte er auch, die Hausverwaltung von der Zwecklosigkeit ihres Bemühens, das Geld einzutreiben, zu überzeugen: Briefe oder Zahlungsbefehle würden ihn nicht erreichen, selbst das »Geheime Politische Polizeiamt«[13] könne nicht immer wissen, wo er sei. Ohnehin herrsche an beschlagnahmten und gepfändeten Wohnungseinrichtungen Überfluss; die in der Fasanenstraße würde bei einer Versteigerung nicht einmal den Betrag der rückständigen Miete erbringen. Die Gläubiger-Gesellschaft blieb unbeeindruckt. Auch ein Brief vom Finanzamt verursachte Unbehagen. Wie hoch der Rückkaufwert seiner Lebensversicherung sei, wollte man wissen. Nellys handschriftlicher Vermerk auf diesem Schreiben, ehe sie es an Heinrich weiterschickte: Sie habe hierauf keine Antwort gegeben. Ihre Briefe schrieben Nelly und Heinrich Mann immer auch für einen Dritten, einen Mitleser, einen Spitzel. Wo sie einander Nichtverstehen bekundeten, sollte Nichtwissen suggeriert werden: »Ich bekam die Briefe des Finanzamtes Börse und der mitteleuropäischen Hausverwaltung«, so Heinrich an Nelly, »Was Sie dazu schreiben ist mir nicht ganz verständlich. Weil Sie mich über das wirklich Vorgegangene auch früher niemals ganz unterrichtet haben. [...] Nach menschlichem Ermessen haben Sie Zeugen, die Ihr Besitzrecht an den Möbeln bekunden müssten, 1) Ihre Freundin, wegen des einen Zimmers 2) Ihr Bruder, wegen des anderen Zimmers. Wer hat sie vor Gericht vertreten? Ist dieser Fall zu Ihren Ungunsten entschieden? Ich weiss das alles nicht.«

»Wollen Sie mir einen kleinen, aber wichtigen Gefallen tun, dann schicken Sie meinen getragenen Mantel an die schon angegebene Adresse. Das kann nicht schwierig sein. Auch hierüber, wie über das Andere, schreiben Sie mir bitte! Ich wäre glücklich, wenn es wieder einmal so freundlich sein könnte wie einst [...].« So herzlich schrieb Heinrich Mann an seine »Sekretärin« – und so ruppig: »Sie haben hoffentlich nichts gemacht und das Geld liegt noch auf meinem Konto. [...] Daher bemühen Sie sich mal ernstlich«[14], will wohl sagen, sie solle die 1500 Mark, die nötig waren, um ihre Möbel freizubekommen, selber aufbringen. Und überhaupt: Er habe den Mietvertrag damals eiligst unterschrieben, ohne ihn zu lesen, das könne sie doch bezeugen. Wen konnte es wundern, dass Nelly nach dem, was ihr in den letzten Wochen zugemutet worden war, die Nerven verlor und raus wollte, wenigstens aus der Wohnung: Sie »ist mir zu sehr verleidet«, schrieb sie, «Alles im Haus sieht mich verächtlich und mitleidig an. Die S.A. und Kriminalpolizei geht bei mir ein u. aus. Warum man so furchtbar böse auf Sie ist, sagt man mir einfach nicht. Für das brauche ich eine Bescheinigung von Ihnen, dass die am 20. März angewiesenen 1500 M. und die am 15. April eingehenden 1500 M. mein Eigentum ist für mein Gehalt von März 31 bis 1. Febr. 33.«[15] Das also war das Ziel der Aktion: Nelly soll Heinrich Mann Geld schicken, das angeblich oder tatsächlich ihres war, also nicht für die Zahlung der Mietrückstände herangezogen werden kann.

Noch eine Wohnung gab es, für die zu zahlen war, die in München. Mimis und Goschis Wohlergehen wollte der flüchtige Exmann und Vater doch unter allen Umständen gesichert wissen – oder? Am 13. März 1933 ging in seinem Namen und mit der irreführenden Berliner Absenderanschrift ein Brief dorthin: »Liebe Mimi, die gründlich veränderten Umstände zwingen mich zu der Mitteilung, dass ich für Deinen Lebensunterhalt nicht länger aufkommen kann. Die Ausgaben können nicht weitergehen wie bisher, sonst hätte auch meine Tochter sehr bald nichts mehr. – Diese Erklärung würde mir schwer fallen, wenn ich nicht wüsste, dass Dir ein Mann zur Seite steht. Der Zeitpunkt scheint gekommen, dass er die Sorge für dich übernimmt. […] Stattdessen bedient er sich meiner Wohnung wie seiner eigenen und tritt als Hausherr auf.« Mimi solle »das Kind« ins Internat geben und samt Freund und Schlafzimmermöbeln aus der Wohnung verschwinden. »Die Schlüssel der Wohnung willst Du gefälligst bei Herrn Justizrat Siegfried Adler zu meiner Verfügung abgeben.« Das klingt – zumal Mimi und Goschi am Tag zuvor in Prag eingetroffen waren, entschlossen, die komplette Wohnungseinrichtung aus München nachzuholen – gar nicht nach Heinrich Mann, aber eben sehr nach einem Brief, der täuschen sollte. Und auch hier meldete der Hausbesitzer Ansprüche an. Am 24. Mai 1933 erging ein Pfändungs- und Überweisungsbeschluss gegen Herrn Heinrich Mann, München 13, Leopoldstraße 59 III. Er wurde ihm nachgeschickt und am 26. Mai um 12 Uhr in Berlin, Fasanenstraße 61, zugestellt. Nelly nahm das Papier entgegen und schickte es nach Nizza mit der Anmerkung, sie habe in dieser Sache nichts unternommen. Was auch? Mimi und Goschi, seit zehn Wochen in Prag, waren nicht nur die Miete, sondern ebenso Telefongebühren schuldig geblieben, die Reichspost versuchte, 88 RM 86 Rpf vorsorglich zuzüglich Verzugszinsen ab dem 1. Juni 1933 einzuklagen. Heinrich Mann fürchtete, dass die Wohnungseinrichtung zwangsversteigert würde. Es scheint, als habe das Zentralfinanzamt München Gläubigerrechte im Zusammenhang mit der Wohnung und damit Mietforderungen an Heinrich Mann geltend machen können.

Der wies umgehend die Dresdner Bank an, diese Schuld zu begleichen. Mit Erfolg, scheint es, denn eine Woche später kam die beruhigende Nachricht, dass die Versteigerung des opulenten und familienhistorisch bedeutsamen Mobiliars abgewendet war.

Nelly bereitet sich inszwischen mit Hilfe ihrer Halbschwester Käthe, die angeblich nur nach Berlin gekommen war, um die noch unter den Folgen ihrer Kopfverletzung leidende Nelly zu versorgen, darauf vor, nicht nur die Wohnung, sondern auch Berlin zu verlassen. Heinrich Mann sollte seine Briefe vorübergehend an »Marie L. bei Säbel, Schwartauerallee 18 in L.«[16] adressieren, denn dort, bei Käthe und ihrem Mann Carl, sollte man sie vermuten.[17] Nelly kämpfte um jeden Meter, um jede Mark. Nicht nur die Hausverwaltung,[18] auch ein Anwalt mit Namen Wirts wurde zum Gegner und ein gewisser Dr. Kwinke im Polizeipräsidium, der eine eidesstattliche Versicherung verlangte, auszustellen von Heinrich Mann, vorzulegen von Nelly, dass sie berechtigt sei, über Heinrich Manns Sperrkonto zu verfügen. Der schrieb tatsächlich am 6. April 1933 einen Brief an Kwinke, in dem er ihre Arbeit als seine Sekretärin und in seinem Haushalt bestätigte. Dafür stünden ihr 3600 Mark für zwei Jahre zu, zuzüglich Auslagen und Kosten, die er ihr ersetzen müsse. Um diese Ansprüche so weit wie möglich zu erfüllen, erteile er ihr die Ermächtigung, über das Sperrkonto zu verfügen. Ihr schrieb er: »Nun haben Sie leider eine schwere Gehirnerschütterung gehabt und vergessen daher vielleicht manche Ihrer eigenen Angelegenheiten.« Der Unfall, den Ilse Paduck auf Dezember 1932 datierte und dessen Folgen Dr. med. Julius Bohne, Facharzt für Innere und Nervenkrankheiten, noch am 30. März 1933 attestierte,[19] wurde wiederholt bemüht, auch, um eventuelle Widersprüche in der Korrespondenz herunterzuspielen. Von ihren Verbindlichkeiten ist dann die Rede mit dem Fazit: »Sie sehen, selbst nach Freigabe Ihres Geldes durch die Behörde bleibt Ihnen nicht allzu viel übrig. Daher kann ich verstehen, dass Sie sobald als möglich wieder Arbeiten wollen. Anderseits benötige ich Ihre Arbeit […].« Nelly solle sich deshalb auf den Weg an die Côte d'Azur machen, doch »[…] möchte ich Ihnen dringend raten, sich zunächst bei Ihren Verwandten auszuruhen und zu erholen. Die Rückkehr nach Berlin ist in keiner Weise zu empfehlen.« Sollte Nelly in diesen Tagen angefangen haben, über eine festere Bindung zu Heinrich Mann nachzudenken, die ihr mehr Sicherheit geben würde, so bremste er sie: »Verstehen Sie mich, bitte! Ich persönlich kann durch Sie und Ihr wirklich ergreifendes Vorhaben nur gewinnen. Nur mein Gewissen verbietet mir, ohne weiteres ja zu sagen. In was für Verhältnisse würde ich Sie bringen! […] Mit einem Wort: das Beste für Sie wäre herzukommen mit der Freiheit, auch zurückzukehren, sobald Sie es wollen […].« Und: »Nehmen Sie für alle Fälle mit, soviel Sie können und für einen eigenen Haushalt vielleicht später gebrauchen. Aus meinem Schreibtisch, was links lag und rein literarischen Wert hatte: Novellen oder Aufsätze stand auf den Umschlägen. Aus der Bibliothek: meine eigenen Bücher, links oben Fach 1 und 2. Ferner: 1 Band Auswahl Goethe und 1 Band Schönste Deutsche Gedichte. Dann noch meine Hüte mit den Schachteln und was von Kleidern u. Wäsche noch brauchbar ist. Schreiben Sie gleich wieder! Ich freue mich so sehr auf Sie u. bin in Unruhe […].«[20] Die war berechtigt. Nelly hatte von Niendorf aus über die letzten Abenteuer berichtet, die sie in Berlin zu bestehen gehabt hatte: »Sie haben wohl schon Kenntnis von meinem Pech genommen.« Ein »Grüner und ein Zivilbeamter« hätten sie abermals abgeholt, drei Tage sei sie nun im Polizeipräsidium, will wohl sagen: in Haft gewesen, weil sie verdächtigt wurde,

»Ihnen Ihr Geld welches Sie auf der Bank haben und gesperrt ist, zuzuschicken resp. zu bringen. […] Ich versuchte zweimal, den Dezernent der politischen Polizei selbst zu sprechen, es wurde mir nicht erlaubt. […] Ich komme vom Präsidium gar nicht runter. Ich habe nun dann folgendes gemacht: Ningo telefonisch kommen lassen. Er ist S.S.Führer. Der hat sich dann forsch dem Dezernenten melden lassen. Wurde sofort mit dem allergrößten Respekt empfangen und hat denn für mich gebürgt. Ich musste eine eidesstattliche Versicherung abgeben, daß die 1500 die für mich angewiesen sind, sowie die 1800 die am 13. April kommen sollen, mein Eigentum ist und daß ich es als mein Gehalt, vom 1. Mai 1931 zu beanspruchen habe. [...] Weiter ist nichts zu retten. Das andere Geld ist vorläufig nicht zu haben. Ningo hat meine Schwester, die doch wegen meines Zustandes schon bei mir war, und mich dann gleich mitgenommen. Leider kann ich nicht weiter schreiben. Es geht mir schlecht und wird Marie Lehning morgen mehr schreiben. Vorläufig bleibe ich hier. Wenn Sie mich brauchen können, komme ich gerne. Und bitte schreiben Sie bald den Brief und mir davon ein Dublikat [sic!]. Ich weiß wie es ist. Herzliche Grüße Ihre Emmy Kröger, es ist ein besch. Leben.«

Rasch fügte sie dem Brief noch hinzu: »Ich hoffe, Goschy ist nicht in Deutschland, man kann sie in Schutzhaft nehmen, damit Sie sie abholen. Meine Vermutung ist nicht übertrieben.«[21]

Nelly im Fadenkreuz ihrer Kontakte, die tatsächlich aus gegensätzlichen politischen Richtungen zusammenliefen: Vom Halbbruder Walter, Scharführer einer SS-Reiterstandarte, der ihr half, so viel von Heinrichs Habe aus Berlin herauszuholen, wie unauffällig möglich, bis zu Rudi Carius, mit dem zusammen sie das Land verlassen würde. Beider Ziel waren die französische Mittelmeerküste und Heinrich Mann, von dem sich jeder etwas versprach.

Die erste Station ihrer Flucht war Niendorf, das Haus der Familie Kröger. Dort konnten sie nur kurz bleiben, dann mussten sie sich auf dem Fischkutter August Krögers verbergen, der im Hafen von Saßnitz auf Rügen lag. Bis günstige Bedingungen für die Passage nach Dänemark herrschten, warteten sie dort viele Wochen. Möglich, dass sich Nelly in dieser Zeit ernsthaft in Rudi Carius verliebte. Und Grund hatte, zu glauben, dass er ihre Gefühle erwidere. Noch in Deutschland, wo es von Tag zu Tag gefährlicher für sie beide wurde, aber von ihrer Familie schon getrennt für wer weiß wie lange Zeit, wurde Carius der wichtigste Mensch für sie. Erst recht während der riskanten Überfahrt in einem kleinen Segelboot über die Ostsee nach Trelleborg, von wo aus es ihnen gelang, sich, wie auch immer, nach Südfrankreich durchzuschlagen.

Da drängen sich Fragen auf: War Nelly eine Frau, die sich um politische Grenzziehungen bewusst nicht scherte? Oder steckte sie sogar so tief in linken Zirkeln, dass ihre Flucht weniger mit ihrer Bekanntschaft mit Heinrich Mann zu tun hatte als mit einer persönlichen Gefährdung? Was wäre gewesen ohne die Unterstützung der Krögers? Wie wichtig waren ihre Kontakte für Heinrich Mann, gerade im Zusammenhang mit seiner Emigration?[22] Dass Nelly Carius mitbrachte, konnte dem Liberalen (und Libertin) Heinrich Mann nur gefallen. Er sorgte dafür, dass der 26-jährige Heißsporn in einem kleinen Hotel in der Nähe unterkam, bis er sich zwei Jahre später in neue politische Abenteuer stürzen würde, was zunächst dazu führte, dass er ein paar Mal über die französisch-schweizerische Grenze hin- und hergeschoben wurde, bevor er sich den Internationalen Brigaden anschloss, die im Spanischen Bürgerkrieg kämpften. Zu Nellys großem Kummer.

Heinrich Mann schrieb nach Nellys Tod mit den folgenden Sätzen wohlweislich an der Realität vorbei, als er den Augenblick seines Wiedersehens mit ihr an der Côte d'Azur schilderte: »In Bandol am Meer, Anfang des Sommers, stand unversehens meine Frau im Zimmer, war von Berlin, auf Umwegen über Dänemark, mir nachgereist, der größte Beweis von Anhänglichkeit, den ich im Leben empfangen habe. Die acht Jahre Frankreich waren, ob mit der schlimmsten Zukunft vor Augen, eine glückliche Zeit.«[23]

Dreht man die Typoskriptseite 187 zu *Ein Zeitalter wird besichtigt* um, findet man folgende Bleistiftnotiz von seiner Hand: »Wenn unser Sinn für die Wahrheit uns unglücklich machen wollte, wie hätten wir jemals das Recht, ganz glücklich zu sein. Eines Tages im Jahre 33 war ich es. Die Tür meiner Sommerwohnung in Bandol am Meer, nahe Toulon geht auf, meine Frau tritt ein. Sie war mir in das fremde Exil gefolgt, für sie war es mehr Exil, mehr Fremde als für mich. Sie hatte ihre Sicherheit aufgegeben, zu Hause wäre sie sicher gewesen. Sie hatte, der Gefahr unerachtet, Umwege durch Europa gemacht. Sie hatte zu mir hingefunden, sie stand vor mir. Es ist das höchste Zeichen menschlicher Anhänglichkeit, das ich jemals empfangen habe. [...] Es war in voller Wahrheit das Glück. Es bleibt die unverlorene Erinnerung, seit die Urheberin das Leben verlor.«[24]

Fingerübungen eines Schriftstellers. Unversehens soll Nelly in Heinrich Manns Zimmer gestanden haben? Eine glückliche Zeit vor sich, die acht Jahre gedauert haben soll? Alles verkehrt, alles verklärt. Heinrich Mann durfte durchaus mit ihrem Kommen rechnen und zwar tatsächlich in Bandol – Nelly wusste, dass er Mitte Mai das Hotel de Nice verlassen hatte und dorthin gezogen war, wo auch Thomas sich aufhielt. Allerdings wohl nicht, wie er den Bruder auf Frau Kröger vorbereitet hatte: »Er drückte den Wunsch aus, seine Berliner Freundin und Wirtschafterin, die unter rachsüchtigen Verfolgungen zu leiden hat, hierher kommen zu lassen [...].« Warum nicht? Aber warum das: »Beim Kaffee teilte Heinrich mir mit, daß seine Berliner Freundin infolge der erlittenen Aufregungen, denen eine Gehirnerschütterung vorangegangen war, geistesgestört geworden ist. Ich nehme an, daß das jetzt in Deutschland ein sehr häufiger Fall [ist].«[25]

Glücklich? In den Jahren in Frankreich verstärkte sich ihre Drogenabhängigkeit, mindestens dreimal war sie durch Überdosierung dem Tode nah. Noch von Berlin aus hatte sie wissen wollen, ob sie in Nizza Dr. Barnathan antreffen würde, dem sie vertraute. Der kannte ihr zweites großes Problem: Sie war inzwischen auch medikamentenabhängig. Dr. Barnathan stand auch in Verbindung mit Heinrich Mann, und er verschrieb Nelly Mittel gegen die Kopfschmerzen, die sie seit ihrem Sturz quälten, vor allem aber verschrieb er ihr Veronal.[26] Vielleicht war das Schlafmittel, das in moderater Dosierung eine beruhigende Wirkung wie Alkohol haben konnte, von beiden Männern als Ersatzdroge gedacht? Eine höchst gefährliche, potenziell tödliche Alternative. Mit einem Rezept in der Hand in eine Apotheke zu gehen, sich aushändigen zu lassen, was leicht in die Handtasche passte: ein Fläschchen mit Tropfen, ein Röhrchen mit Pillen, ein paar Briefchen mit Pulver – das war auf jeden Fall wesentlich weniger kompromittierend als die Beschaffung von Alkohol. Aber zu ihrem Unglück stand es längst nicht mehr in Nellys Macht, das Trinken zu lassen. Und so fiel sie als Mehrfachabhängige auf.

Nicht wenige Exilanten, die sich an der Küste in Bandol, Sanary, Toulon, und etwas abseits davon in Nizza, niedergelassen hatten, sollten die Aufregung um Nellys Exzesse genießen. Die von eigenen Problemen ablenkte! Sie kannten sich ja längst – aus Berlin, aus München – und nur zu gut, die Schriftsteller und ihre Frauen. Das heißt: Als Frau an Heinrichs Seite kannten die meisten noch Mimi. Manns, Feuchtwangers, Franks, Werfels, Schickeles … Lion Feuchtwanger beneidete Bruno Frank um das Haus, das seine von der eifersüchtigen Marta Feuchtwanger herzlich gehasste Lisl[27] ihm innerhalb von zwei Tagen verschafft hatte: still und behaglich gelegen, mit eigenem Strand und waldähnlichem Garten. Ein phantastisches Refugium zum Preis von 12 000 Francs für sechs Monate. Thomas Mann dagegen, noch in Bandol, aber schon auf dem Sprung nach Sanary, wurde begehrlich angesichts Feuchtwangers neuem »sehr angenehmen und durch seine praktische Geräumigkeit niederregenden Heim am Meer«.[28] Katia fand für ihn die Villa Tranquille, den Franks schräg gegenüber und unweit der pittoresken Mühle, die die

Werfels ergattert hatten: Ohne besondere Aussicht, dafür ausgestattet mit feinstem Leinen und ältestem Silber. Jeder wusste von jedem, was er zu verlieren hatte, und beobachtete die Manöver der anderen, möglichst viel zu gewinnen, sehr genau. »Ich hatte von vornherein das größte Misstrauen gegen die Emigranten – wegen der bekannten Emigrantenmentalität [...] und erst recht gegen diese Emigration, deren Häupter ich nur zu gut kenne! Mit geringen Ausnahmen haben sie alle Dreck gefressen, bis sie von den Nazis daran gehindert wurden, d. h. bis sie weichen mussten«, so der Tagebuchschreiber René Schickele.

Frauen wie Marta Feuchtwanger und Katia Mann setzten alle ihre Mittel ein, damit ihre Männer auch im Exil bestmögliche Arbeitsbedingungen vorfanden. Da bot Nelly, die offensichtlich keine Ahnung hatte, wie solche Bedingungen überhaupt aussehen, die so dumm war, zu glauben, ihr Schriftsteller-Mann sei durch gutes Essen und guten Sex zu motivieren, hochwillkommene Angriffsflächen. Schickele, an Herzasthma leidend – er musste deshalb viele Stunden des Tages in halb sitzender, halb liegender Position zu Hause verbringen –, verfolgte dergleichen sehr engagiert. Nelly bedachte er zunehmend, man kann keinen anderen Ausdruck dafür finden, mit Häme. Anfangs war sie ihm kaum aufgefallen, er kannte nicht einmal ihren richtigen Namen. Am 13. Juli 1933 notierte er: »Nach dem Abendessen in der ›Villa Tranquille‹ [...] Heinrich mit s. Frau Körber [sic!].«[29] Der Abend wird ihr Spaß gemacht haben: Erst las Thomas, dann Heinrich, jeder aus einem seiner Werke. Auch Sybille Bedford warf an einem solchen Abend ein kritisches Auge auf die deutschen Dichterfürsten *in residence*:

»Es war im Hause des Meisters [...]. Thomas Mann saß hinter einem hohen Tisch auf der Terrasse, seine drei Kollegen [Frank, Meier-Graefe und Schickele] neben ihm. Hinter ihnen standen Stühle für ihre Frauen und Erika Mann. Auf dem Grundstück unterhalb dieses Podiums, auf Stufen, Kissen,

Gartenbänken breitete sich die Masse des Fußvolks aus, eine Schweizer Dichterin, die jüngeren Mann-Kinder, der Schickele-Sohn im Schüler-Alter, ein bekannter englischer Kritiker, Aldous und Maria [Huxley], meine Mama, Eddy Sackville-West, Heinrich Manns junonische Geliebte und ich selbst. Erika näherte sich dem Podium, sie trug ihres Vaters Manuskript. Er las ungefähr fünfzig Minuten lang aus einem Kapitel von ›Joseph und seine Brüder‹ vor mit einer nicht besonders tragfähigen Stimme. Danach wurde oben auf dem Tisch Riesling serviert und Geflügelsalat; einige entsprechend abgestufte Erfrischungen, ich meine Fruchtsäfte und Gebäck zu erinnern – wurde im Parterre verteilt […].[30]

Wenig später, am 4. August, schilderte Schickele Nellys Auftreten anlässlich seiner Geburtstagsfeier als in großer Sommertoilette prall und luftig heranschwebend und im Gespräch versagend, weil von Minderwertigkeitsgefühlen bedrückt, mit denen Heinrich Mann nicht gerade geschickt umgehe. In einem Schickele-Brief an Thomas Mann klingt das allerdings ganz anders, wenn er sich darüber mokiert, dass auf Heinrich Mann gestellte Fragen »Frau Kröger antworten würde«. Im Übrigen: »Der Mann müsste längst die Ehrenlegion haben, aber nicht erst das Band, sondern die Rosette, statt sich als Durchschnittsemigrant mit den Nizzaer Ämtern herumschlagen zu müssen, zu denen er leider auch noch, um alles zu erschweren, seine Geliebte schickt.« Aber »da sie u. a. die Manie hatte, sich in gehobener Stimmung politisch wichtig zu machen und von ihren kommunistischen Verbindungen in den blauen Tag zu reden«,[31] könne ja aus Heinrich kein Ordensträger werden. Wer so schreibt, weiß sich vom Adressaten verstanden. Schickele war in diesen Monaten an der Blauen Küste geneigt, sich eher von Thomas und dessen Entourage beeindrucken zu lassen, obwohl er seit drei Jahrzehnten dem Schriftsteller Heinrich Mann anhing. Dessen Beziehung zu dieser Nelly war für ihn ein Phänomen, das zu ergründen ihn sehr reizte. Sein Urteil, erarbeitet aus dem wenigen, was er über sie wusste: In der Intellektuellen-Welt, in die sie geraten sei, finde sie sich nicht zurecht. Sie stamme ja aus einfachen Verhältnissen und wäre reizend, hätte sie nicht diese »verdammten« Minderwertigkeitsgefühle. Ach, »welch hohe Gabe ist Natürlichkeit! […] Selbst schwer erträgliche Eigenschaften werden erträglich durch Natürlichkeit. Fehlt sie, muß der Geist sich sehr anstrengen, um das Manko wettzumachen. […] Frau Kröger, die Bardame war, vermag es nicht.« Aber offenbar schätzte er noch etwas anderes als den Geist. »Die Krögersche ist ›vollschlank‹ geworden und sieht appetitlich aus.« Ihre Einladungen zum »wohlassortierten […] Thee« boten Schickele Reizvolles für Magen und Augen: »Als beim Verlassen seiner [Heinrich Manns] Wohnung Frau K. sich überlegte, ob sie mitgehen sollte oder nicht, stand sie, in Gedanken versunken da: eine Säule fleischlicher Anmut, liebenswert, in ihrer Art vollkommen. Sie blieb zu Hause. Sie hatte sich die ganze Zeit gelangweilt.« Hatte sie sich genug gelangweilt und ging es noch immer ausschließlich um Themen, mit denen sie nichts anfangen konnte, empfand sie

»das für sie hermetische Gespräch erst wohl dunkel, dann aber immer klarer als eine Mißachtung ihrer Person, deren Bildungsgrad ihr nicht erlaubt, den Ausführungen zu folgen. Natürlich wenden sich die Redenden nicht an sie, sondern an diejenigen, die an der Diskussion teilnehmen. So gerät sie auch äußerlich in den Hintergrund. Sie sieht sich auf einmal ›nicht mehr vorhanden‹. Dafür beobachtet sie mit feindlich gespannter Aufmerksamkeit, wie man an ihr vorbeiredet und blickt und sie immer mehr ›zurücksetzt‹. Es kommt der Augenblick, wo wir unsre Verfehlung bemerken und, nicht ohne Bedauern (ein Bedauern, das ihr nicht entgeht) ein- und zu Frau Kröger zurücklenken. Wir suchen einen Gegenstand, der sie interessiert, und finden immer nur den gleichen: die deutschen

Greuel. Das ist das einzige, wo sie anbeißt. Wie gern ließen wir uns etwas von ihr erzählen, wovon sie mehr und Verbürgteres weiß als wir. Die Frau hat doch gelebt und vermutlich sauberer als die Leute ›aus guter Familie‹. Sie weiß es selbst, sie kennt sie doch, die Leute aus guter Familie! Trotzdem würde sie eher ein Märchen zum hundertstenmal erzählen als ein anständiges, saftiges Stück Leben preisgeben, das ihr nicht ›vornehm‹ genug erscheint [...]«[32]

Das also hätte Schickele gern gehört. Nelly muss gewusst haben, wen sie vor sich hatte. Wem sie genau das »saftige Stück Leben« besser vorenthielt.

Und wem nicht: »Die grotesken, urlebendigen, zuweilen auch recht lockeren Geschichten, die Frau Kröger aus ihrem Leben freigiebig preisgab [...], nahmen es an drastischem Witz und an Spannung mit Geschichten berühmter Erzähler auf.« Die Mitbewohner Nellys im Haus Nummer 121, Promenade des Anglais in Nizza, das Heinrich Mann 1934 zusammen mit Hermann Kesten und Joseph Roth gemietet hatte, bekamen sie zu hören. Einem von ihnen blieben sie unvergesslich:

»Frau Kröger, Heinrich Mann und meine Mutter führten zuweilen moralische Gespräche voll goldener Lebensweisheit, gewürzt mit den ganz aparten Erfahrungen und Lebensweisheiten dieser drei Exilierten. Ich lauschte ihren Dialogen mit kaum verhehlter Spannung; denn da unterhielten sich drei Moralisten auf drei ganz verschiedenen Ebenen, und es bedurfte der ganzen ironischen Eleganz von Heinrich Mann, der ganzen entwaffnenden Frivolität von Frau Kröger und der ganzen zitatenfreudigen Menschenfreundlichkeit meiner Mutter, um das Gespräch nicht in hundert Abgründe zu stürzen, an hundert Klippen zerschellen zu lassen. Es waren vielschichtige, vieldeutige, erzironische Gespräche, wobei jeder der drei Partner bei aller Sympathie und Bewunderung die beiden anderen ganz zu durchschauen glaubte, ohne sich selbst durchschaut zu fühlen.«

Die Kommunkation zwischen den drei Schriftstellern und ihren Gefährtinnen ließ offenbar nichts zu wünschen übrig: »Joseph Roth erzählt eine Liebesgeschichte aus Podolien, Heinrich Mann eine Liebesgeschichte aus Palestrina und Frau Nelly Kröger Geschichten aus ihrer Mädchenzeit am Kurfürstendamm, berlinerisch ausgezogene, sozusagen splitternackte Geschichten, die mehr nach rotem Wein schmeckten als nach Nachtigallenzungen. Sie erzählte, wie sie mit einer Freundin, so blond und jung und füllig wie sie selber, an linden Sommerabenden am Kurfürstendamm auf und ab promenierte, zwei lustige, blutjunge abenteuerselige verliebte Mädchen von der Nordsee [!], und wie sie zu zweien oder allein mit irgendeinem hergewehten Jüngling tanzen gingen, Geschichten voll Kichern, Kosen, Küssen.«[33]

Schickeles Lebenselixier war und blieb das Lästern über Schicksalsgenossen, so auch am 21. März 1934 über Heinrich Mann: Fett sei er geworden, habe ein Doppelkinn, das liegen bleibe, wenn der Kopf sich bewege. Ein unerschöpflicher Schatz von Güte und Weisheit liege in ihm, den er seit vierzig Jahren schon an dicke Frauen, die keine Stirn, aber ein kräftiges Handgelenk hätten, verteile … Und am 31. Juli 1935 empörte er sich, wie seine Zuträger es von ihm erwarten durften: »in Sanary im Café [de] Lyon Frau Feuchtwanger, Frau Marcuse, Herr u. Frau Kantorowicz […]. Die Kröger erzählt, ich hätte von ihr gesagt, sie sei Bardame gewesen.« Etwa nicht? War er wirklich der Mann, der zu einem Thema wie diesem schwieg? Der sich der zunehmenden Fraktionierung gegenüber Nelly widersetzen würde – wo ihm doch Katia Mann immer mal wieder Geld zusteckte und im Gegenzug ihre Kinder bei ihm einquartierte?[34] Und so befrachtete Schickele sein sonst so lakonisch, ernsthaft und nachweltgeeignet geführtes Tagebuch mit einer weiteren Tratschgeschichte: Am 6. Januar 1937, an einem in seinem Haus »La Florida« in Nizza-Fabron (wohin er 1934 nach zwei Jahren Sanary der Gesundheit wegen gezogen war) am Kaminfeuer verbrachten Nachmittag hätten ihn die »neuesten Geschichten von Frau Kröger erreicht, die im Schalterraum der ›Société Générale‹ zusammenbrach, völlig betrunken.« Man habe sie ins Mercier, »wo der Kommis sie duzte und ihr begütigend die Schultern klopfte«, gebracht, »wo sie eine ganze Tube Veronal bekam, dann Martini, den sie ›auskotzte‹, sie wusste ihre Adresse nicht mehr, die musste erst im Geschäft ermittelt werden […].«[35]

Exilsituation und Drogenkonsum gingen häufig Hand in Hand. Auch in der Familie Thomas Mann stieg der Verbrauch an beruhigenden und aufputschenden Mitteln. Pfefferminztee mit Adaline und Phanodorm, Eumidrin, Brom, Phanodorm, Evipan – Thomas führte darüber gewissenhaft Tagebuch. Klaus war definitiv abhängig von dem, was im Familienjargon als »das Kleinbürgerliche« bezeichnet wurde, womit man den Betroffenen zu kränken beabsichtigte. Erika sollte noch dahin kommen, sich Spritzen durch die Kleidung hindurch zu setzen, wenn es eilte, und Michael würde die verhängnisvolle Kombination von Tabletten und Alkohol das Leben kosten. Nelly und ihre Sucht waren nicht sakrosankt. Zur »heiligen Säuferin« à la Joseph Roth fehlten ihr alle Voraussetzungen. Dabei hätte auch sie einiges vorbringen können, was sie in diesen Jahren quälte. Dass sie in Deutschland zur Unperson geworden war. Dass Rudi Carius, mit dem sie die Flucht durchgestanden hatte, wie in Berlin so auch hier politische Ziele über persönliche Bindungen stellte – und sie sich statt mit einem 26-Jährigen mit dem 62-jährigen Heinrich Mann im französischen Exil befand, der noch dazu in diesen Jahren emsig bemüht war, seiner Exfrau samt Tochter bestmögliche Lebensbedingungen zu verschaffen, dediziert zu Nellys Lasten.

Bald nachdem Mimi und Goschi den richtigen Schluss aus den Pöbeleien gegen Juden und Warnungen von Freunden vor Schlimmerem gezogen und München verlassen hatten, machten sie von Prag aus Annäherungsversuche. Heinrich Mann muss sich gewunden haben beim Lesen der Zeilen Goschis vom 11. Juni 1933: »Wenn ich mir dann so die Mama betrachte, wie schwer das alles für sie ist, dann denke ich mir immer, wie das wohl für Dich sein muß, wenn Du dort ganz allein bist. Mama hat wenigstens noch mich aber Du hast nur Onkel Tommy und der hat doch auch mit sich selber viel zu tun.« Tenor: Wie schön wäre es, wenn wir drei wieder zusammen sein könnten, es steht dem doch nichts im Weg, also, Papa, gib dir einen Ruck. Mimi wählte in einem Brief vom 2. September gar die Anrede: »Lieber, lieber Heini« und schrieb in besorgter, ja opferbereiter Attitüde. Vorsichtig solle er sein, alles würde sie für ihn tun – und fügte ihre Abrechnung für den abgelaufenen Monat August bei.[36] Nelly kannte die Ansprüche der Prager Damen und Heinrichs Nachgiebigkeit in dieser Hinsicht. Hier offene Kritik oder auch nur Einwände vorzubringen, die den Anschein von Egoismus hätten haben können, das ließ ihre Herkunft – oder darf man sagen: ihr Charakter? – nicht zu. Sie hatte ihre Mittel, sich im Zaum zu halten. Und Heinrich hielt sie nicht davon ab, im Gegenteil: »Die beiden gehen abends gar nicht mehr aus«, registrierte Schickele, «Sie süffeln ein bisschen daheim. Anscheinend eine glückliche Ehe.«[37] So sah es aus.

Am 10. Mai 1934, genau ein Jahr nachdem in Berlin und anderswo in Deutschland Bücher verbrannt worden waren – auch seine –, wurde Heinrich Mann Präsident der Deutschen Freiheitsbibliothek, die in Paris mit dem Ziel gegründet worden war, alle im »Dritten Reich« verbotenen, verbrannten und totgeschwiegenen Werke zu sammeln. Wenn diese und diverse andere Aktivitäten seine monatelange Abwesenheit erforderten, wenn eine Reise ihn gar nach Prag führte, bekam Nelly selten mehr als beschwichtigende Worte zu hören, wenn er nach Hause kam. Was das betrifft, brachte sie ihn in Schwierigkeiten: Die Fremdenpolizei sperrte sich im Herbst 1934 dagegen, ihm ein Rückreisevisum aus der Tschechoslowakei zu geben. »Man fürchtet allgemein, daß die Krögersche Schatten auf Heini wirft, vor denen die Polizeipferde wie üblich scheuen [...] (Die dumme Gans kokettiert bekanntlich mit dunkeln [sic!] Verschwörern) [...].«[38] Schickele »wusste« auch das.

»Aber was wird ein Götterweib schon telegraphieren, es kann nur ›Geld‹ heissen.«[1]

Heinrich an Nelly am 20. Oktober 1934, ein Liebesbrief:

»Prague I Revolucni 33
Ich denke mit großer Vorliebe an Dich, an Deine Freundschaft, hoffentlich mehr als Freundschaft, und an Deinen schönen Körper. Bei dem Gedanken bleibe ich niemals ruhig. Du übst grosse Wirkung aus der Ferne: das ist alles Mögliche nach so langen Jahren. Hoffentlich freut es Dich. Ich freue mich sehr an Dir.«[2]

Sie freute es keinesfalls genug, um sich ohne ihn sicher zu fühlen. Ihre pharmakologischen Stützen trugen nicht mehr. Sie ängstigte sich allein in der Wohnung in Nizza. Hatte sie Gespenster gesehen, als sie einen Einbruchsversuch meldete? *A l'arme* Heinrich! Doch ihm schienen schriftliche Anweisungen zur Rettung seiner Arbeitsunterlagen ausreichend: Sein Roman-Manuskript müsse sie zur Bank bringen und die in der gleichen, der linken, Schublade liegenden Notizblätter, denn ohne die könne er nicht weiter schreiben. Auch den Inhalt der rechten Schublade, das bereits abgelieferte Manuskript und die Geschäftspapiere solle sie an einem sicheren Ort verwahren, denn wer wisse schon, was die Unholde suchten! »Der kleine Koffer, mit der Brieftasche, ist nicht erbrochen worden? Aber Papiere sind durchsucht? Dann ist es vielleicht kein gewöhnlicher Einbruch. Besser, wir reden gar nicht darüber. Bitte auch Roths, zu schweigen.«[3] Den Hausgenossen war die ganze Aufregung natürlich nicht verborgen geblieben, weder Joseph Roth, der zusammen mit Andrea Manga Bell[4] in der Wohnung im zweiten Stock des schmalen Hauses, also unter Heinrich und Nelly, lebte, noch Hermann Kesten und Ehefrau Toni, den Mietern des ersten Stockwerks. »An blauen Abenden standen wir auf unseren Balkons und sahen, wie die Sonne im Meer unterging und ihr Abschein die Wellen und den Himmel und die Wangen unserer Frauen rötete. Heiter verbrachten wir die folgenden Monate zusammen, trafen uns um die Ecke in einem kleinen Bistro zum Essen oder Trinken oder saßen vor dem Café de France oder auf der Place Masséna im Café Monnot unter den Arkaden und wandelten zuweilen unterm Sternenhimmel am Meer entlang in unser Haus zurück in eifriger Diskussion über die Gesetze des historischen Romans.«[5] Eigentlich hätte sie sich hier geborgen fühlen können. Doch in jenen Oktobertagen, als Nelly allein und verängstigt war und sich dafür schämte, wollte sie nur weg, möglichst sogar weg aus Nizza. Heinrich im fernen Prag hatte andere Vorstellungen: »[…] ich wollte schon dort zurücksein und Dich küssen, aber nicht nur küssen. Du bist das schönste, beste Fleisch für mich und hast ein braves Herz. Ich glaube, dass wir uns immer besser verstehn.« Sollte sie unbedingt eine neue Bleibe suchen wollen, dann bitte unter Beachtung einiger wenig attraktiver Vorgaben, wie: Sie »[…] muss nicht durchaus mit Bad sein, wir haben uns das schon ziemlich abgewöhnt«. Übrigens hatte ein weiteres Erlebnis Nelly das Haus verleidet. Roth, der, durch die Erkrankung seiner Ehefrau Friederike an Schizophrenie 1929 aus der Bahn geworfen, ebenfalls alkoholabhängig war, hatte Nelly mit dunklen Vorahnungen verschreckt. Früh werde sie sterben! »Wie viele pechschwarze Liköre hatte Roth schon hinter sich gebracht, als er Dir etwas so düsteres vorhersagte?«, tröstete Heinrich sie leichthin aus Prag, wo er seiner Exfrau näher war als Nelly, die ihn so dringend brauchte. »Und ich soll 80 Jahre alt werden? Wie viele Romane muss ich noch schreiben, und wie oft noch in der Welt umherfahren, um Geld zusammenzukratzen?«[6] Genau das war Heinrich Manns große Sorge während des Exils in Europa: seine schwindenden Einkünfte. »Sein« Berlin der zwanziger Jahre war ihm abhanden gekommen und damit sein Publikum, die Honorare waren spürbar zurückgegangen, die Zugeständnisse an Mimi und Goschi drückten schwer.

So kam es, dass Nelly zu dieser Zeit eine gewisse Anhänglichkeit an Rudi Flach entwickelte, den ehemaligen Kampfgenossen von Rudi Carius. Die beiden Männer hatten einander im September 1934 in Nizza wiedergetroffen; ein Zeitungshändler, der wohl den Eindruck hatte, dass sich die beiden kennen müssten, hatte sie zusammengebracht. Das Ehepaar Flach war im Januar 1934 angekommen, auf der Flucht, weil man ihn in Folge der Morde in der Wallstraße ebenfalls verurteilt hatte. Aber anders als Carius würde Rudi Flach in Châteauneuf de Grasse sesshaft werden, um dort mit seiner Frau eine Hühnerfarm zu betreiben. Nelly lernte die beiden durch Carius kennen und diese bald auch Heinrich Mann. Das Leben der Flachs beeindruckte Nelly nachhaltig, obwohl es sehr einfach zuging in dem halbverfallenen Bauernhaus in den Bergen – so einfach, dass sie sich freuten, wenn sie in Abwesenheit von Heinrich und Nelly deren Badewanne benutzen konnten. Was also faszinierte Nelly? War es das berühmte Huhn im Topf, das sich nach Henri Quatre – dem Helden von Heinrich Manns zweibändigem Roman, an dem er in dieser Zeit schrieb – jeder Franzose sonntags leisten können sollte? Oder war es, ganz simpel, ihre persönliche Affinität zum Leben auf dem Lande, zu Gefieder und zu allem, woraus sie ein wunderbares Mahl zu schaffen wusste? Was für Heinrich Mann politische Metapher für berechtigte Ansprüche unterprivilegierter Schichten war, sah die Kennerin dieser Verhältnisse ganz pragmatisch. Was er intellektuell wahrnahm, erkannte sie sinnlich. Die Erinnerung an das, was sie in Châteauneuf de Grasse sah, würde jedenfalls bis in Nellys letzte Lebensmonate nachwirken. Dann würde sie davon träumen, eine Hühnerfarm zu haben und allem zu entfliehen, was ihr in der Riesenstadt Los Angeles unerträglich war.

Doch zurück zu Flach. Heinrich Mann sollte und wollte sich, wer weiß heute genau weshalb, für ihn einsetzen, als er im Sommer 1935 in Paris auf dem Internationalen Schriftstellerkongress und später auch zu anderen Gelegenheiten seine Gesinnungsgenossen traf: »Sage Herrn Flach«, schrieb er am 23. November 1935 an Nelly, »dass ich wirklich das Beste hoffe und es ihm wünsche. Geniesse nur Deine beiden Bettdecken! Hier ist es schrecklich kalt [...].«[7] Zwei Tage später Heinrich, ganz Mann von Welt, an seine »Beste! Süße!«: »[...] schicke ich Dir lieber gleich eine Anweisung auf die Bank über 400 frs, damit Du auskommst. Willst Du infolgedessen freundlich an mich denken? Mir liegt viel daran. Ich denke Deiner immer so verliebt wie ein Junge; daran ändert sich nichts.« Und ganz Politprominenz mit Einfluss: »Für Flach geschieht von zwei Seiten alles Mögliche. Möchte es nur rechtzeitig gelingen!« Am nächsten Tag, immer noch aus Paris: »Soeben sprach ich – nicht mit Willy,[8] der immer in Sitzungen ist, aber mit seinem Gehilfen Schulz, und nannte ihm die beiden miesen Baldower, die in Deinem heutigen Brief vorkommen.[9] Es interessierte ihn sehr, er wird der Sache nachgehen [...]. Wenn du länger fortgehst, verstecke den Inhalt der mittleren u. unteren und oberen Schieblade. Küsse. Dein H.« Nelly war also vertraut mit Heinrichs politischem Umfeld, und er vertraute ihr in dieser Hinsicht. »Meine schöne Süsse, hast Du Dich gut gepflegt? Bist Du Deinem Verehrer treu, und denkst Du noch an ihn?« Dann wieder: »Über die Flach'sche Sache weiss ich hier natürlich nichts Neues. Hoffentlich sind die Versprechungen gehalten worden.« Aber Heinrich Mann, nun in Genf, dachte eigentlich mehr daran: »Ich käme dann erst Ende der nächsten Woche wieder bei Dir an, etwa Freitag 8. Dez. oder Sonnabend 9. Mir dauert es viel zu lange. Denn ich sehe Dich immer vor mir. Du weißt schon, was ich meine. Schreibe mir auch, bis wann Du wieder Geld brauchst.« Geld und der gemeinsame Bekannte bleiben auf der Agenda: »Mit Flach ist es so: Die Rote A. [oder eher noch H. für Hilfe] hat einen Rechtsanwalt in Marseille beauftragt; er soll mit Flach nach Paris kommen, um dort seine Sache durchzusetzen. Ich habe immer wieder betont, dass es sofort geschehen muss. Hoffentlich lässt es sich gut machen. Das Geld ist vorgeblich bereit gestellt – Diese Tage sind voll Beschäftigungen, man weiß nicht, was es nützt. In unserer ruhigen Wohnung und mit Deinem schönen Körper; das Essen auch noch besser als unterwegs – auf Dich freue ich mich, meine geliebte Süsse. Der Deine«[10]

Die »geliebte Süße« hatte wenigstens zwei Gründe, sich den »Verehrer« an ihre Seite zu wünschen. Einmal hatte Rudi Carius Nizza verlassen. Nelly vermisste ihn sehr. Im Übrigen liegt die Vermutung nahe, dass Rudi Flach den beiden Gelegenheit gab, sich bei ihm zu treffen, denn er schrieb: »[…] ist über Rudi und Nelly mehr nachzudenken. Aber ich bat sie einmal darüber nichts zu Druck zu bringen.«[11] Ob er ein schlechtes Gewissen dem großzügigen Heinrich Mann gegenüber hatte?

Zum anderen konnte ihr der Spott, der ihr aus den Äußerungen vieler Emigranten und, nun ja, Emigrantinnen entgegenschlug, nicht engehen. Dabei ging es nur vordergründig um sie. Ohne ihre Beziehung zu Heinrich Mann wäre Nelly für die anderen bedeutungslos gewesen. Die Platzhirsche vermieden jedoch die offene Konfrontation: Lion Feuchtwanger, weil seine Blicke erkennbar wechselnden weiblichen Attraktionen folgten, die auch nicht immer das Gütesiegel der Intellektuellenclique am Mittelmeer erhalten hätten, und Thomas Mann, weil er so viel demonstrative Triebhaftigkeit, so viel offensive Weiblichkeit nur abstoßend finden konnte. Seine Tagebucheintragungen sind da eindeutig – auch während eines mehrtägigen Besuchs in Nizza, 1935, von Küsnacht aus. Er traf mit Katia am 15. Mai ein, und noch am gleichen Tag ging es »[…] zu Heinrich in die Rue Congrès […]. Wir brachten der Kroeger Rosen. Mit ihnen zum Abendessen ins Régence. H's Genussfähigkeit im

Essen und Trinken. Nervosität durch die alberne Ordinärheit der Kroeger. Sie begleiteten uns schließlich im Regen zum Hotel [d'Angleterre].« Als Thomas Mann am nächsten Tag seine ersten Eindrücke resümmierte, bekannte er, dass nicht nur Nizza, sondern auch des Bruders Häuslichkeit ihn beeindruckt hatte: »[…] durch die Altstadt zur Rue du Congrès, wo wir Klaus vorfanden. Der sympathische Dr. Levi kam hinzu. Vorzüglich bereitetes und gemütliches Abendessen im Wohnzimmer. Rotwein, Kaffee und Unterhaltung bis gegen 11 Uhr. Die Wirtin meist glücklich beschäftigt […].« Am nächsten Tag spazierte man gemeinsam die Promenade entlang, nahm im Hotel einen Wermuth, lunchte im Speisesaal, beschloss das Mahl mit Kaffee in der Halle. Thomas bezahlte. Und am vierten Besuchstag: »Rendez-vous mit Heinrich und der Kroeger bei Café Monnot. Mit dem Omnibus nach Mont Boron, zu Fuß durch den Pinienwald hinauf, in dem ländlichen Café eingekehrt, das H. oft besucht.« Nelly liebte diesen Ort, hoch über der Engelsbucht, von wo aus die Straßen Nizzas so weit entfernt schienen und damit alles, was sie dort belastete. Am nächsten Tag, einem Sonntag, wollte Heinrich Luxus vorführen: »[…] Rendez-vous mit Heinrich und der Seinen zum Ausflug nach Monte-Carlo. Auto Car dorthin, schöne Fahrt überm Meer. Nach der Ankunft Spaziergang. Aufenthalt im exotischen Garten, bei Dunkelwerden. Beleuchtung der Büsche und der notorischen Casino-Fassade. Viel von einer Narrenküste hat heute das Ganze, verödete Hotelbauten, Feenpaläste des 19. Jahrhunderts […].« Thomas Mann verbot es sich wohl, sich diese Kulisse belebt vorzustellen: Die lichtleeren Winkel zwischen fremdartigen Pflanzen als Treffpunkte, die scheinbar leeren Hotelbauten als geheime Absteigen, und seinen Bruder sowie den anderen großen Konkurrenten, Lion Feuchtwanger, als Besucher des Casinos, Letzterer mit erheblichen Verlusten.[12] Am Montag der Abschied: »Fr. Kroeger stattete uns mit Reise-Imbiß aus […]«,[13] vermerkte ihr künftiger Schwager. Nelly hatte ihre Sache wohl gut gemacht, der Nobelpreisträger war nachdenklich geworden: Die ordinäre Kröger kochte sehr gut, war eine fürsorgliche Gefährtin. Des Bruders Hedonismus bei Tisch hatte er neidvoll registriert. Dass Sinnlichkeit auch so ihren Ausdruck finden kann, musste neu für ihn gewesen sein. Und noch eine Trouvaille aus Thomas Manns Tagebuch, nach Beendigung des brüderlichen Miteinanders am 23. September 1936 in einem Genfer Hotel zu Papier gebracht: »Sauberkeit, Eleganz, Komfort. Reizender Blick auf Park, Fontaine, See […]«, und dann: »Der Genugtuung, der fremden und immer bedrückenden Sphäre des Südens entronnen zu sein (ich atme mit Beruhigung die frische Nebelluft), gesellt sich diejenige, meine Sphäre wieder von der H.'s [zu] trennen und in unerläßlichem Sinne allein zu sein.«[14]

Viel Zeit, den gemeinsamen Lebensstil weiter zu entwickeln, gönnte Heinrich Nelly nicht. 1934 hatte sie seinen Besuch in Prag hinnehmen, 1935 ihn in Summe gar ein halbes Jahr entbehren müssen. Er war monatelang in Paris, dazu kamen auf dem Heimweg Abstecher nach Genf und Zürich bzw. Küsnacht, wo er Thomas einen Besuch abstattete. Immer gut, wenn sich Politisches und Familiäres kombinieren ließ. Und auch 1936 war Heinrich unter dieser Prämisse monatelang auf Reisen. Im Februar sogar mit Nelly in Paris: Heinrich Mann hatte (zusammen mit Max Braun, SPD) zur ersten großen Volksfrontkonferenz ins Hotel Lutetia geladen. Die ebenfalls anwesende Thea Sternheim registrierte unbeeindruckt:

»Kaum habe ich den grossen Saal des Schriftstellerverbandes betreten, als mich schon der Schauder vor einer ganz gewissen, bisher nur in Deutschland wahrgenommenen Geisteslage befällt […]. Auf der Tribüne Kisch, […] Leonhard, […] Marcuse, […] Kantorowicz […]. Schließlich Heinrich Mann, diesmal von seiner Freundin, Frau Krüger aus Lübeck gefolgt, eine Dicke und gleichzeitig appetitlich und fett aussehende Thusnelda, aus der ich sofort einige Szenen aus Henri IV realisiere. […] Dann folgt

Heinrich Manns Rede, die jeder Rhetorik bare, messerscharfe Aburteilung Hiterdeutschlands [...] Frau Krüger sitzt während des Vortrags neben mir u. demonstriert eine wohltuende Nonchalance, die sich gelegentich in teils mutwilligen, teils erstaunten Glossen äussert. Dazwischen lacht sie auch lustig. Spricht sie von Heinrich Mann, spricht sie per: ›Wir‹.«[15]

In jenem Sommer war Heinrich besessen von der Idee, seiner inzwischen zwanzigjährigen Tochter – für ihn noch immer »das Kind« – den Stempel seiner Persönlichkeit aufzudrücken und so den Einfluss Mimis ein wenig zu relativieren. Nebenbei hatte er das Bedürfnis, sein schlechtes Gewissen gegenüber der verlassenen Familie zu beruhigen. Wie er das anstellen wollte? Er plante, mit Goschi durch Frankreich zu reisen, ihr den bedeutenden und generösen Vater vorzuführen. Nelly machte das Angst. Sie begleitete Heinrich nach Briançon. Bekam sie mit, wie er von dort aus alle Hebel in Bewegung setzte, ein regelrechtes Familientreffen unter Einbeziehung der »Thommys« zu organisieren? Immerhin hatte die Prag-Connection 1936 erst Heinrich, dann auch Thomas und den Seinen geholfen, Tschechen zu werden und so der Staatenlosigkeit zu entgehen.[16] Das verband. Goschi in Gesellschaft von Medi und Bibi, vielleicht auch noch mit Golo: »Das wäre ein Fest«.[17] Fotos bezeugen, dass Nelly sich in Briançon anfangs noch in Bestform präsentierte. Dann wurde ihr alles zu viel. Sie benahm sich daneben und wurde nach Hause geschickt, nach Nizza.[18] Verständnisvolle Zeilen eines lieben, klugen Freundes, der mit Heinrich zurückgeblieben war, konnten da leicht zum Lebenselixier werden: »Werte gnädige Frau, Schönen Dank für Ihren Brief – aber warum ›eingeschrieben‹? Hatten Sie vielleicht etwas hineingetan? Wenn ja, so machen Sie sich keine Sorgen! Heinrich und ich gehen viel miteinander spazieren, manchmal schweigsam, wie es Männern zukommt, oftmals aber auch in lebhafter Unterhaltung. Wir ergänzen uns glücklich: er belehrt mich über Politik und ich gebe ihm von meinem überflüssigen Wein. Seitdem Sie weg sind, werden wir nämlich nicht mehr so reichlich bedacht […].« Am Rand: »Ich habe H. nichts von dem eingeschriebenen Brief gesagt!«[19]

Der formidable Briefschreiber war Oskar Levy, ein Fan von »games, girls, and – grub!«.[20] Charmant, flexibel oder auch um Anerkennung ringend, unstet. 1867 im pommerschen Stargard geboren (vier Jahre älter als Heinrich Mann also); Spross eines vermögenden Elternpaares auch er: Der Vater Kaufmann, Versicherungen und Banken, empfindsam die Mutter – die klassische Konstellation. Sie starb mit 52. Ihr zuliebe studierte Levy Medizin in Freiburg. Dann fuhr er als Chirurg auf einem HAPAG-Schiff über die Weltmeere und erkrankte auf den Tod an Malaria. Doch als er der Utensilien für die Seebestattung ansichtig wurde, vom ersten Offizier (eine schwarzweißrote Fahne des Kaiserreichs) und vom obersten Ingenieur (Gewichte) bereitgehalten, will er wieder zurück ins Leben gefunden haben – launige Reminiszenzen, die er zu Reisebriefen verarbeitete. Es gelang ihm, sie zu veröffentlichen, aber erfolgreich im Sinn von ertragreich war das nicht. Also weiterhin: Reisen, schreiben und arbeiten als Arzt. Am deutschen Theater in London. Eine Schauspielerin dort machte ihn auf Nietzsche aufmerksam, so sollte Levy sein Lebensthema finden. Aber er ging sich selbst mehr und mehr verloren. Den Geschwistern zunehmend entfremdet, unter dem Spott des Vaters leidend. Dieser Konflikt war nicht mehr aufzulösen, denn Levy sen. starb 1905. Noch bis Ende 1908 litt der Sohn unter depressiven Schüben. Doch er schaffte es, sein materielles Erbe zu mehren und damit eine 18-bändige Nietzsche-Edition in englischer Sprache auf die Beine zu stellen, eine Arbeit, die ihm aus Einsamkeit und Depression heraushalf. Er fand Frieda Brauer, die schöne Tochter eines deutschen Zollbeamten, bereit, sein Leben zu teilen. Am 22. April 1909 wurde Maud geboren, in den dreißiger Jahren Oskar Levys »faithful Daughter-Secretary«. Sie pendelte dazu zwischen England und Südfrankreich, wohin Levy 1933 ins Exil gegangen war. Nelly kannte und mochte die beiden. Sie gehörten zu den wenigen Exilanten, die es ihr gegenüber nie an Takt und freundlichem Interesse fehlen ließen. So besorgte Maud auf Bitten Nellys in London wichtige Kleinigkeiten für Heinrich, wie zum Beispiel Schreibfedern, und schickte sie, mit netten Worten wegen der Verspätung: »[...] merkwürdigerweise mussten sie bestellt werden und in diesem guten Land hetzt kein Mensch, denn Geldverdienen ist keine Notwendigkeit, vielmehr eine liebenswürdige fixe Idee von einigen Pessimisten, darum musste ich geduldig warten und bitte noch einmal um Verzeihung, dass Sie mit mir warten mussten! Bald schicke ich weitere Federn, ich habe eine ganze Menge die bei mir keine Möglichkeit haben, irgend einen Ewigkeitswert zu bekommen: in Nizza wird es ihnen so viel besser gehen! Ich habe große Sehnsucht nach Ihnen, nach Heinrich Mann, nach dem schönen ruhigen Zimmer«, und auch Maud Levy schwärmt von dem »unwahrscheinliche[n] Essen«, das Nelly für ihre Gäste kochte. »Jetzt kommt es mir wie ein Traum vor, wenn ich zwischen meinen Yorkshire puddings (eine Erfindung des Teufels) und porridges sitze und daran denke. Estragon und Hummer! Meine Finger hüpfen vor Vergnügen auf der Maschine herum, wenn ich daran denke! Wann gehen Sie in die Berge? Ist der Ort schon gewählt? War es bei Ihnen auch so erbärmlich kalt wie hier? Heute musste der Gasofen brennen, stundenlang [...]. Bitte empfehlen Sie mich vielmals Herrn Heinrich Mann, und einen sehr lieben Kuss für Sie [...].«[21] »Das war aber eine grosse Überraschung – so einen schönen Brief habe ich lange nicht erhalten [...]. H. Mann ist sehr glücklich, die Federn zu haben, er konnte schon gar nicht mehr schreiben – u. das ist doch schlimm für einen Schriftsteller! Er ist so an diese Feder gewöhnt u. hier können wir sie nicht bekommen [...].« So bedankte sich Nelly unverzüglich und setzte Maud über neueste Ereignisse und Pläne ins Bild: »Viel Besuch ist momentan hier – gestern hatten wir Dr. Landshoff und Gattin – u. [die] zwei kleinsten Kinder (17 u 18) von Th. Mann, natürlich als Ehrengast unsern Hausfreund! Morgen erwarten wir Klaus u. Erika Mann mit Gatten. Heute abend ist noch ein kleines Concert in der Universität. Mädi [und] Biby Mann veranstalten es ganz allein. Haben die Kleinen nicht Mut? Wie geht es Ihnen nun so? – Wann werden Sie kommen? Wir wissen noch nicht genau – wohin und wann wir fahren. Ausserdem habe ich Umzug. Wir haben uns entschlossen – entgültig diese so arme kleine Wohnung zu verlassen. Hoffentlich kommen Sie zur Einweihung der neuen?? Das wäre sehr nett. Das Wetter ist hier gut. Die Mücken sind recht fleissig. Im Übrigen ist hier grosser Streit. Sonst geht die Welt aber weiter [...]. Sollen wir die Federn Herrn Dr. zahlen od. wie denken Sie?«[22]

Mit »Hausfreund« oder »Herrn Dr.« war Oskar Levy gemeint. Seine Erinnerungen an Nelly stellte er immerhin unter das Verdikt »Dans l'amour, la seule victoire c'est la fuite«[23] und lamentierte ein wenig: »If one does not succeed at once and in the beginning, if one goes on listening to and even liking the Siren, ›la fuite‹ becomes very difficult, and is never forgiven by the female. Potiphar will have her revenge on Joseph. All my escapes I had to pay for: that from Mrs. C [...], even Miss E.B. [...] afterwards Mrs. L. and still later Frau Kröger (mistress and wife of Heinrich Mann and beautiful Aryan),[24] whose entreaties I had withstood at the Hôtel Masséna, Monte Carlo, where she had come to live in the absence of Heinrich Mann. This latter lady must have told her Pharaoh a dreadful story about my behaviour towards her [...]. But I still regret the beautiful Mme. Mann to this very day [...].«[25] Die Zurückweisung könnte im September 1936 stattgefunden haben, da tauchte Nelly im Hotel Masséna in Monte Carlo auf, in dem Oskar Levy inzwischen abgestiegen war. Anschließend gab es mehrere Verabredungen mit Levy, die Nelly nicht einhielt, sie schämte sich. Vorstellbar: Der Mann hatte in ihr Gefühle geweckt, ähnlich denen einer Patientin gegenüber ihrem Therapeuten. Er war Nelly mit Empathie begegnet, was sie vollends aus dem Gleichgewicht brachte. Es ging ihr sehr schlecht, vielleicht weil Heinrich sie lange sich selbst überließ. Nichts lenkte sie ab vom Kummer um Rudi Carius. Und über etwas anderes konnte sie sich auch nichts mehr vormachen: Die Exilanten an der Côte d'Azur zeigten mit den Fingern auf sie. Wurde sie eingeladen, dann meist, weil Gastgeber und Gäste sich wohligen Schaudern in Erwartung möglicher Ausbrüche dieser unpassenden Person überlassen wollten. Und so sitzt Nelly auf einem Foto neben Lion Feuchtwanger (der ihr in *Narrenweisheit oder Tod und Verklärung des Jean-Jaques Rousseau* ein bemerkenswert negatives Denkmal setzte, als er Therese Rousseau geborene Levasseur beschrieb, die schlichte Gefährtin des Genies)[26] und sechs weiteren Damen und Herren in Strandkleidung im Sand, die anderen Frauen drahtig, dunkel, wie Marta Feuchtwanger, und ernst. Nur Nelly, hellhäutig, weich, üppig, lacht in die Kamera. Ausgerechnet sie, die Unglückliche, fühlt sich verpflichtet, gute Laune zu verbreiten.[27] Ihr »Mann« schrieb inzwischen Briefe an seine »Frau« oft in einem Duktus, den sie als ebenso herabwürdigend empfinden musste wie seine Art, mit ihr zu sprechen, die schon Herzog moniert hatte. Naiv und verfügbar zu sein, das hatte sie ihm allerdings lange genug selbst signalisiert, und so hatte er sie auch gewollt. Nun war sie auf diese Rolle festgelegt und litt darunter.

Aber der Reihe nach. Nelly war also nach Nizza zurückgekehrt, Heinrich und Levy waren in Briançon. Levys Briefen an Nelly kann man entnehmen, dass sie sich ihres Zustands bewusst war und Beistand suchte. Heinrich gab Ratschläge, wobei er aus seinen vielfältigen Erfahrungen mit den Methoden der Balneologie schöpfte. Moorbäder über vier Wochen verteilt, Bettruhe vor und nach jeder Anwendung seien von Nutzen. Ein Strandaufenthalt empfehle sich erst in der Abendkühle. Schonung, Nichtstun – die neue Wohnung könne warten. Nelly, zu ihrem Besten zur Passivität verdammt, hatte viel Zeit zum Grübeln. Heinrich dagegen war aktiv, voller Pläne, gerade jetzt: Für Ende August habe er sich mit Goschi in Paris verabredet, so schrieb er. Die Tochter solle ihn nach Brüssel zum Weltfriedenskongress begleiten. Danach wolle er mit ihr an die Côte d'Azur, nach Sainte Maxime, wo auch Thomas mit Frau und Kindern sein würde. Schon lange träumte er ja davon, seine Tochter mit ihren Cousins und Cousinen zusammen zu sehen. Das wusste Nelly. Und auch, dass diese Verabredung nur möglich war, weil sie aus dem Weg war; was auch Thomas und Katia nicht bedauerten, da machte sie sich keine Illusionen. »Ich denke viel an Dich«, beschloss Heinrich diesen für Nelly so niederschmetternden Brief. »Deinen schönen Körper gesund wiederfinden, das möchte ich wohl.«[28] Lustlos wird sie diese Zeilen gelesen haben.

Was ging ihr wohl durch den Kopf, als sie, nachdem sie Heinrich einen schönen Kamm geschickt und bei Oscar Levy Schulden beglichen hatte, nun beider Dankesbriefe las? Am 26. August 1936 schrieb Levy: »[…] Natürlich petze ich nicht! Ihr Brief lag in meinem Fach und H. hat ihn gar nicht zu sehen bekommen. Meine Überraschung war gross: es ist das erste Mal, daß eine Frau bei mir eine Schuld begleicht […] Sie retten die Ehre Ihres Geschlechts!« Und noch ein Lob: »Daß Sie Französisch lernen, ist rührend – aber Sie können es ja schon ganz gut!«[29] Am 27. dann Heinrich: »Meine liebe Süsse, vielen Dank für den schönen Kamm. Du weißt gar nicht, wie ich mich mit Dir freue. Dich gesund und glücklich zu wissen, ist auch für mich ein wahres Glück.« Und praktisch war es auch, hatte er doch immer wieder kleine alltägliche Aufträge der Art, dass er den dunklen Anzug brauche, wohin die Post nachgeschickt werden solle etc. »Den 9. oder 10. reise ich mit Goschi nach Süden. Deine Schuhe will ich einpacken, auch meinen ältesten Anzug, weiss aber nicht wie […]«.[30]

Schon am übernächsten Tag schrieb er wieder, denn in Nizza schien es nicht nach Plan zu gehen. Nelly hatte ein Telegramm geschickt, er möge seine Briefe nicht mehr nach 40, Buffa schicken, sondern an M. Robert, 11, Rue Congrès. »Aber – aber schon gestern gingen nach 40, Buffa an Mme Kroeger-Mann 3 Sachen ab, davon 2 Imprimés und 1 Echantillon mit Deinen

Schuhen und meiner ältesten Hose. Der dunkle Anzug ist nicht angekommen, Du hattest ihn wohl noch nicht abgeschickt. Das macht nichts. Ich weiss nicht einmal, ob ich bis Brüssel fahre. Wenn doch Nazis dort wären, würde ich von Paris umkehren […] Ich denke immer an meine gesunde, glückliche Süsse und wäre gern bei Dir, weil mir scheint, dass wir uns lieben. Ich küsse Dich auf Deinen schönen Mund und auf mehreres andere Schöne. Dein H.«[31] Am selben Tag schrieb Oscar Levy an Mme Nelly Kroeger-Mann, 40, Rue de la Buffa, Nice, aus Briançon: »Liebe gnädige Frau, Das war einmal ein fröhlicher Brief – eine erfrischende Seltenheit in dieser aufgeregten Zeit!« Kein Wunder, bei der Aussicht, dass Levy auf der Reise nach Grenoble in Nizza Zwischenstation machen würde. Er freute sich darauf, dort die »›glücklichste Frau der Welt‹ zu sehen, da lohnt sich ja eine weite Reise – und nun gar zu hören! Ich werde ganz Ohr sein – und Discretion Ehrensache!«[32]

Nur kurz darauf antwortete Heinrich – auch er war nicht mehr in Briançon, sondern in Le Lavandou (Sainte Maxime hatte Thomas nicht gefallen) – auf einen telegrafischen Hilferuf Nellys in wenig perfektem Französisch durchaus gut gelaunt: »Goetterweib mit Alabasterleib – L'AIR ME MAUPUE PRESSEE. Das ist zwar ganz unverständlich. Aber was wird ein Götterweib schon telegraphieren, es kann nur ›Geld‹ heissen. Daher die Anlage. Jetzt musst Du aber ein bisschen Ruhe geben. Vielleicht kehre ich schon bald zu Deinem Alabasterleib heim, da die Familie droht, vor dem 20. abzureisen. Sei gesund und glücklich«,[33] ermahnte er sie noch. Die Anlage war 700 Francs wert, und Nelly gab tatsächlich Ruhe. Heinrich genoss es – keine zwei Wochen lang. Dann wurde er nervös. Er hoffe, ihr Schweigen bedeute nur Gutes, sie habe inzwischen eine Wohnung gesucht und gefunden, wolle ihn vielleicht damit überraschen, deshalb auch die hohen Ausgaben, die doch nicht nur von den Moorbädern herrühren konnten …,[34] dachte und schrieb er voller Zweifel. Die waren berechtigt. Nelly war abgestürzt. Sie war nach Monte Carlo gereist, ins Hotel Masséna, zu Oscar Levy. Der merkte schnell, dass sie nicht »die glücklichste Frau der Welt« war. Doch diese Extravaganz ging ganz zu ihren Ungunsten aus: Levy wies sie, wie wir wissen, zurück, und binnen kurzem war sie pleite. Porto für Briefe und Telegramme, Getränke, eine Pharmacie hatte sie im Hotel beliefert, Übernachtungskosten … Panik! Reue. Schließlich meldete sie sich bei Heinrich und legte ein Foto bei, von dem sie wusste, es würde ihm gefallen: Nelly am Strand in einer Haltung, als wolle sie so viel wie möglich von dem verbergen, was ihr Badeanzug frei lässt, ihre Haare sind vom Wind zurückgestrichen, ihr Gesicht ungeschminkt. Ganz jung sieht sie aus, direkt unschuldig. Dazu ein paar Zeilen, die saßen, und Heinrich war entzückt: »Warte mit Deinem strotzenden U[nter]L[eib] auf Deinen Süssen«, so sein Kommentar dazu, und: »Liebe Süsse, Du machst mich glücklich mit Deinem Bild, weil Du so schön bist.« Doch: »[…] solltest Du den Arm fortnehmen unter dem Schenkel, dann würde ich ihn noch besser sehen.« Und er zahlte noch einmal 1000 Francs. Das machte in wenigen Tagen zusammen mit zweimal 700 Francs 2400, was ihr vorzurechnen er sich nicht verkneifen konnte – bei aller Liebe.[35]

Nelly – wieder einmal – ganz, ganz unten. Verlassen in Nizza: Rudi Carius verschollen in Spanien, sicher tot, davon war Nelly jedenfalls überzeugt. Und Heinrich Mann unterwegs in Frankreich, mit ihm »das Kind«, Goschi, Abgesandte ihrer Mutter. Nicht zum Aushalten, jedenfalls nicht ohne Drogen. Jetzt war es ihr recht, dass sie allein war. Niemand sollte sie so sehen. Sie schämte sich. Verabredungen mit Levy ließ sie platzen, wie man seinen Briefen entnimmt, zum Beispiel am 16. September: »Werte gnädige Frau«, so Levy aus Monte Carlo, »Ich habe heute vergeblich auf Sie im Café gewartet …«[36]

»Bevor wir die Wohnung mieten und die Möbel kaufen, müssen wir sehen, wie es in Spanien wird. Das entscheidet auch über uns. […] Wenn wir im letzten Augenblick eine Wohnung einrichten, könnte es uns nochmals ergehen wie in Berlin, dass wir sie im Stich lassen müssen. Ich will Dir keine Angst machen, aber Vorsicht ist geraten. Wir wollen für Rudi hoffen!« Er wusste, wie sehr Nelly noch immer an Carius hing, und fuhr fort, seine Interessen deutlich zu machen: »Ich muss in Frankreich bleiben. Ich muss auch unverzüglich eine Wohnung und Adresse haben. Vor allem muss ich Deiner sicher sein [...].« Genau das stand auf der Kippe. Und mit seinem Appell »Ich möchte wohl einen vernünftigen guten Brief von Dir haben. Dafür würde ich Dich sehr, sehr lieb haben«, machte er Druck, wie auch durch Vorhaltungen: »Die Absicht war, dass Du geheilt würdest und wieder das friedliche vernünftige Leben anfingest, wie früher. [...] Jetzt siehst Du vielleicht noch nicht ein, wie schrecklich krank Du in der letzten Zeit warst. Die Krankheit ist schon alt. Vor allem bitte ich Dich inständig: halte mich für Deinen wahren Freund. Wäre ich es nicht, dann könnte ich es mir leichter machen und die Verantwortung ablehnen. Ich möchte Dich bald sehen. Schreibe mir, wenn Du mich in freundlicher Gesinnung zu Dir rufen willst [...].« Die Ursache für Nellys Kontrollverlust sah Heinrich ausschließlich in ihrer Sorge um Carius. So hilflos er sich angesichts ihrer Drogenprobleme fühlte, so sehr wollte er daran glauben, dass ein Lebenszeichen von ihm sie aus ihrem Tief herausholen könne. Und er ließ er seine Beziehungen spielen, ja er verbiss sich geradezu darein, Carius' Aufenthaltsort herauszubekommen: »Meine Liebe, die einliegenden Briefe werden Dich freudig überraschen. Sie kamen gestern den 25. hier an und sind von der Front über Barcelona nach Paris gegangen. 16. bis 26. macht 9 Tage, das ist gewiss die kürzeste Zeit, die ein solcher Brief braucht.« Heinrich verkniff sich nicht, mit der guten Nachricht einen Vorwurf zu versenden: »Du kannst unmöglich Berichte haben, die später als den 16. Sept. abgeschickt wären. Damit ist erwiesen, dass Rudi damals lebte und höchst wahrscheinlich auch jetzt lebt. Das ist nun wirklich der Moment, Dich zu beruhigen und wieder klar zu werden [...].«[37]

Heinrich Mann erkannte im Herbst 1936 offenbar nicht, dass er seine Lebensgefährtin so nicht erreichen konnte. Seine Hoffnung, durch die Nachricht, dass Carius am Leben sei, würde Nelly wieder zu einem friedlichen und vernünftigen Leben zurückfinden, musste enttäuscht werden. Er reagierte verärgert:

»Zunächst erhältst Du heute 500 fs. Davon kannst Du dort leben. Deine Schulden in Nice wirst Du bezahlen, wenn Du dorthin zurückkehrst. Das Geld muss ich erst verdienen, habe hier auch schon Verschiedenes geschrieben. Halte, bitte, gegenwärtig, dass ich kein überflüssiges Geld habe. Alles ist im Voraus berechnet und eigentlich schon ausgegeben, bevor es eingeht. Jeder von uns vier Personen hat das Recht auf seinen Anteil. Wenn nun einer der Vier plötzlich viel mehr braucht, reisst es ein Loch in die Rechnung und ich weiss nicht gleich, wie ich es stopfe. Das Beste wird sein, Du meldest mir hierher, wenn Du wieder kräftig genug bist, nach Nice zu fahren und eine kleine möblierte Wohnung zu nehmen – nur nichts Teures, bitte. Ich werde sehr bescheiden sein, zwei Zimmer genügen durchaus, mit Küche und Bad. Bis Du mir schreibst, werde ich auch das Geld beisammen haben und schicke es Dir. Vielleicht entschließt Du Dich, mir zu sagen, was das für Schulden sind und wie eigentlich alles gekommen ist. – Du musst nur erlauben, dass ich die 1000 fs, die jetzt noch fehlen, von Deinem Monatsgeld allmählich abziehe. Wie soll ich es sonst machen? Ich beschaffe für uns alle im Monat 5000, und mir ist noch nicht klar, wie ich das ab Januar machen werde. Die Zahlungen aus Amsterdam hören dann auf. Das verstehst Du doch und wirst mir nicht böse sein.«

Genau das war sie aber! Angesichts der Zwanzigjährigen, die ihren Vorteil beim Vater ausbauen konnte, während dieser sie, Nelly, keinen Augenblick im Unklaren darüber ließ, was er alles von ihr erwartete:»Ruhe und Frieden, damit ich arbeiten kann.

Aus meinem Roman bin ich schon länger als 3 Monate heraus und bei neuen Aufregungen käme ich nicht mehr hinein. Verschaffe uns daher bald eine bescheidene Wohnung [...].«[38] Nelly nahm sich zusammen, bemühte sich, telegrafierte Vorschläge ... Heinrich antwortete am 1. Oktober:

>»Meine Liebe, Dein Telegramm bekam ich zu spät, die Antwort wäre nicht vor 6 Uhr angelangt. Übrigens hoffe ich, dass Du wieder in das Hotel Masséna gehst; denn ich hatte Dir heute morgen den Scheck über 1200 fs dahin geschickt. In meinem Brief stand auch schon etwas über die Wohnung auf No. 11 [Rue du Congrès]. Ich kann eine der Wohnungen nur dann nehmen, wenn Palloc mir schriftlich gibt, dass ich beschädigte Möbel, Waschgeschirre, Rohre etc. nicht zu bezahlen habe. Die Möbel sind längst beschädigt, wie er weiss. Wenn wir Teller oder Ähnliches zerbrechen, ersetze ich sie von selbst; das habe ich noch immer getan. Aber ich will beim Auszug keine Geschichten mehr haben. Ohne diese Bedingung mache ich keinen Vertrag mehr. Zweitens: um welche der beiden Wohnungen handelt es sich? Die der englischen Großmutter wäre besser, weil sie zwei Zimmer mit Zwischenwand und ein helles Bad hat. Die Küche ist auch dort dunkel, aber ist sie repariert? Das Gas war in beiden Wohnungen unerhört teuer. Palloc muss das berücksichtigen bei der Miete. Ich kann dann eben im Durchschnitt nur 600 zahlen: im Winter auch nicht mehr. Nicht zu vergessen: ein richtiges zweites Bett für Dich; anders geht es nicht mehr. Sonst sieh Dich lieber nach etwas Anderem um. Lieber nehmen wir bescheidenere Möbel, nur in sonniger Lage. [...] – Geht es Dir nach Wunsch? Herzlichst Dein H.«[39]

Heinrich behandelte Nelly, als sei sie wieder die Alte. Er glaubte wohl, ihr einen Gefallen zu tun, als er einen Ortswechsel nach Draguignan vorschlug, aber dann blieb es bei Nizza, denn dort fand sie schließlich, man kann sagen mit letzter Kraft, eine Wohnung. Auf Heinrich wartete sie noch immer: »Heute will ich nur sagen, dass ich gern Dienstag den 6. Oktober von hier abreisen würde. Ich gehe zuerst nach Toulon und wäre womöglich abends in Nice. Dies für den Fall, dass Du mich bis Sonntag den 4. wissen lässt, dass wir eine Wohnung haben. [...] Ich will dem Kind auch noch die drei Tage schenken. Es muss dann so weit reisen, wahrscheinlich 3. Klasse, denn das Geld langt nicht.« Das war zu viel für Nelly. »Freust Du Dich, dass wir wieder zusammenkommen sollen? Ich mich sehr. [...] Möchten wir jetzt recht lieb zusammen sein. Ich denke an alle Deine Schönheiten, an jede einzeln.«[40] Und das war viel zu viel! Nelly telegrafierte in immer kürzeren Abständen. Am 3. zunächst, sie würde alles ordnen, ein paar Stunden später, Heinrich müsse mit Goschi zu ihr kommen, sonst wäre sie tot.

Ungerecht behandelt fühlte sie sich, zu lange allein gelassen. Erst von Rudi Carius, dann von Heinrich Mann. Sie war wohl auch eifersüchtig auf die Tochter, und letztlich auf deren Mutter, und beneidete die beiden um die Fürsorge, die Heinrich ihnen zuteil werden ließ, während sie in jedem denkbaren Sinn für sein leibliches Wohl sorgen sollte. Verständnis hatte sie nicht zu erhoffen:

»Meine Anwesenheit, und die von Goschi, kann Dir nicht helfen, solange Du selbst nur auf Katastrophen bedacht bist. Das kann nicht so weiter gehen. Raffe Dich jetzt auf. Gehe in die Wohnung 11, Congrès, und bleibe dort im Bett liegen, wenn Du noch krank bist. Ich will Dich pflegen und bedienen. Aber wir müssen zur Ruhe kommen. Sieh ein, dass Deine eigenen Nerven nicht die einzigen sind, die leiden. Ich muss nach Toulon fahren, ich kann es unmöglich anders machen. Dienstag abend komme ich dann in Nice an. Ich nehme den nächsten Zug, der nach 4 Uhr früh fährt und vielleicht um 10 Uhr in Nice ist. Den Fahrplan kenne ich nicht, Du erfährst es dort. Willst Du mich am Bahnhof Dienstag abend erwarten? Das wäre gut, glaube es mir. Wenn Du nicht dort bist, gehe ich in ein Hotel, vielleicht Cecil, und suche dann selbst eine Wohnung. Es ist nicht mehr auszuhalten in Kälte, Unordnung und dem ewigen Schrecken. Aber es muss auch gar nicht sein. Ich habe die große Hoffnung, dass der Anfall von gestern Abend vorbei und Dein letztes Telegramm schon veraltet ist. Es kam erst heute morgen an, jetzt bist Du gewiss wieder tapferer und besser. Ich würde mich unendlich freuen. Morgen Montag erhoffe ich von Dir den telegraphischen Bescheid, ob ich Dich Dienstag abend in Nice am Bahnhof oder auf No 11. finde. Auf Wiedersehen.«[41]

Es ist davon auszugehen, dass Nelly und Heinrich in Nizza zusammenkamen, was aber nicht bedeutet, dass es ihr gutging. Levy machte sich zu Recht weiter Sorge um sie. Am 9. Oktober 1936 schrieb er aus Monte Carlo: »Liebe Patientin, hoffentlich ist die Anrede inzwischen ›verjährt‹«. Er fügte ihren »Brief aus Spanien« bei, den sie vergessen hatte; »Maud brachte mir auch heute morgen Ihren Schlafanzug, den Sie hierließen. [...] Das ganze Hotel bedauert den Weggang der ›schönen Frau‹ – trotz ihres nächtlichen Gebimmels!« Und am 28. Oktober: »Liebe gnädige Frau, Also sind sie gestern nicht gekommen: ich hatte Sie eigentlich auch nicht erwartet, da ich weiß, wie wechselnd das Befinden bei Patienten Ihrer Art ist. Geduld [...].«[42] Geduld! Eine Woche warten und einen neuen Anlauf nehmen. Wieder einen freundlichen Brief schreiben, jetzt aber mit der vertraulichen Anrede: »Liebe Nelly, Ja – das passte mir sehr gut: aber nicht Café de Paris, wo der Radau groß und dazu Musik und schlechter-teurer Café ist [...].«[43] Ob dieses Treffen zustande kam? Am 17. November jedenfalls wurde Levy wieder versetzt: »Liebe Nelly, wir haben sehr bedauert, Sie gestern nicht bei uns gesehen zu haben. Noch mehr aber hat uns der Grund Ihres Nichtkommens betrübt. Es tut mir sehr leid, dass Sie noch immer Schwierigkeiten mit der

Gesundheit haben. Nur Geduld kann wird auf die Dauer helfen. Ich spreche aus eigener Erfahrung [...]«[44] Erinnern wir uns: Levy hatte über Jahre hinweg unter Depressionen gelitten. Seinem Gefühl nach war auch Nelly davon betroffen, denn er gab ihr, was er aufgrund eigener Erfahrung in solchen Fällen als heilsam erachtete: unwandelbare freundliche Zuwendung.

Ende des Jahres hatte sich Nelly wieder so weit im Griff, dass sie die Kraft aufbrachte, die in der Rue Rossini gemietete Wohnung einzurichten. Was ihr vielleicht Auftrieb gab: Am 22. Dezember bekam sie Post aus Barcelona, von einem Mitstreiter Carius', der ihr schrieb, Carius habe eine leichte Rippenfellentzündung gehabt, sich aber bei einem Sonderkommando erholen können und sei nun wieder an der Front in Madrid.[45] Aber wirklich stabil war sie nicht, die Tagebucheintragungen Wilhelm Herzogs, der nach Weihnachten in Nizza eintraf, um dort mit den Freunden den Jahreswechsel zu feiern, dokumentieren das ständige Auf und Ab. »6½ zu Heinrich Mann, Rue Rossini. Ein Appartementhaus. [...] Bei Heinrich Mann alles sehr nett. Nelly Kröger schlanker geworden. Eng liiert«, notierte er am 26. Dezember. Und am nächsten Tag »5 h Café Regence: Heinrich Mann mit Nelly Kröger. Später zu ihm.« Am 30. Dezember 1936 dann: »5 h Café Regence. Heinrich Mann und die etwas schon beschwipste Nelly Kröger mit Fr. Lydia Werles. Die Krögersche glaubt, Herr Schickele habe mich mit dem Auto abgeholt. Behauptet, Portier hätte es ihr gesagt. Nicht ernst zu nehmen. [...] 8 h zu Heinrich Mann.« Am 31. Dezember 1936 – Nelly hatte also offenbar den Ehrgeiz, zum Jahresschluss ein formidables Menu zu präsentieren, um so einige Scharten auszuwetzen: »Zu Heinrich Mann. Kann mich nicht hereinlassen. Nicht angezogen.« Ob Nelly in der Küche rotierte? »Wieder ins Hotel. [...] 9½ zu Heinrich Mann. Großes Sylvester-Essen mit Oursins[46] [Seeigel, die Zubereitung: ganz großes Koch-Kino!], Languste, Poulet, Champagner. Viel zu viel. Ein französischer Advokat Nior, Lydia Werles, später Georg Bernhard.[47] [...] Nelly Kröger, gute Person, sentimental, mit vielen Minderwertigkeitsgefühlen, taktlos, leicht furchtbar ordinär [...].« Für wen rackerte sich Nelly mit diesem Silvesteressen, das seinesgleichen suchte, ab? Für Mitmenschen, deren Sensorium vieles erfasste, aber leider nicht einen Genuss wie diesen, der ihnen freigiebig offeriert wurde von jemandem, der ehrgeizig genug war, um höchste Qualität auch im Vergänglichen anzustreben. Ach, und unglücklicherweise nur schmallippige Anerkennung erntete von denen, die sich vor dem Bekenntnis fürchteten, dem Leben im Exil seien nicht nur geistige Früchte abzuringen. Das Ergebnis? »Nelly Kröger-Mann mit einem Kerl vorne im Lokal [Ballon d'Alsace], schon arg angetrunken; schwätzt, sie warte bereits 2 Stunden, sei mit H. M. schon seit 6 h verabredet. Alles Blödsinn. Als H. M. kommt, beschimpft sie ihn, wie weiland Mimi, Trottel etc.« Und das, während Herzog und Münzenberg gerade verabredet hatten, sich dafür einzusetzen, dass Heinrich Mann für den Nobelpreis 1937 vorgeschlagen würde! »10 ¼ mit H. M. und der beschwipsten Nelly Kroeger ins Lochaine. Krach zwischen den Beiden [...].«[48] Am nächsten Abend saßen sie wieder alle an Nellys Tisch: Georg Bernhard, Willi Münzenberg, dessen Gefährtin Babette Gross und Lydia Werles, und ließen es sich gutgehen.

Was gleich zu Beginn des neuen Jahres ein Grund zur Freude hätte sein können, die lang ersehnte Nachricht von Rudi Carius, erwies sich als große Enttäuschung: »Soeben erhalte ich Deinen lieben Brief und benutze eine gute Gelegenheit, bin für eine Stunde in Madrid, um Dir sofort zu antworten. Es freut mich zu hören das [sic!] Du und Monsieur [sic!]«, u.s.w. »In der Eile sende ich Dir [...] einige Ratschläge wie Du mich erreichst. Brieflich dauert es zu lange. Auf jeden Fall bin ich über die 11. Internationale Brigade jederzeit zu erreichen. Batallon [sic!] Thälmann, Waffenmeister ist meine Adresse, wenn Du kommst. In dem 11. Brigadestab sitzt ein Freund von mir, frage sofort bei ihm er heisst Adi er wird wenn notwendig ein Motorrad zur Verfügung haben, damit ich verständigt werde.« Und, damit keine Zweifel aufkommen konnten, wer da wozu erwartet wurde: »Dies kommt nur in Frage wenn Ihr die Front besuchen solltet.« Noch ein paar gedämpft positive Bemerkungen zu seiner Situation, und dann »grüsst Dich und Monsieur zum Neuen Jahr mit unserem Kampfruf/Rot Front/Rudi/No passaran [sic!].« »Pasaremos« fügte Carius noch hinzu und den Wunsch: etwas gute Schokolade.[49] Das war weiß Gott kein Liebesbrief. Nelly hatte erneut Grund zum Unglücklichsein. Am 6. Januar kam es zu jenem Exzess, von dem auch René Schickele so genüsslich in seinem Tagebuch berichtet hatte. Zwar brach sie nicht in der Gosse, wie immer wieder kolportiert wird,[50] sondern im Schalterraum der Bank zusammen, aber der Eindruck, den das hinterließ, war kaum besser. Kein Wunder, dass sie ein paar Tage später wieder nicht zu einer Verabredung mit Oskar Levy erschien. Tatsächlich ging es nicht mehr um ihn, und es ging auch nicht mehr um Rudi Carius. Es ging um Heinrich Mann. Sie und er dürften inzwischen erkannt gehabt haben, dass sie aneinander gebunden – gefesselt? – waren. Nun kämpften sie, jeder für sich, um ihre gemeinsame Zukunft.

Nelly großes Problem waren und blieben Goschi und Mimi. Nicht nur für Heinrich, auch für die Familie Thomas Mann, das heißt, besonders für die Kinder, war Mimi nützlich, weil sie in Prag Behördengänge übernehmen konnte: für Erika wegen der Auftritte ihres Kabaretts »Pfeffermühle«, für Klaus wegen der von ihm geplanten Persien-Reise – das war im September 1935.[51] Ihm zufolge gehörte zum Mimi-Besuchs-Programm damals: Essen, danach tanzte Goschi, es würden Heinrich-Briefe verlesen und schließlich einige Flüche auf Nelly ausgestoßen. Als Golo Mann zum Wintersemester 1936 in Prag eintraf, in der Absicht, seine Studien an der dortigen Universität fortzusetzen (er gab diesen Plan bald enttäuscht wieder auf),[52] erstellte der bisher an Geldfragen nicht sonderlich interessierte 27-Jährige so etwas wie einen Finanzstatus der Pragerinnen, bei denen er ja zur Not unterkommen konnte. Mit folgendem Ergebnis: 500 Kronen mehr müsse sein Onkel jeden Monat überweisen, sonst wäre die Wohnung in der Žižkova-Straße nicht zu halten, die ja nötig war, um dessen Möbel aufzustellen, die im Übrigen auch von einer Haushaltshilfe gepflegt werden müssten … Dann waren da noch Goschis Tanzunterricht und natürlich diverse Versicherungen. Thomas Mann hatte die beiden Frauen im Mai besucht und Goschis Embonpoint als für eine Karriere als Tänzerin hinderlich erkannt, ansonsten aber Mutter und Tochter »in ihrer hübschen und von gediegenem Hausrat vollen Wohnung […] in sehr behaglichem Zustand gefunden […].«[53] Mit seiner faktischen Aufforderung, die Unterhaltszahlungen nach Prag erheblich aufzustocken, traf Golo einen Autor im Exil, dessen Einkünfte inzwischen täglich neu erkämpft werden mussten, und sei es durch seine politischen Verbindungen. Und der eher den Mut hatte, Nelly etwas abzuschlagen, die doch ihr wie auch immer verdientes und erspartes Geld längst in diese Beziehung eingebracht und eingebüßt hatte, als der Exfrau.

Nelly war durch ihre psychische Instabilität angreifbar geworden. Heinrich-Mann-Trabanten kamen auf den Gedanken, sie in ihre eigenen Schwierigkeiten hineinzuziehen. Wie 1937 Ludwig Turek, Kommunist, Schriftsteller und Eigentümer eines Segelbootes, mit dem er durchs Mittelmeer kreuzte, die längste Zeit aber in irgendwelchen Häfen vor Anker lag. So auch in Nizza. Auf dieses Boot sollte ein toter Hund, der Nelly und »Ihrer Freundin, Madame Nicolaii gehörte«, gebracht und dann, da Turek selbst nicht anwesend war, »mit [sic!] seinem Matrosen im Meere versenkt« worden sein.[54] So zu entnehmen einem Brief von Adolf Otto, einem Mitarbeiter der Arbeiterwohlfahrt in Paris, an Nelly, der er vorwarf, damit möglicherweise die Ausweisung des Exilanten Turek verschuldet zu haben. Eine phantastische Geschichte, geeignet, Nelly zu diskreditieren. Rudi Flach, den Turek oft besuchte, hatte seine Zweifel: »Turek hat meines Erachtens zu viel Seemannsgarn gesponnen und läßt einen schlechten Geschmack zurück. […] Er kam aus Rußland, und sein Boot wurde in der Türkei gebaut mit Ergebnissen seines Buches in Rußland. Aus Nice fuhr er nie wieder ab, wohnte auf dem Kasten. Ich sah es halb versunken im Hafen von Cap Ferrat und eines Tages war es weg. […] Er war oft bei Nelly und Heinrich Mann, aber für seine Erzählungen stehe ich nicht ein.«[55] Anders als seine Schriftstellerkollegen hüteten sich die politischen Freunde Heinrichs in der Regel davor, Nellys Einfluss zu unterschätzen. Carius und Flach kannten ihn, und auch Levy mag seinen Charme gegenüber der Gefährtin Heinrich Manns nicht immer nur um ihrer selbst willen entfaltet haben. Turek und Otto aber hatten ihre Lektion noch zu lernen, was Nelly unverzüglich erledigte: »Sehr geehrter Herr«, schrieb sie am 13. September,

»Haben Sie nicht schon einmal nachgedacht, warum nicht ich und Herr T. ausgewiesen wurde? Sie schreiben mir: Herr T. hat nichts damit zu tun, hat auch nicht den toten Hund gesehen, auch war der Hund nicht auf dem Schiff. Der Hund soll in meiner Wohnung gestorben sein und von mir versenkt. Weiter kann ich noch hinzufügen, dass ich seit Anfang März T. nicht gesehen habe. T. tauchte in unserer Bekanntschaft auf im Winter. Er sprach meinen Mann in einem Kaffee an, es ging ihm nicht gut. Wir liessen ihm einige Monate Unterstützungen zukommen; dann bat ich ihn Anfangs des Monats März meine Wohnung nicht mehr zu betreten. Also, ich hatte gar keinen Grund Ihren ehrenwerten T. weder mit lebendigen noch toten Hund zu besuchen.

Sie, verehrter Herr, scheinen den Namen meines Mannes nicht zu kennen und von seinen Arbeiten wenig zu wissen: sonst wüssten Sie, dass H. M. zwar jedem hilft –, aber niemandem ein Unrecht zufügen würde. Warum fragen Sie nicht bei der hiesigen Polizei nach den Ursachen der Ausweisung an? Es gehört viel dazu, heute aus Frankreich ausgewiesen zu werden. Ich wäre Ihnen sehr dankbar, wenn Sie in Zukunft meine Zeit respektierten und mich mit diesen Märchen verschonen. Noch einmal würde ich nicht antworten können. Hochachtungsvoll Nelly Kröger-Mann P. P. Nächste Woche sind wir in P und können Sie durch das Comité d'Aide mit mir sprechen (wenn es Herr T. passt?)«[56]

Nellys Selbstbewusstsein Heinrichs politischen Weggefährten gegenüber speiste sich auch aus der Wertschätzung von Persönlichkeiten wie dem Verleger Willi Münzenberg, als »roter Millionär« schon zu Lebzeiten eine Legende. Antifaschistisch, als Initiator des Lutetia-Kreises, der Keimzelle der Volksfront, realistisch, weil er die Linie der KPD-Zentrale als nicht den vorgeblichen Zielen dienlich erkannte, und – idealistisch? Nach Internierung und Flucht aus dem Lager Chambaran bei Lyon 1940 fand man ihn im gleichen Jahr am 21. Oktober im Wald von Le Caugnet, mutmaßlich vier Monate nach seinem Tod. Bis heute ist unklar, ob sich Münzenberg selbst erhängte, ob er durch die Gestapo oder durch sowjetische Agenten umkam. Feinde hatte er wohl genug. Er sah in Nelly die Frau, die für Heinrichs Wohl zuständig und daher wichtig war. In diesem Sinn schrieb er am 8. März 1938, dem Internationalen Frauentag, an die »Liebe Frau Mann«:

> »Ich habe Ihren liebenswürdigen Brief mit der ebenso reizenden wie erfreulichen Schilderung der Erlebnisse in Monte Carlo erhalten. Wenn ich runter komme, möchte ich gern, das [sic!] Sie Ihr Glück auch einmal für mich in MC zu versuchen. Wollen Sie? […] Ich wäre Ihnen dankbar, wenn Sie mir noch wissen lassen würden, welcher Tag genau Ihnen und Heinrich am besten passen würde. Sowohl für die kleine interne Feier, – die Einladung dazu nehme ich gern an – wie auch zu den Besprechungen und Sitzungen. Können Sie mir da zweckmässige Vorschläge bald machen? […] Ich selbst habe mich, wie ich bereits früher Heinrich schrieb, von allen organisatorischen Arbeiten zurückgezogen und das einzige was ich noch tu, ist Marck wegen dem ›Bund‹ zu treffen. Und das auch

nur, weil ich annahm und annehme, das diese Arbeit Heinrich besonders am Herzen liegt. Aber ich habe Lust, auch davon mich vollkommen zurückzuziehen. Ich befürchte, das nach dem Prozess in Moskau und der Stellungnahme der internationalen, der französischen und deutschen Sozialisten dazu auf lange Zeit jede ernste Einheitsbewegung erschwert, vielleicht unmöglich geworden ist. Nie war jedenfalls der Gegensatz zwischen deutschen Kommunisten und Sozialisten so gross wie jetzt. Obendrein schürt man täglich die Gegensätze. Glauben Sie mir, ohne menschliche Treue und ohne Wahrhaftigkeit geht es nicht. Die Deutschen müssen erst lernen untereinander die Treue zu halten ehe sie dazu übergehen können, die Massen aufzurufen, ihnen treu zu sein. […] Ich befürchte, das auf lange Zeit ernsthaft Einheitsbestrebungen unfruchtbar geworden sind. Ich sprach hier lange Zeit mit Feuchtwanger, der sich reizend benahm und mir jede Hilfe und Unterstützung anbot. Aber bei meiner Einstellung zu den Dingen konnte ich davon keinen Gebrauch machen. Bitte schreiben Sie mir bald, welcher Tag Ihnen genau am besten passt […].«[57]

Dass Nelly für Münzenberg nicht irgendwer war, wusste Heinrich. Als sie ein paar Wochen später nach Paris fuhr, in erster Linie, um dort deutsche Ärzte zu konsultieren, reise sie auch mit seinem speziellen Auftrag, Münzenberg einiges zu »stecken«: »[…] Willi [Münzenberg] schrieb, dass er mit Dir essen wollte. Wenn Du ihn wiedersiehst, kannst Du ein bisschen von Bernhard erzählen. Du kannst ihm sagen: seine wahren Freunde sind es durchaus nicht, die ihn von seiner Partei fortziehen, und die jeden Verkehr mit seinen früheren Leuten als Verrat behandeln. Der Bund verträgt die einseitige Parteinahme auch nicht mehr lange. In Amerika wird gegen ihn und für den Simon'schen Verein gearbeitet. Lips schrieb es gestern, du kannst es Willi erzählen.«[58] Wie ernst muss man Heinrichs Sorge um Nellys Gesundheit, die ja auch ihren Verstand betraf, nehmen, wenn er ihr zutraute, diese Andeutungen richtig zu interpretieren und Münzenberg zu sagen, was er wissen sollte? Sein Brief verschweigt mehr, als er preisgibt. Keine übertriebene Vorsicht, wenn man das Ende Münzenbergs gut zwei Jahre später bedenkt. Die Zeiten waren kompliziert, das ging auch an Heinrich nicht spurlos vorüber. Die Liebe, die Politik, der Roman ... er experimentierte mit Stärkungsmitteln.[59]

Nelly hatte nichts, um zu verhindern, dass das Jahr 1938 zum »annus horribilis« wurde – nicht ihr erstes und nicht ihr letztes übrigens. Die Bilanz der am 15. Februar vierzig Gewordenen im zehnten Jahr an der Seite Heinrich Manns war unausgeglichen – zu ihren Lasten. Wie sehr hatte sie sich bemüht, allen alles recht zu machen.

Ihre Ausgaben waren in diesem Jahr sehr hoch. Vielleicht spielte sie, um sich zu retten, und verlor. Monte Carlo und Cannes waren nicht weit, die Casinos dort hatte sie schon 1930 besucht, die Bemerkung Münzenbergs deutet darauf hin, dass sie es noch immer tat. Heinrich Mann rechnete ihr vor, was sie verschwendete, allerdings ohne zu berücksichtigen, dass er Mimi und Goschi im Sommer einen Erholungsurlaub im Kaukasus finanzierte.[60] Und ohne die Folgekosten des gemeinsam gefassten Entschlusses, das Haus Nr. 18, Rue Rossini zu verlassen, zu bedenken, wo sie zwei Jahre verbracht hatten und wo Nellys »gesundheitliches« Problem so evident geworden war.

v. Kapitel

>»Lieber Heinrich, dass Du über mich
schlecht denkst, macht nichts. Du hast mir
oft Unrecht getan.«[1]

Heinrich, 18, Rue Rossini Nice, am 13. Mai 1938 an Nelly in
Paris:

»Deine Nachrichten, liebe N., haben mich sehr beruhigt und
ich wünsche viel Glück für das Weitere. Wenn Du Sonnabend
operiert wirst, dauert es gewiss mehrere Tage, bis Du reisen
kannst. Dann bitte, telegraphiere mir den Tag. Die kleinen
Vögel erwarten Dich gesund, – sie selbst und Du, alle gesund.
Mal nicht fliegen, tut ihnen ganz gut. Den Kopfsalat haben
sie schon am ersten Tage fast aufgegessen, er muss aber für
2 Tage reichen, sonst können sie sich verderben. Heute haben
sie frische Körner, und Wasser alle Tage, ich muss ihnen neues
kaufen. […] Die Frau kommt Sonnabend; ich bestelle sie
wieder für Dienstag oder Mittwoch. Mit dem Essen schlage
ich mich durch. […] Was Willi betrifft, habe ich Dir geschrieben, was Du ihm sagen kannst. Scheint es Dir nach seinem
Wesen und Verhalten besser zu schweigen, dann schweige.
Nur könntest Du mich entschuldigen, dass ich seinen Brief
noch nicht beantworte, ich bin sehr beschäftigt. Ausserdem
stand nichts von Belang darin. Er ist nun mal auf den falschen
Weg geraten […]. Er möge doch einmal versuchen, mich für
nicht ganz dumm zu halten. Ich rate ihm als sein Freund, dass
er sich in Abwesenheit des Anderen mit seiner Partei aussöhnt.
Hoffentlich auf ein gutes Wiedersehen. Lass Dich heilen und

lass Dir Zeit [...] Glücklich bin auch ich, dass Du heilbar bist. H.«[2]

Leider weiß man über die erwähnte Operation nichts.[3] Glaubte Heinrich tatsächlich, dass Nelly »heilbar« sei, oder ging es ihr so schlecht, dass er es mit einem Neuanfang versuchen wollte? Am 29. Oktober ließ er sich von Docteur en Droit und Avocat Nicolaï Adressen von vertrauenswürdigen Agenturen zur Vermittlung einer Wohnung auflisten. Das bedeutete ein Entgegenkommen Nelly gegenüber, denn bisher hatte Heinrich – alte Gewohnheit, zwischen 1900 und 1914 ist kein fester Wohnsitz von ihm auszumachen – auf ihrer beider Unterkunft keinen besonderen Wert gelegt. Es wurde immer die billigste Lösung gesucht, das war mal ein Hotel, mal eine größere möblierte Wohnung, mal eine kleinere, wenn er wieder einmal monatelang weg war. Aber er hatte wohl begriffen, dass Nelly ein Zuhause brauchte, das sie nach ihrem Geschmack gestalten durfte. So hatten es die anderen Schriftstellerfrauen doch auch gemacht! Die Entscheidung fiel unverzüglich. Am 31. Oktober 1938: Umzug in ein – unmöbliertes – Appartement im Haus Nr. 2, Rue Alphonse Karr, das vom nahegelegenen Hotel Palace verwaltet wurde. Nelly wurde ganz rege. Sie erkundigte sich nach den Konditionen für einen Telefonanschluss. Sie orderte Möbel, und »Aux Styles Francais« lieferte, was ihm und was ihr wichtig war: »1 bureau style Empire« (man stelle sich vor: Schreibtisch und Schrank aus der Zeit des »ägyptischen Abenteuers mit Sphinx-Köpfen und Ruhmes-Genien aus Bronze«)[4] für 2450 Francs, und »1 salle à manger« bestehend aus neun Teilen, ein Gelegenheitskauf für 3000 Francs. Sie ließ einen Elektriker kommen, der vor allem in der Küche zu tun hatte, er kostete knapp 30 Francs, sie wählte Stoffe aus: einen blauen und einen grauen Wollstoff, sowie geblümte und schwarze Seide (Perrault berechnete dafür 208 Francs), und sie gab an die Galeries Lafayette de Paris in Nizza den Auftrag, drei Bilder zu rahmen (für 80 Francs), beides am 9. November. Aber da sind auch die Rechnungen von Apotheken, in denen sie Barnathans Veronal-Rezepte einlöste[5] und die Rechnungen von »A LA CAVE SAINT-PAUL, Vins Fins – Champagnes, Liqueurs, Eaux Minerales, 19, Rue Massena«: viel Rouge, viel Rosé, viel Rum, wenig Vichy für über tausend Francs, aufgelaufen in den letzten Wochen des Jahres 1938.

Doch für all das[6] zahlte nicht mehr Nelly. In den frühen Morgenstunden des 17. Dezember 1938 war sie aus der noch nicht fertig eingerichteten Wohnung gebracht worden – auch dafür entstanden Kosten: Die Ambulances de la Riviera, Nice, berechneten Monsieur Mann, 2, Rue Alphonse Karr, 100 Francs »pour un transport de nuit d'un malade de son domicile à la villa Constance, (Clinique), avenue Lorenzi, le 17 Décembre 1938«. Und für die Blutuntersuchung vom 15. Dezember – durchweg völlig unauffällige Werte übrigens noch zwei Tage vor ihrem Zusammenbruch – wollte das Laboratoire d'analyses A. Bermond am 26. Dezember 120 Francs haben.

Nelly hatte es nicht geschafft. Auch ein Frl. Maier, das sie während ihres Abstinenzversuchs zu Hause bewachen sollte, hatte daran nichts ändern können. Die Zeit des stationären Entzugs, die an diesem 17. Dezember begann und Monate dauern sollte, muss für Nelly die Hölle gewesen sein. Sie fühlte sich in ihrer Würde zutiefst verletzt. Sie hungerte. Sie bettelte um Essen. Sie fror. Sie bettelte um wärmere Kleidung. Sie glaubte, sie habe es am Herzen. Am Magen. An der Lunge. Ihr tat alles weh. Sie fühlte sich falsch behandelt. Sie wollte raus, argumentierte, dass sie draußen weniger kosten und mehr nützen würde. Sie glaubte, man habe sie bestohlen. Sie wollte nach Vence, das habe ihr immer gut getan. Noch einmal Paris? Zu spät, fand sie. Sie zeigte sich gefügig und appellierte an Heinrichs Mitleid und an sein Gewissen. Ihre Briefe offenbaren ihre Schmerzen, ihre Scham, ihre Ängste. Ihre Eifersucht. Und ihre Gabe, all das so eindringlich zu formulieren, dass Heinrich Mann sich schließlich gezwungen sah, sich selbst zu schützen.[7]

o. O., o. D.

»Lieber Heinrich, dass Du über mich schlecht denkst, macht nichts. Du hast mir oft Unrecht getan – ich will nicht darüber reden. […] Ich könnte Dich demütig erinnern, dass ich schon lange in Rue Rossini krank war, aber wir hatten nie Geld, mich gesund zu machen. Deine Damen mussten Entfettungskuren für sehr viel Geld machen. Auch weiss ich, dass Du Frl. Feuerstein (als ich krank war) sagtest wenn ich nicht geh (krank, wie ich war), zwinge ich Dich das Haus zu verlassen. Also ging ich. Das kostete 5,500 f. Das wolltest Du mir immer wieder geben. […] Gestern sagte man mir, Du hättest angerufen, ich glaube, es war gegen 6 U.- und kämest, Ich hoffte, Du holtest mich, denn hier ist es scheusslich. – und sass ich von 6–12 U. nachts im Nachthemd u. wartete. […] Hast Du vergessen, dass Du mich so unglücklich und ohne Papiere gemacht und von meinen Eltern gelockt hast. Du hast den Mut mir durch den Arzt sagen zu lassen, […] wenn ich die Wohnung betrete, gehst Du weg. Hab' ich nicht all mein Geld mit für uns ausgegeben? Du siehst jetzt, was alles kostet. Und das Du mir noch meine Schulden zahlen willst ist eine Schweinerei u. Aufstielerei von Dir. Ich hatte nie welche. Du wolltest wohl noch den braven Humanisten spielen, der Du nie warst. Jetzt bitte ich nur noch, lass mich schnell raus. Ich kann hier nicht aushalten, ausserdem habe ich Tag u. Nacht Schwestern (mein Herz soll nicht gut sein) und die muss ich verköstigen u. bezahlen. […] Du brauchst die Wohnung nicht mehr verlassen, das lohnt sich nicht mehr, der Arzt wird Dir gesagt haben, wie es um mich steht. Ich hoffe sehr, Du nimmst mich hier schnell raus. […] Wie geht es meinen Engelchen [ihren Vögeln], an die denke ich so oft u. die fehlen mir sehr. Wenn Du mich selbst holst, bin ich Dir sehr dankbar, ich bin ganz brav.«[8]

o. O., o. D.

»Lieber Heinrich, hättest Du mir durch den Arzt gestern nicht
so herzlos sagen lassen, Du verlässt die Wohnung, wenn ich
wage zu kommen – ich hätte nicht so geschrieben. Aber ich
bin sehr unglücklich u. sehr krank. Das wussten wir beide
seit Monaten, aber für meine Apotheke noch Arzt war doch
nie Geld übrig. Ich bin selig [sic!] und körperlich fertig. Kein
Mensch kann mehr ertragen als ich es musste. Eine ganz ge-
meine Lüge ist es von Frl. Maier, zu sagen – ich hab ›Sonifen‹
[ein Barbiturat] genommen. Ich habe gar nicht daran gedacht.
Ich konnte ja nicht einmal allein gehen. Aber die Schuld an
allem hat sie, das war weil sie mich partou gezwungen hat, zum
Ausgehen, das war zuviel für mich u. deshalb ging ich gleich zu
Bett. Was ich getrunken habe, war in der Küche aus einer Tasse
ein bissel Wein u. das hat sie gesehen. Bitte besuche mich
[Rechts oben in Ecke:] ich habe gar kein Geld
[andere Seite an den Rändern:] Frl. Maier war vielleicht böse,
dass [wir] sie nicht mehr gebraucht haben, sage das alles dem
Arzt, es hat nur mein Herz ausgesetzt«[9]

Briefpapier Villa Constance, o. D.

»Lieber Heinrich, ich nehme an, Du hast meinen Brief erhalten u. Dein feindliches Gefühl für mich calmiert. […] Dass
ich Montag Angst hatte, musst Du doch verstehen. Ich lag in
Schmerzen u. drei Tage nicht geschlafen. Dazu kommt, dass
ich in der Zeit von 4–7 Hunger habe, bis mir rot vor Augen
wird. Ich weine oft vor Hunger. Alles tut einem dann weh.
Da kamt Ihr mit drei Mann u. so feierlich. Ich hatte einfach
Angst. Und ohne Geld will ich nicht fahren, weil ich hier zu
sehr das Grauen kennengelernt habe. Das ist keine Medicin
für nervöse Menschen u. jeden Morgen wundere ich mich,
dass ich noch nicht wahnsinnig bin. Ich will nicht wieder in
eine Clinique, wo ich so hungern muss, wo ich kein warmes
Kleidungsstück, nicht einmal einen Strumpf gegen die Kälte

bekomme u. unter Sterbende u. Leichnahme, die man im Morgengrauen unter meinem Fenster auf einen Karren abholt, möchte ich auch nicht mehr sein. Lieber tot! Lydia sagte mir, Du lässt mich hier nur abholen, wenn ich ohne Kleider, ohne Geld u. mit der Ambulance in eine andere Clinique geh. Lass mich nicht mit einer Ambulance fahren, das regt mich so auf. Lydia hat mir haarklein jede Sekunde jenes Abends geschildert, ich habe solche Angst u. ein Grauen davor. [...] Wie geht es Dir? Ich mache mir soviele ehrliche Sorgen um Dich u. Deine Pflege. Wie sieht die Wohnung aus? Kann die Frau auch nichts stehlen? Alles ist auf. Gibt sie auch meinen Blumen Wasser? Die Engeleinchen müssen jeden Morgen etwas frisches Weissbrot haben. [...] Bitte gib mir weder durch den Arzt noch Lydia eine Hiobs-Nachricht. Schreibe mir alles selbst oder gar nichts. Du weißt, ich bin auch empfindlich u. wenn ich mich jeden Tag von Neuem aufrege – bin ich in höchstens zwei Wochen in der Irren-Anstalt. Wenn Du ruhig genug bist, sprich in allem Ernst mit Gluge, was ich machen soll. Aber bitte mach mir keine falschen Hoffnungen. Ich kann nichts mehr vertragen. Ich hänge mich lieber auf! Haltet, was ihr mir sagt u. ich werde mit aller Energie machen, dass ich gesund werde u. Dir nie wieder irgend eine Aufregung machen, noch eine Flasche Wein heimlich trinken. Das schwöre ich Dir! Gluge glaubt mir auch, versuche Du es auch. Ich bin doch nicht nur schlecht, ich habe doch auch viel durchgemacht u. bin ausserdem überarbeitet. [...] Ich küsse Dich herzlich u. werde Dir bestimmt allen Ärger mit Liebe und Nettsein quittieren. Vor allem muss ich Deiner sicher sein [...]«

Dem Brief legte sie eine Liste bei, die deutlich macht, worunter sie am meisten litt: Kälte, Ungepflegtsein, Hunger und mangelnde Ablenkung. Sie bat Heinrich um

»meinen warmen Morgenrock
die blaue Küchenhose es fehlt ein Knopf

die weinrote Blouse od. andere
die warme Wolljacke
einen Büstenhalter
eine Hose
zwei paar Strümpfe
ein paar warme Schuh
mein rotes Schaltuch
Glyzerin
Seife, Crème
Handbürste
Brillantine
Nagelschere
Nähzeug, Nadel Weiss u. Schwarz Nähgarn
einige Briefmarken
viel Briefpapier
viele nette Bücher
etwas zu essen, etwas Geld für meinen Hunger stillen«[10]

Was bei ihr ankam, brachte sie zur Verzweiflung:

o. O., o. D.

»Lieber Heinrich, die Sachen sind hier teilweise angekommen – aber entschuldige, nichts kann ich brauchen. Die
Blouse ist schierer Speck (u. ich sagte Dir, sie muss sie erst
mit Benzin abreiben) der Hose ist eine Naht am Hintern ge-
platzt u. der ganze Umzugsdreck ist drauf. Der Morgenrock
ist in demselben Zustand, auch die Sandalen. Nicht nur, dass
ich vor Scham geborsten bin solche Lumpen zu empfangen,
so kann ich nichts weder reparieren noch säubern – denn
nichts von den grössten u. dringendsten Utensilien besitze
ich. Auch hatten wir verabredet, dass Paulette raufkommen
sollte um meine schmutzige Wäsche zu nehmen. Es ist nicht
zu ertragen unter welchen Umständen ich hier lebe. Vielleicht
komme ich heute schon sonst Montag um mir meine Toilet-

te-Sachen sowie etwas zum Nähen und Reinigen zu nehmen. Ich bin doch kein Schwein! Die Bürste u. Nagelschere sowie Stylo sind auch vergessen – Auch sind 2 neue Schlafanzüge (ein rot ein blau gestreifter) dort. Ich schlaf in Chiffon. Als ob ihr exprés alles aussucht – ich weiss gar nicht wo Ihr soviel zerrissene u. schmutzige Sachen nur hernehmt. Mein Kleiderschrank ist voll sauberen Kleidern u. Blousen, mein Wäscheschrank hat vielleicht 15 anständige Schlüpfer – aber ich habe kleine Sommerfummels. Wenn ich nur noch eine Woche auch nur bleiben soll so erlaube mir, dass ich komme – es hat keinen Zweck mich unter Zwang und Drohung in diesem Zustand zu lassen. Einmal läuft jedem trotz aller Energie u. guten Willen doch die Galle aus. Und die Finale ist, dass ich vor lauter Aufregungen statt vorwärts – rückwärts gehe, dafür brauchen wir kein Geld auszugeben – Ich hoffe, Dir ist der kleine Ausflug gut bekommen – heute regnet es wieder. Wenn Du mir heute folgendes schickst: einen sauberen und heilen 1) Schlafanzug, eine 2) Flasche Benzin, meinen 3) Stylo, 4) die kleine Nagelschere (die ist in meinem Nähkasten oder Bademantel oder Toiletten-Kasten (Badestube), eine 5) Kleiderbürste etwas braunen 6) Schuhcreme – und dieses bitte in einem Paket oder kleinen Koffer (Mädchenkammer). Ich schäme mich, wenn man mir die Lumpen einzeln gibt. Und vor allem soll Paulette sich nicht abschieben lassen, der Arzt hat erlaubt dass sie raufkommt u. die ganze Wäsche nimmt – Es ist doch wirklich nicht zu viel u. um dieses jammere ich 4 Wochen aber es ist unmöglich, mir das zu schicken Herzlichst Deine Nell«[11]

o. O., o. D.

»Lieber Heinrich, bitte glaube mir doch, dass ich alles tue, was Du und Gluge ausmachten. Ich habe nichts böses in meinem Sinn, nur den Wunsch schnell gesund zu werden u. es Dir so billig als möglich zu machen. Ich kann doch nichts für dieses

Alles, es war nicht meine Absicht. Teilen wir uns beide die Schuld. Wir waren beide gleich unvorsichtig. Ich hätte mich mehr schonen u. nicht so unvorsichtig trinken sollen (aber ich wusste doch nichts von meinem Herz). Du hättest mir meine Schmerzen glauben u. mich eine Kur machen lassen sollen. Wenn ich sterbe ist es niemandens Schuld. Jeder kann sterben. Es wäre besser, Du denkst von mir so Du mich in Erinnerung hast u. was Du mir allein zumuten kannst, weißt Du. Höre auf niemanden. Und lass' Dich nicht nervös machen. [...] Ich möchte so gerne, dass Du Dich nicht meinetwegen aufregst, Du musst mir doch meinen guten Willen glauben. Du regst mich jeden Tag von neuem auf. Herzlichst bitte ich Dich um Entschuldigung. [...]«[12]

o. O., o. D.
»L. H.,
es geht mir gut, nur möchte ich so gerne dieses Leichenhaus gegen ein etwas freundlicheres vertauschen. Ich sehe nur Gespenster u. Leichen tanzen.
Ich pflege mich so gut ich kann, nur friere und hungere ich sehr! Nicoleinchen[13] auch. Hat keine Körner und Kuchen mehr. Und das ist Weihnachten! Sylvester feiern wir hoffentlich bei uns.«[14]

Das denn doch nicht. Aber die allerschlimmsten Entzugserscheinungen hatte sie überstanden. Es scheint allerdings, als hätten Versuche, diese Entwicklung mit Medikamenten zu forcieren, neue Beschwerden ausgelöst. Ihr ursprünglich sehr hoher Puls wurde sehr schwach, ihr Blutdruck niedrig. Eine Unterstützung des Entzugs, wie sie heute üblich ist, war damals unbekannt. So blieb ihr nichts weiter übrig, als diese Berg- und Talfahrt weiter auf sich zu nehmen. Und sich weiter zu bemühen, bei all dem ihre Würde zu wahren. Anfang 1939 hatte sie es so weit geschafft, dass sie die Villa Constance verlassen und ein Zimmer in einem

Sanatorium – vielleicht in Vence, wie sie es sich gewünscht hatte? – beziehen durfte.

o. O., o. D.[15]

»Ich schlafe mich wieder normal. Nachdem ich die erste Nacht Brechdurchfall u. Leberkrämpfe hatte, bekomme ich jetzt alles in frischer Butter serviert u. gut zubereitet. Es ist wenig aber sauber. Ich habe eine große Terrasse auf die ich mein Bett stellen kann, aber ich mache davon keinen Gebrauch weil ich gehen muss. Mein Gewicht ist 140 u. war 156. Muskeln u. Busen habe ich gar nicht mehr, nur Knochen u. Watte. Mein Magen ist durch das Hungern u. schlechte Essen ganz schlecht geworden. Nach jedem Essen wird er ganz hart u. riesengross u. tut weh, dass ich geschwollene Augen bekomme. Das muss mit der Zeit wieder gut werden.

Die Aussicht ist hier himmlisch – und eine Ruhe …. Herrlich. Alles ist sehr sauber, jeden Morgen wird alles gefeudelt. Die Patronne war 23 Jahre mit einem Deutschen (wahrscheinlich Arzt) verheiratet. Daher die Proberetät [sic!].

Wenn Du kommst, rufe doch bei dem Arzt an und verabrede Dich mit ihm. Er kommt jeden morgen gegen 11 U.–11, 1/2 U. Er hat hier 10 Kranke zu besuchen; während der Zeit setzen wir uns in den schönen Park u. dann fährst Du wieder mit ihm runter. Die Luft ist hier auch wunderbar. Schade, dass ich im Constance 3 Wochen verloren habe. Da habe ich erst meine Nerven ganz kaputt gemacht. Soviel Grauen, Hunger, Kälte u. Schmutz in 40 Jahren zusammen nicht erlebt u. werde ich bis ich 90 bin, nicht vergessen. Nicoleinchen auch nicht! Er hat dort so gefroren, ich hatte immer Angst, er stirbt mir. Nun ist er so glücklich wie in Mont-Boron.[16] Von 8–3 Uhr ist er auf dem Balkon. Er badet, singt u. frisst, ruft die Vögel in den Bäumen u. abends ist er so müde, dass er gegen 6 U. schläft. Hoffentlich kommst Du bald!?. Zu Lesen habe ich nicht mehr genug. Kannst Du mir noch schicken od. mitbringen: Maria

Theresia, einen Nietsche [sic!], den Roosevelt u. das neue von Stephan Zweig, es steht in der rechten Hälfte im 2. od. 3. Fach unten. Den Titel habe ich vergessen, aber es schien ganz nett zu sein, u. bitte die Strümpfe. Du kannst auch alles zusammen packen – u. zum Arzt tragen lassen. Er bringt es mir gerne rauf.«[17]

Das liest sich gut. Aber es war nur ein kurzes Hoch, dem wieder tiefe Niedergeschlagenheit folgte. Nelly hatte den Kampf noch längst nicht gewonnen. Bald war sie wieder besessen von den alten Gedankengängen, selbst der Stylo taucht wieder auf.

»Nice, den 16. Jan. 1939
Ich kann diesem Arzt ja so gar nichts sagen, denn im Moment kann ich kein franz. sprechen. Ich weiss nicht, als ob manchmal mein Gedächtnis weg ist. Seit einigen Tagen habe ich Fieber, es steigt täglich, gestern 38,6. Natürlich bei meinem jetzigen Zustand schwächt es mich sehr u. macht mich nervös. Es kann aber nichts anderes als die Lunge sein, denn nur die tut mir ganz weh u. wird täglich schlimmer. Das Atmen fällt mir schwer u. ist es mir dabei als hätte sie nicht genug Platz in mir. Es ist die Lunge selbst u. beide Stitzen [?], besonders die linke. Schlafen tu ich gut, aber sie könnten mir mehr zu Essen geben, es wird täglich weniger. Die Portionen sind nur noch die Hälfte von denen am Anfang. Wenn ich ihnen sage, dass ich Hunger habe, grinsen sie höflich u. dann ist's gut. Dass mein Puls immer noch so klein […] ist, kann er wohl nicht ändern, er gibt mir wieder Kampfer-Injektionen u. soviel Wein wie ich will. Mit meinem Herzen ist wohl nicht mehr viel anzufangen. Der Kopf dagegen ist besser, nur durch das Fieber ist mir, als habe ich eine Wand vor Augen. […] Paulette behauptet zweierlei: sie habe mir meinen Stylo 150fr in der Hutschachtel mit der Wäsche u. dem Kleid in Villa Constance gebracht, aber im Autobus

sei ihr der Koffer aufgegangen u. da hat sie ihn verloren. Sie hat mir keine Sachen in Constance gebracht, erst nach hier u. der Koffer kann gar nicht von allein aufgehen. Ich habe auch an ihrem Gesicht gesehen, wo der Stylo ist, solche Sachen verschwinden immer. Dann hatte ich sie gebeten, mir einen Hundertfrankenschein zu bringen, der versteckt war. Sie behauptet, auch den nicht gefunden zu haben. Sonnabend war sie hier mit meinem ›Lumpenkoffer‹ darin bewahre ich alle etwas kaputten Sachen: Strumpfe, Blousen, Wäsche, kurz alles was genäht werden muss auf. Ich fragte sie, wo sie all die Sachen gelassen habe worauf sie nur sagte, bei sich zu Hause. Das kann ich nicht begreifen. --- sie nimmt bei mir ein Gepäck u. legt bei mir die Sachen hinein u. muss den Inhalt des Gepäckes zu sich tragen? Mir wird vieles fehlen. Aus diesem Grunde muss ich bald nachhause. Meine Schmucksachen etwas Geld ist noch da u. mir gibt doch niemand etwas wieder. Alles ist heute so teuer, ich kann mir nichts wieder kaufen. Heute habe ich auch noch meine Brille zerbrochen, ich würde Dich bitten, mir die mit dem schwarzen Gestell zu schicken, aber wenn Du nicht selbst meine Sachen suchst sondern Paulette od. Lydia zwischen meinen Sachen wirtschaften lässt da befürchte ich doch, es bleibt mir gar nichts. Schließe doch mein Zimmer und die beiden Schränke ganz ab. Den in der Küche auch. An meine Tisch- und Bettwäsche wage ich kaum zu denken. Und dann schreibst Du, ich muss mich gar nicht aufregen, alle meinen es gut mit mir. Das kann man ja nun gerade nicht sagen. [...] Ich hoffe Du kommst bei dem ersten schönen Tag wieder. Es scheint jetzt besser zu werden. Und wenn Du Paulette noch einmal schickst, lass sie doch eine hecto Leberwurst von De Ressere [?] mitbringen u. etwas Obst. – auch mein kleines Reiseplätteisen (im Eisschrank [!] mit Schnur) dann kann ich mir allein was plätten u. Manschettenknöpfe, das sind zusammen genähte Knöpfe [...]. Sei bitte nicht zu nett zu Lydia, die sieht nur zu, wo sie

ihren Vorteil findet u. dann macht sie einen schlecht, Judas!
Wie Alle. Ich erwarte Dich bald
Herzlichst Deine arme Nell
Denke bitte nicht, ich sei aufgeregt. Ich stelle nur fest u. er-
zähle Dir meine Sorgen.«[18]

o. O. o. D. [lt. Umschlag Januar 1939]
»Lieber Heinrich, jetzt ist es ziemlich sicher: ich hab' was mit
der Lunge u. der Arzt muss einen Spezialisten zu Hilfe haben.
Denn er kann nur Nerven kurieren. Also ist es wohl am
Besten, wir wenden uns wieder an Gluge. Mir fehlt sowieso ein
Arzt, der mich versteht, dieser nützt mir gar nichts. Was mach'
ich mit einem Arzt, mit dem ich mich nicht verständigen
kann. Das einzige Allheilmittel gegen alle Besonderheiten ist
hier einschliessen und das macht mich rasend. Gestern abend
hatte ich von all dem vielen (pro Tag 6–8 Scheiben klümpigen
feuchten Brot – das esse ich um keine Hungerschmerzen zu
haben – einen kalten Bauch u. nahm eine Boujotte darauf. Da
fragte er mich warum ich das Ding auf den Bauch lege, ob ich
meine Affaire habe. Ich sagte nein, ich habe nur Hunger – deshalb – und ob ich nicht statt jeden Abend Blait-Sellerie-od
Lettustrunkel nur aus dem Wasser gezogen mal eine Scheibe
kaltes Fleisch haben könne od. ein Stück Käse. Ich kann nicht
mehr gegen diese Küche an. Aber er redete mir ein, dann
würde ich doch zu dick u. ich soll man essen. Das ist doch
wohl eine Tierquälerei. Ich liege hier krank u. soll gesund
werden u. habe immer Hunger. Kann man bei trocken Brot
gesund werden u. Kraft kriegen? Ich konnte ihm auch nicht
erklären, dass meine Schilddrüsen zu schnell arbeiten und
alles zu schnell verbrennen, also ich muss schon etwas kräftig
essen. Deshalb bin ich ja nicht gerade ein Monstrum – Willst
Du nicht mit rauf kommen, wenn Gluge kommt? Es wäre mir
sehr angenehm. Vielleicht – aber das glaube ich nicht, habe
ich vor Hunger und Entkräftung Fieber? Dieser Arzt will ihn

nicht gerne, er möchte lieber Barnathan der ist ja sein Freund. Aber ich weiss jetzt schon, was der mir antwortet: ich habe eine exelente Santé u. bin bien robust. Ca rien! Ausserdem spricht er von mir als sei ich viel schlimmer als der letzte Closchar. Bringe mir ein Stück Leberwurst u. ein hecto Butter u. etwas Obst mit. Herzlichst Deine Gute«[19]

Eine Äußerung in diesem Brief wird Heinrich betroffen gemacht haben, nämlich die, dass das Allheilmittel gegen alle Besonderheiten das Einschließen sei. Bis jetzt hatte er sich gewappnet gegen Nellys Anklagen und Forderungen. Sicher auf fachlichen Rat hin. Doch nun hielt er es nicht mehr aus. Am 17. Januar 1939, auf den Tag genau zwei Monate nach Nellys Zusammenbruch, den man wohl als Selbstmordversuch bezeichnen muss, schrieb er an sie: »Meine Arme, Liebe, von Deinem Brief bin ich ganz erschüttert. Du kannst in allem auf mich zählen. Ich will mich mit dem Doctor verständigen. Womöglich komme ich am Freitag. [...] Wie gern hätte ich Dich wieder bei mir! Du weißt, wir haben nur einander. Wir müssen nach Kräften gesund sein.« Und »denke nur bitte nicht an Fortgehen. Du kannst es nirgends besser haben. Über das Essen spreche ich mit dem Doctor selbst. Sei guten Mutes, meine Liebe. Du hast gewiss nur einen einfachen Katarrh. Bald wird alles besser sein. Auf Wiedersehen. Von Herzen [...]«[20]

Reichte Heinrich Manns Phantasie weit genug, um vorauszusehen, welchen Anfeindungen Nelly bei ihrer Rückkehr ins alte Leben ausgesetzt sein würde? Die Klatschmäuler waren ja keineswegs verstummt. Im Gegenteil. Thea Sternheim, die Heinrich Mann im Januar 1939 in der halbfertigen Wohnung Rue Alphonse Karr besuchte – »Er empfängt mich in einem großen Zimmer in dem sich ein Vogelbauer mit Vögeln u sonst nichts befindet, das meine Aufmerksamkeit anzöge« –, kam, um sich persönlich von dem zu überzeugen, was die Literatenszene an der Côte d'Azur erkannt zu haben glaubte: »Ausser dem Kollektivpech, das uns alle befiel, hat er die neue Genossin seines Daseins, Frau Kröger, infolge des Übels, das er ihr ›Nervenleiden‹ nennt, das aber wohl nicht[s] anderes als eine regelrechte Dementia tremens ist (mir fallen die Berichte der anderen Emigranten über Frau Krögers Rauf- und Sauflust ein) in eine geschlossene Anstalt verbringen müssen.«[21]

1 Dieses Foto schickte Nelly Anfang der dreißiger Jahre aus Berlin an ihre
Familie nach Niendorf mit der auf die Rückseite gekritzelten Bemerkung:
»So seh ich nun aus, geht, nicht?« Der Pelzkragen, den sie stolz präsentiert,
würde schließlich seinen Weg auf die Liste der Gegenstände finden, die
Goschi als Tochter Heinrichs nach dessen Tod zufielen. Auf 50 Dollar
taxiert, war er, nach dem Pelzmantel zu 100 Dollar (Abb. 9), das wert-
vollste Stück der Hinterlassenschaft des Schriftstellers.

2 Das Haus der Krögers in Niendorf in den 1950er Jahren.

3 Auf der Bank vor ihrem Haus: Nellys Mutter Bertha und Stiefvater Nicolaus Kröger am Tag ihrer Goldenen Hochzeit im Juni 1953.

4 Mimi, Goschi und Heinrich Mann an der Ostsee (etwa 1925).

5 »Da kam auch noch die Frau, an der ich nicht vorbeigehen konnte.«
Ende der 1920er Jahre: Heinrich Mann scharwenzelt mit Blumenstrauß
im Hintergrund, während Trude Hesterberg vor einem schicken Flugzeug
posiert.

6 Nelly Kröger und Heinrich Mann 1936 in Nizza.

7 und 8 (rechte Seite) Nelly, etwa 1934.

9/10 Nelly 1935
in Nizza. Vorder- und
Rückseite einer Foto-
postkarte.

11 Bei Sanary in Südfrankreich. Die Aufnahme machte höchstwahrscheinlich Heinrich Mann, der nicht nur leidenschaftlich gerne zeichnete, sondern auch fotografierte. Nelly ist die dritte von links, rechts neben ihr Lion Feuchtwanger, ganz rechts Marta Feuchtwanger.

12 Politische Weggefährten: Oscar Levy, Heinrich Mann, Nelly Mann, Kurt Rosenfeld (die Identität des Kindes ist nicht bekannt) 1936 in Briançon.

13 »Liebe Süsse, Du machst mich glücklich mit Deinem Bild, weil Du so schön bist.« Nelly 1936 in Nizza.

14 Heinrich Mann und Nelly Kröger 1938 in Paris.

15 Vorläufig angekommen: Nelly und Heinrich am
13. Oktober 1940 in New York, einen Monat nach
Beginn ihrer abenteuerlichen Flucht.

16 Thomas und Katia Mann mit Kindern und Enkelkindern
Weihnachten 1944 in Pacific Palisades.

UNITED STATES OF AMERICA

DECLARATION OF INTENTION No. 107899
(Invalid for all purposes seven years after the date hereof)

In the _____ Court

of _____ at _____

(1) My full, true, and correct name is **NELLY EMMY JOHANNA MANN**

(2) My present place of residence is **264 S.Doheny Dr. Beverly Hills, Cal** occupation is **housewife**

(4) I am **43** years old. (5) I was born on **Feb 15, 1898** in **Trensbook, Germany**

(6) My personal description is as follows: Sex **female**, color **white**, complexion **light**, color of eyes **grey-blue**

color of hair **blond**, height **5** feet **6** inches, weight **158** pounds, visible distinctive marks **None**

race **German**, present nationality **Czechoslovakia**

(7) I am **am** married; the name of my wife or husband is **Heinrich** ; we were married on **9-9-39**

at **Nice, France** ; he or she was born at **Lubeck, Germany** on **March 27, 1871** ; and entered the United States at **San Isidro, Cal.**

on **March 29, 1941** for permanent residence in the United States, and now resides at **Beverly Hills, Cal.**

(8) I have **no** children; and the name, sex, date and place of birth, and present place of residence of each of said children who is living, are as follows:

(9) My last place of foreign residence was **Tijuana, Mexico** (10) I emigrated to the United States from

Same (11) My lawful entry for permanent residence in the United States was

at **San Isidro, Cal.** under the name of **Nelly Emmy Johanna Mann**

on **March 29, 1941**, on the **Foot**

(12) Since my lawful entry for permanent residence I have **not** been absent from the United States, for a period or periods of 6 months or longer, as follows:

DEPARTED FROM THE UNITED STATES			RETURNED TO THE UNITED STATES		
PORT	DATE (Month, day, year)	VESSEL OR OTHER MEANS OF CONVEYANCE	PORT	DATE (Month, day, year)	VESSEL OR OTHER MEANS OF CONVEYANCE

(13) I have **not** heretofore made declaration of intention: No. _____, on _____ at _____

in the _____

(14) It is my intention in good faith to become a citizen of the United States and to reside permanently therein. (15) I will, before being admitted to citizenship, renounce absolutely and forever all allegiance and fidelity to any foreign prince, potentate, state, or sovereignty of whom or which at the time of admission to citizenship I may be a subject or citizen. (16) I am not an anarchist; nor a believer in the unlawful damage, injury, or destruction of property, or sabotage; nor a disbeliever in or opposed to organized government; nor a member of or affiliated with any organization or body of persons teaching disbelief in or opposition to organized government. (17) I certify that the photograph affixed to the duplicate and triplicate hereof is a likeness of me and was signed by me. I do swear (affirm) that the statements I have made and the intentions I have expressed in this declaration of intention subscribed by me are true to the best of my knowledge and belief: SO HELP ME GOD.

Nelly Emmy Johanna Mann
(Original and true signature of declarant without abbreviation, also other name if used)

Subscribed and sworn to (affirmed) before me in the form of oath shown above in the office of the

Clerk of said Court, at **Los Angeles, Calif.**

this **22nd** day of **May**, anno Domini 19 **41** hereby certify that

Certification No. **23-104175** from the Commissioner of Immigration and Naturalization, showing the lawful entry for permanent residence of the declarant above named on the date stated in this declaration of intention, has been received by me, and that the photograph affixed to the duplicate and triplicate hereof is a likeness of the declarant

[SEAL]

Clerk of the _____ Court.

By _____ Deputy Clerk.

Form N-315
U. S. DEPARTMENT OF JUSTICE
IMMIGRATION AND NATURALIZATION SERVICE
(Edition of 1-13-41)

e16—19119 U. S. GOVERNMENT PRINTING OFFICE

17 Das letzte von Nelly erhaltene Foto findet sich auf diesem Formular.

MILK DRIVERS AND DAIRY EMPLOYEES UNION, LOCAL No. 93

DRexel 7061   I. B. of T. C. W. and H. of A.   846 S. Union

Ledger No. 7105   Los Angeles, 1/20/44 , 194

Received of Nelly Emmy Mann

Employed at _____ Dept _____

16379   **M**   Dues - Mos. _____ .50

Initiation Fee _____

Kardex _____   Reinstatemen _____

Fines _____

Assessments _____

Day Book _____

6.5 $ 2.50

Cashier

All Initiation money left on deposit by default of Applicant shall be considered forfeited in 30 days.

IMPORTANT — Retain this Receipt. No credit allowance without this Receipt.   41

~~BOND)~~
BAIL) having been posted for your release, in the amount of

$ 250.00 , on

2 - 27 19 43 , you are hereby ordered to appear before CITY JUDGE CHARLES J. GRIFFIN, City Hall, 450 North Crescent Drive, Beverly Hills at 2 p. M

3 - 1 — 19 43 to

answer for violation of VC 50 V 511 - 510 -

a misdemeanor ~~felony~~.

I have read the above order and agree to appear as ordered.

NAME Nelly Mann

ADDRESS _____

PHONE _____

18 Nelly war in den USA Gewerkschaftsmitglied. Ausweis der »Milk-Drivers and Dairy Employees Union«.

19 Vorladung zur polizeilichen Anhörung am 1. März 1943: Nelly hatte einen Pontiac angefahren und war nach Zahlung einer Kaution in Höhe von 250 Dollar auf freiem Fuß geblieben. Der Anhörung entzog sie sich durch einen Selbstmordversuch.

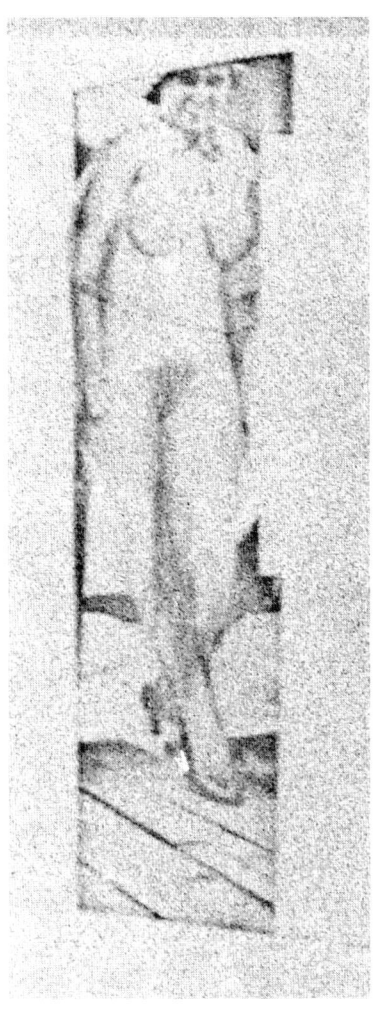

20 Dieses Bild kursierte in Hollywood nach dem Tod von Heinrich
Mann, ebenso wie Geschichten,
Nelly habe ihren Gästen manchmal
nackt die Tür geöffnet.

21 Doch das Bild war eine Fäl-
schung. Das Original zeigt Nelly
Kröger 1933 im Trenchcoat in
Saßnitz auf Rügen, einer Station
auf ihrer Flucht ins französische
Exil.

22 Mehrere Wochen verbarg sich Nelly 1933 im Hafen von Saßnitz, bis das Wetter es erlaubte, mit einem kleinen Segelboot über die Ostsee nach Trelleborg zu fliehen. Mit dabei ihr Gefährte seit Berlin, Rudi Carius.

23 »Auf der Fahrt in die Freiheit '33« schrieb Nelly auf die Rückseite dieses Fotos von Rudi Carius.

24 Heinrich Mann wusste um Nellys Liebe zu Carius. In dieser
Zeichnung hielt er seinen Eindruck von der Dreierkonstellation fest
und schrieb darunter: »La triste rencontre«.

25 Nach Nellys Tod: Heinrich Mann vor dem Haus in der Montana Avenue 2145, in dem er ein Appartement bewohnte, nachdem er Swall Drive 301 wider Willen hatte verlassen müssen.

»Meiner Frau kann ich helfen gesund zu werden, wenn ich mich mit ihr trauen lasse.«[1]

Diese Zeilen gingen am 25. Mai 1939 von Bruder zu Bruder, von Heinrich Mann in Nizza zu Thomas Mann in Princeton. Der Jüngere war dem Älteren um eine Nasenlänge voraus, hatte den alten Kontinent schon gegen den neuen ausgetauscht und dort auch Sponsoren und vor allem Sponsorinnen für sein weiteres Fortkommen gewonnen. Fritz Landshoff, Verleger und Freund der Familie, hatte, aus Nizza kommend, den Manns in Princeton einen Besuch abgestattet und neueste Nachrichten mitgebracht. So erfuhr Thomas vom »leidenden Zustand« Nellys und malte sich »Sorgen und Nachteile« und »Unzuträglichkeiten im falschesten Augenblick«[2] für den Bruder aus. Es gibt eine Art, Mitgefühl auszudrücken, die nicht wärmt, sondern kalt lässt. Also ging Heinrich Mann in Abwehrhaltung: Durch die Ankündigung, sie zu heiraten, wertete er Nelly auf.

Gleichzeitig gelang es ihm dadurch, die Wirkung der Turbulenzen, die seine »Prager Damen« verursachten, ein wenig aufzufangen. Was aus dieser Weltecke kam, und Nelly regelmäßig belastete, war nämlich auf einen phantastischen Höhepunkt zugesteuert. Im November 1938 planten Mimi und Goschi eine Reise nach Nizza: »Wir bekommen ohne weiteres auf unsere Pässe ein Besuchsvisum zu Dir. Du musst uns nur einladen.«[3] Sie hätten Neuigkeiten mitgebracht, doch schließlich erfuhr Heinrich brieflich von der geplanten Verlobung seiner Tochter, durch seinen Freund Bertaux. Und war sehr beunruhigt: »Mehr weiss ich nicht und frage nur, was das für Amerikaner sind, die sich heute in Prag verloben, und mit meiner Tochter.«[4] Sein väterlicher Instinkt trog nicht, als er die verworrene Geschichte des künftigen Schwiegersohns (Goschi heiratete ihn tatsächlich)[5] von der Verlegung des Chemiewerks, in dem er vorgeblich unter seinem Vater als Generaldirektor tätig war, von Wien nach New York anzweifelte. Dass Goschi nur in Amerika einreisen dürfe, wenn sie dort über ein beträchtliches Bankdepot verfüge – das Dr. Aschermann mit der »Mitgift« seiner jungen Frau dort einrichten wolle –, klang nicht viel überzeugender. Heinrich Mann war zwar vorsichtig genug, das Geld erst nach der Heirat zu überweisen, aber Goschi übergab alles ihrem Ehemann. Der fuhr auch tatsächlich nach Amerika, allerdings alleine – und stellte sich Thomas Mann in Princeton dreist als Neffe vor. Ein routinierter Betrüger, der auch die Berühmtheit der angeheirateten Verwandtschaft noch ausnutzen wollte. Worauf er nicht gefasst war: Er wurde polizeilich gesucht. Einer Dame, die er ebenfalls bestohlen hatte, war die Flucht aus Europa in die Staaten geglückt, und sie hatte ihn angezeigt.

Die freudige Aufbruchstimmung Mimis und Goschis, die sich schon in Amerika sahen und daher den Haushalt aufgelöst hatten, wich bald der drückendsten Not. Die Gelegenheit zur Flucht war verpasst. »Töricht« nannte Heinrich Mann bitter Mimis unkritische Begeisterung für die »Freundin Suzanne«, Aschermanns Mutter, die so willkommen gewesen war, weil sie ihr alle Sorgen und Verantwortung abzunehmen versprach. Und die mit Goschi in diesen Zeiten leichtfertig durch Europa gereist war, ehe sie sich mit einem wertvollen Schmuckstück aus Mimis Schatulle aus dem Staub gemacht hatte. »Mein dunkelster Punkt ist das Schicksal meiner Tochter. Wenn ich die unglückliche Heirat verhindert hätte! Aber sie wurde so eilig gemacht. Nachdem ich alle meine Mittel verausgabt hatte, ist das Kind in Prag sitzen geblieben. Sie wohnen bei der Großmutter, wie ich auf Umwegen gehört habe.«[6] Aschermann hatte ganze Arbeit geleistet und sich auch um das Expedieren der Möbel aus der Prager Wohnung gekümmert (Eingelagertes, so Mimi schon 1937, hatte die Spedition verkommen lassen). Heinrich hatte sie Mimi überschrieben, damit sie die guten Stücke aus München nach Prag holen konnte, aber sicher nicht, um sie dann in fremde Hände fallen zu lassen.

Im Juni 1939 war Heinrich Mann wieder einmal in Paris, während seine zukünftige Frau das gemeinsame Nest in der Rue Alphonse Karr einrichtete, endlich. Tatsächlich war Nelly zwischen Sphinx-Köpfen und Ruhmes-Genien eifrig beschäftigt: »Lieber Heinrich […], Paulette ist fast den ganzen Tag hier. Wir Schruppen, Waschen u. nähen. Alles wird schön u. ich bin glücklich wenn auch etwas kreuzlahm. Telegraphiere wann Du kommst. Einen Kuss Deine treue Nell«. Heinrich Mann war begeistert. Er notierte auf der Rückseite dieses Briefes: »Meine Frau«! Und schrieb an sie am 15. Juni 1939 aus dem Hotel Sainte-Anne, Paris:

»Meine süsse Frau, mit Vergnügen steck ich in Deine Muschi diesen Schein. Früher war er gross, jetzt ist er klein. Du glaubst nicht, wie ich Dich lieb habe und an dir hänge. Beim Fortsein merke ich es. Auch, weil ich gestern mit meinem Bruder war. Er war, mit Katja und Erika, auf der Durchreise nach Holland. Er hatte meinen Brief nicht mehr bekommen, daher hab' ich ihm unsere ›bevorstehende Verheiratung‹ mündlich erzählt, und auch die Schwierigkeiten. Sie haben mir geraten, einfach an das Standesamt in München zu schreiben, Erika hat das selbst getan und pünktlich ihre Papiere bekommen. Sie hatte eine internationale Marke beigelegt, die mussten sie dort verwenden. Ausserdem war der Beamte vielleicht ein Staatsfeind, kommt alles vor. Ich werde mein Glück versuchen, was kann da sein. Unsere Verwandten haben sich sehr besorgt und freundlich nach Dir erkundigt. […] Weisst Du, was ich möchte? Mit Dir im Bett, meine süsse Frau. Behalten wir uns lieb. Ich küsse Dich. Der Deine.«[7]

Die Trauung fand, nachdem Heinrichs Scheidungspapiere her-beigeschafft waren, am 9. September 1939 im Hochzeitssaal des Rathauses von Nizza statt.[8] Zeugen waren Barnathan, ihr Arzt, und Nicolaï, ihr Anwalt. Nelly kannte beide nur zu gut. In der *Los Angeles Times* vom 12. September war zu lesen: »Heinrich Mann Takes Third [!] Wife. NICE (France) Sept. 11. – Heinrich Mann, 68, celebrated German author living in exile on the Riviera, was married here Saturday to Emmy Johanna Kroger, German Woman whose father owns a fishing fleet. It was the third marriage for Mann, the brother of Noble Prize winner Thomas Mann.«[9]

Geschafft. Der Bruder des Nobelpreisträgers: ihr Ehemann. Etabliert mit eigenen Möbeln: in Nizzas besserer Gegend. Respektable Bekannte, Freunde: einer immerhin tschechoslowaki-scher Konsul, Vladimir Vochoč, in Marseille. Für ihn, genauer für das in Frankreich agierende Bataillon seines und ihres Mannes und damit auch ihres »Heimatlandes«, strickte Nelly sogar oder sie ließ stricken. Seine Frau sei glücklich, schrieb Heinrich an Thomas, mit ihren tschechischen Papieren, eingeordnet fühle sie sich und zuständig. Das sagt auch Nellys Brief an die Freunde Eva und Julius Lips, schon seit 1934 in den USA, ebenfalls über Frankreich emigriert: »[...] vielen Dank für Ihren Brief, er hat uns sehr gerührt. Es ist so erfreulich in dieser tristen Zeit gute Freunde zu haben. Wir leben jetzt sehr still. Ich pflege meine Lie-ben und stricke so viel, daß ich schon eine Artistin bin. Es wäre soo schön, wenn Sie beide bei uns den Weihnachtskarpfen essen könnten. Auch ist der Wein u. Champagner in alter Güte.« Ach, ja. Und: »Lassen Sie alle Dampfer nach Europa reisen – hier ist eine unangenehme Kriegs-Angst. [...] Wenn man als Emigrant glücklich sein kann [...] ich bin glücklich – wir haben eine schö-ne Wohnung, herrliche Sonne, einen kleinen Sohn (Vierbeiner), aber so süß, er küßt Ihnen die Hand.«[10] Wenn diese hübschen Genrebilder je der Lebenswirklichkeit von Nelly entsprachen, dann nur für kurze Zeit. Das Paradies wurde eins in des Wortes wahrer Bedeutung: Die Vertreibung stand bevor. Was um die Zeit der Eheschließung nur ein ungutes Gefühl war, wurde im Mai 1940, mit Beginn des deutschen Westfeldzugs, beängstigende Realität. Die Emigranten wurden zunehmend als feindliche Ausländer betrachtet. Bald sollten Vertreter des Vichy-Regimes mit denen der deutschen Besatzungsmacht kollaborieren. Heinrich und Nelly bekamen das unverzüglich zu spüren, ihnen wurde die Wohnung gekündigt, obwohl der Mietvertrag erst im September auslief.

Arme Nelly! Kaum konsolidiert, geriet wieder alles ins Wanken. Das Geld war noch knapper geworden, seit Heinrichs Arbeit für die *Dépêche de Toulouse* zu Ende war. Ihn zu unterstützen war nun nicht mehr opportun. Also mussten sie ausziehen. Nicolaï erhielt Verfügungsgewalt über alle Gegenstände, die sie zurückließen, das heißt, er sollte sie verkaufen, um mit dem Erlös Schulden zu bezahlen. Ein bekanntes Szenario.

Dieses Mal hieß es: heraus aus Europa. Und das, wo Nelly gerade noch so privilegiert gewesen war, dass weniger glückliche Exilanten ihre Bittbriefe an »Frau Heinrich Mann« richteten. Wem musste sie helfen, wem konnte sie helfen, wer wollte sie nur ausnutzen, wer testete einfach, ob bei ihr etwas zu holen war? Keine leichtes Abwägen. Am 9. September 1939 (ihrem Hochzeitstag) bat ein Emil Strauß um Unterstützung bei der fälligen Miete und bedankte sich für »Hilfsbereitschaft und Herzensgüte« und dafür, dass seine Braut, Frl. Bianca Langer, bei Nelly einen Tag lang Näharbeiten hatte verrichten dürfen. Am 2. Dezember fragte eine Elly Weiner[11] die »Liebe Madame Nelly, […] Haben Sie nicht etwas für mich zu tun? Stricken oder sticken?« Tatsächlich vergab Nelly seit einiger Zeit Strick-, Stick- und auch Näharbeiten. Anfangs vielleicht mit dem Hintergedanken, sich eine eigene Existenz aufzubauen, wenn schon nicht als Modistin,[12] was sie zunächst vorhatte – welche Dame orderte in diesen Jahren schon aufwändige Hüte, noch dazu ausgerechnet bei Heinrich Manns Gefährtin –, dann wenigstens im weitesten

Sinn in dieser Branche. Ab 1939 ging es jedoch nur noch darum zu helfen. Nelly organisierte Wolle und Strickerinnen, die so Lohn für Arbeit statt Almosen bekamen. Manchmal erwarb sie deren Produkte für sich oder schickte sie zu ihren Verwandten nach Deutschland:

»Niendorf Ostsee, d. 5. 1. 39

Liebe Emmy, habe deinen Brief dankend erhalten. Haben uns gefreut, daß du dich hast endlich mal wieder hören lassen, haben schon immer gedacht wo mach bloß die Emmy stecken. Hoffentlich wirst du bald wieder gesund. Ganz so doll ist es mit deiner Krankheit wohl nicht, denn wenn man 15 Stunden tot ist, wird der Mensch wohl nicht wieder lebendich, aber wir freuen uns sehr das du dieses Glück gehabt hast. Weihnachten haben wir gut verlebt, auch sind wir gut ins neue Jahr reingekommen, wir haben bei Rudi und Anni gefeiert. Heini und Heinz haben beide ein großes Schaukelpferd gekriegt, die haben eine hallotrio gemacht. Vom Elsa haben wir auch alle ein Päckchen bekommen. Den Pullover von Dir habe ich auch erhalten und sage meinen besten Dank dafür, aber wenn du mir mal noch einmal einen stricken solltest dann doch bitte etwas größer, denn ganz so schlank sind wir ja nu nicht mehr. Wenn du noch von der dunkel blauen Wolle hast, so schick mir doch bitte etwas davon, dann stricke ich mir unten einen Rand zu an. Sonst geht es uns allen gut, und sind auch alle gesund. Augenblicklich ist es hier sehr kalt, und es liegt viel Schnee, so das die Kinder gar nicht raus können. Tante Frida läßt dich recht vielmals grüßen, die ist auch schon verlobt. Am 22. Dezember ist Muta Kaaksteen gestorben, sie hat zwei kleine Kinder, eins ist drei Jahre und eins ist 3 Wochen alt. So liebe Emmy nun schreibe bald wieder und laß uns nicht wieder so lange warten. Grede kommt Ostern schon aus der Schule, sie weis aber noch nicht was sie werden will. Viele grüße deine Hedi«

Heinrich Mann, der Gewissenhafte – oder steckte mehr dahinter? –, notierte handschriftlich auf diesem Brief: »Der [Pullover] war für den kleinen«,[13] bevor er ihn archivierte.

Wo ein Umweg über ein die Würde wahrendes Arbeitsverhältnis nicht mehr möglich war, gab Nelly auch direkt: »Nice, den 24. Dezember 1939. Sehr verehrte gnädige Frau. Mit dem Weihnachtspaket, das Sie uns heute sandten, haben Sie uns eine so große Freude bereitet, dass wir nicht wissen, wie wir Ihnen dafür danken könnten. Ich bin fast beschämt durch all Ihre Güte und Fürsorge, die Sie und Ihr hochverehrter Herr Gemahl meiner Frau zuteil werden liessen […] Edith u. Udo Quandt.«[14] Auch Hilde Stieler wandte sich an Nelly, am 29. Januar 1940: »Liebe Frau Nelly Mann, leider haben wir beide unser Versprechen, uns zu schreiben, nie gehalten – wie es eben die vielen, meist traurigen Erlebnisse mit sich bringen, nicht wahr?« Warum die Stieler sich ihrer erinnerte? An Nellys »gutes Herz« wollte sie rühren für einen Deutschen, der unter Hitler fast totgeprügelt, sich über die französische Grenze geschleppt hatte, dort ohnmächtig aufgefunden und in ein Hotel in Nizza gebracht worden war, wo er – noch – umsonst lebte. Geld wolle er nicht, aber, da er kein Französisch spreche, hätte er daran gedacht, vielleicht Schreibarbeiten für einen deutschen Schriftsteller verrichten zu können. Es wäre ein Trost, wenn Frau Mann mit ihm sprechen wollte, er sei völlig hilflos … Ein Bittsteller schob seine Frau – allerdings nur »religiös verheiratet« – vor, Marie Neugebauer, eine Tschechin, die Nelly schon oft betreut hätte. Sie sei von einem Jungen entbunden worden und liege im Spital, ohne einen Sous für Milch, das Kind solle deshalb nach der Entlassung sofort ins Heim … Nellys Antwort: »Ich habe Madame Neugebauer einen Freiplatz besorgt, den sie aber nicht akzeptiert. Man könnte wohl auch das Zimmer wechseln und das Kind zu sich nehmen. Gratis Milch u. ärztl. Hilfe gibt es Blvd. Gambetta. N. M.« Am 11. März 1940 wandte sich ein Hans Schwarz an die »Sehr geehrte Frau Mann […]. Aus allen Ihren Handlungen habe ich gesehen, daß Sie so viel für die armen Emigranten tun und da Sie mich doch wirklich schon lange kennen und ich trotzdem nie diesen Schritt unternommen hätte, wenn ich im Moment einen anderen Ausweg wüsste, so hoffe ich, daß auch Sie für mich etwas übrig haben werden. Ich verspreche Ihnen kein zweites Mal an Sie heranzutreten, doch dieses eine Mal helfen Sie mir.« Um Mietrückstände ging es, 200 Francs wollte er haben und war pikiert, als Nelly ihm nur 100 Francs überwies. Die Schreibenden ließen sich einiges einfallen, um ihr Mitgefühl zu wecken. Der eine wollte selbst gemalte Bilder teuer verkaufen (und wurde sogar unverschämt, als sie nicht darauf eingingen), ein anderer suchte einen Arzt, der ihn kostenlos röntgen würde, um eine Schrapnellkugel zu finden.[15]

Spätestens mit Abschluss des deutsch-französischen Waffenstillstandsabkommens am 22. Juni 1940 war Nelly selbst in größte Bedrängnis geraten: Heinrich, und damit auch sie, musste Frankreich so schnell wie möglich verlassen, um der Auslieferung an die Deutschen zu entgehen.

»Außer der Küche und dem Wein gibt es noch einige große Kleinigkeiten, an die man sich schwer gewöhnen wird!!«[1]

Was gerade noch Sicherheit gab, es war verloren. Stattdessen: Warten in Hotelzimmern, in denen man nicht heimisch werden konnte und durfte. Der Blick auf die Schönheit der Landschaft, er musste sich verdüstern, die üppigen mediterranen Farben und Aromen mussten eine quälende Nuance bekommen. Was blühte, was reifte, was das Meer hergab: Für sie war es zum letzten Mal. Nelly kannte diese Art von Abschied. Ungewohnt war, dass sie das, was sie als ihr neues Zuhause empfunden hatte, nicht so freiwillig verließ, wie sie Deutschland verlassen hatte.

Als Reaktion auf das Waffenstillstandsabkommen, in dem sich Frankreich verpflichtet hatte, auf Verlangen alle von der deutschen Regierung namhaft gemachten Personen auszuliefern, war am 25. Juni das Emercency Rescue Commitee gegründet worden. Varian Fry, ein junger mutiger Amerikaner, personifizierte dieses Unternehmen, das so vielen Intellektuellen das Leben rettete, wie kein anderer. Er kam im August nach Europa, um besonders gefährdete Gegner des Naziregimes wie auch immer aus Frankreich herauszubringen.[2] Dabei ging er nach einer Dringlichkeitsliste vor, an deren Erstellung unter anderen Erika und Thomas Mann, Hermann Kesten und Liesl Frank beteiligt waren. Lion Feuchtwangers Ausreise, das signalisierte Amerika deutlich, war vorrangig.[3] Die Nächsten auf der Liste waren das ungeniert auch mal unter dem Namen Mahler reisende Paar Alma und Franz Werfel sowie Heinrich und, auf dessen Wunsch, Golo Mann. Was hätte

Nelly dagegen einwenden können, dass Varian Fry – unterstützt von Waitstill Sharb und Richard Ball – deren Flucht plante und sie als Anhängsel dabei sein sollte? Und dass sie deshalb alle am 12. September 1940 zu Fuß über einen Berg in den Pyrenäen mussten, um die Grenze nach Spanien zu überqueren!

Auch Erika Mann war involviert, ganz wie es ihrem Naturell entsprach: »Das Rätseltelegramm, damals, war von einem braven Unitarier namens Sharp,[4] der morgen nach Marseille fährt und 250 Dollars für die beiden [sie meinte damit »Golette« (Golo) und »Heiner« (Heinrich)] mitnimmt. Sie sollten etwas Geld haben haben wir gefunden. [...] Da wirklich nur ein illegaler Exit übrigzubleiben scheint (wir haben ein paar Möglichkeiten ausgearbeitet), ist Geld dringend notwendig [...] und ich bin froh, das [sic!] dieser Sharp nun hinfährt mit brauchbaren Flucht-Plänen [...]«.[5] Der fast siebzigjährige Heinrich Mann machte angesichts des ihm Bevorstehenden am 28. August 1940 sein Testament: »En cas de décès ou non, je laisse à mon épousse, Madame Emmy (Nelly) Mann, toutes les valeurs en ma possession au moment de ma mort: a[r]gent comptant, livres, manuscrits, meubles, et le reste. Pour les revenus ultérieurs qui se produiraient par la vente de mes romans, pièces de théatre, films et autres travaux, je désire que ces revenus soient partagés à parts égaux entre mon épouse et ma fille Léonie, domicilée à Prague, Tchécoslovaquie.«[6] Am Tag zuvor war er mit Nelly im Hotel Normandie in Marseille abgestiegen. Auch Golo war auf dem Weg dorthin, er traf am 31. August, wenige Tage nach Onkel und Tante, ein und kam im Haus des amerikanischen Vizekonsuls Bingham[7] unter. Mit Alfred Kantorowicz,[8] der ebenfalls auf eine Gelegenheit wartete, den Kontinent zu verlassen, vertrieb sich Heinrich die Wartezeit und ergab sich seinem Kummer bei einem gepflegten Essen und trüben Zukunftsaussichten: »Tjä, da soll ich denn nun nach Amerika. Da wird's ja wohl nur ›Snellrestaurants‹ geben.«[9]

Nelly war keine Minute entspannt. Sie vertraute niemandem; sie wollte nicht gehen und nicht bleiben. Wer hätte sie auch halten sollen? Die Mitglieder der alten Hausgemeinschaft in Nizza, 121, Promenade des Anglais? Hermann Kesten war im Mai mit einem Besuchervisum nach New York abgedampft, ohne seine noch in Gurs internierte Frau Toni. Ihr würde in diesen Septemberwochen ebenfalls die Flucht gelingen. Joseph Roth war am 27. Mai 1939 in Paris gestorben, René Schickele, der alte Spötter, am 31. Januar 1940 in Vence. Das Ehepaar Flach vielleicht? Man hatte sich seltener gesehen, seit Carius weg war. Wer weiß, wo der steckte. Vielleicht noch in Madrid, von wo aus er ihr vor Jahren geschrieben hatte, oder in Barcelona? Ob Nelly an ihn dachte, als sie hörte, dass ihre Flucht über die eine oder die andere der beiden Städte verlaufen sollte? Oskar Levy war seit dem vergangenen Jahr in England. Niendorf, ihre Familie, längst unerreichbar. Stockbesoffen sei sie gewesen – so Alma Mahler-Werfel –, als sie mit Heinrich in Marseille auftauchte: »Mein Geburtstag am 31. August bekam noch als Geschenk die Ankunft der Nelly Mann, die in Nizza gepackt hatte.« Und: »Sie war furchtbar erregt, sprang plötzlich auf den Balkon, um sich hinunterzustürzen.«[10] Am 4. September notierte Feuchtwanger, Nelly habe eine Szene gemacht, weil man noch nicht fort sei. Tatsächlich verschob Fry den Termin mehrmals und jedes Mal ohne Begründung.

Die Tschechen[11] – auch Golo und Werfels hatten tschechische Pässe – starteten ihre Flucht am 12. September gegen sechs Uhr in der Früh am Bahnhof St. Charles in Marseille. Mit dem Zug sollte es über Perpignan nach Cebère (Frankreich) gehen. Von dort aus wollte man am nächsten Tag um 14.30 Uhr nach Port-Bou (Spanien) fahren. Doch dann stellte sich heraus, dass Pässe und Affidavits nicht mehr genügten, es mussten auch Visa de Sortie vorliegen. Deshalb blieb nur noch die illegale Ausreise, der Weg über die Berge. Und zwar möglichst bald. Fry und Ball drängten zum Aufbruch. Heinrich Mann, Golo und Alma wollten sofort los, aber Nelly zögerte. Sie hielt Fry für einen Spion und sagte das auch laut. Als er ihr signalisierte, dass er gut genug Deutsch könne, um sie zu verstehen, lief sie blutrot an und hielt den Mund.

Dann: »Franz Werfel wandte plötzlich ein, es sei Freitag der Dreizehnte. Er fing an zu zittern und stammelte etwas davon, dass dies ein Unglückstag sei und man besser bis morgen warten solle. Alma unterbrach ihren Mann ›Das ist Unsinn, Franz‹, wonach der in tiefes Schweigen verfiel.«[12] So notierte es Varian Fry; doch wer würde das lesen? Alma gefiel es, in ihren Memoiren *Mein Leben* diese Abergläubigkeit Nelly unterzuschieben. Und Golo übernahm ihre Version in seinen *Erinnerungen und Gedanken*.[13]

Die Nerven aufreibende Verzögerung könnte damit zusammenhängen, dass Varian Fry es inzwischen für besser hielt, dass der prominente Heinrich Mann Frankreich unter falschem Namen verließ. Falsche Pässe waren jedoch knapp; sie kamen unter anderem vom polnischen Konsul in Marseille, vom litauischen Konsul in Aix-en-Provence und auch von Vochoč. Woher auch immer die amerikanischen Papiere kamen, mit denen Heinrich und Nelly schließlich als Mr. und Mrs. Ludwig die Grenze überschritten, es scheint, als habe man auf sie warten müssen. Die beiden mussten alle Hinweise auf ihre Identität aus dem, was sie an und bei sich trugen, entfernen. Ihre tschechischen Pässe nahm Fry selbst an sich, bevor es losging.

Richard Ball begleitete die Gruppe bis zum Gipfel der Bergkuppe. Er sah von dort, wie Franz und Alma (in ihrer Tasche Originalpartituren von Bruckner, Schmuck und Geld, die vielen Koffer brachte Fry, der gültige Ausreisepapiere besaß, mit dem Zug nach, den sie ursprünglich hatten nehmen wollen)[14] in der flirrenden Hitze davon eilten, während Nelly und Heinrich, der gestützt werden musste, weit zurückgeblieben waren. Und er sah Golo, wie er den staubigen Ziegenpfad entlang zwischen Steinen und Dornbüschen hin und her hastete, um den Weg und Tante samt Onkel nicht zu verlieren. Schließlich fanden sich alle auf einer schmalen Wandbank in der spanischen Grenzstelle wieder, wo die Abwicklung der Einreiseformalitäten durch Zuzahlungen in Zigarettenwährung beschleunigt wurde. Da saßen sie also. Alma mit Franz und Tascheninhalt ganz bei sich. Nelly hingen die Strümpfe in Fetzen von den blutenden Waden; Heinrich war ihr dankbar, aber nicht ganz sicher, ob er wirklich da sein wollte, wo er sich nun, mit ihrer Hilfe, befand. Wie hatte er noch gesagt, bevor es losging? »Mir ist so mies […]. Die ganze Richtung gefällt mir nicht.«[15] Golo las scheinbar seelenruhig in einem Buch.[16] Tragisch: Die ganze Schinderei wäre nicht nötig gewesen, denn seit dem 12. September lagen in Vichy Ausreisevisa bereit, für alle Manns und Werfels. Konsul Vochoč hatte auch das erreicht.

Ein Auto brachte »Mrs. und Mr. Ludwig« von Port-Bou nach Barcelona und ausgerechnet eine Maschine der Lufthansa von dort nach Lissabon, wo sie am 18. September eintrafen. Auch Werfels kamen mit dem Flugzeug, allerdings über Madrid. Und Golo mit dem Nachtzug. Man stelle sich vor: Nach dem vom Bürgerkrieg gezeichneten Barcelona nun, im Herbst 1940, Lissabon. Nachts verdunkelt, aber am Tag sehr lebendig. Die Stadt quillt über von Menschen. Hotels, Cafés, Restaurants sind überfüllt. Flüchtlinge aus dem gesamten Machtbereich der Nationalsozialisten, denen Diktator Antonio Salazar ziemlich umstandslos dreißig Tage im neutralen Portugal zugesteht, um ihre Ausreise zu regeln, tummeln sich, um in Europas letztem freien Überseehafen Plätze für die Passage zu ergattern. Hilfsorganisationen haben ihre europäischen Zentralen nach Lissabon verlegt, und auch die Geheimdienste sind hier höchst aktiv. Unterwegs in diesem Chaos Nelly, um für sich und Heinrich zu sichern, was fast alle wollen: einen Platz zum Schlafen, etwas zu essen, die Überfahrt, mit möglichst vollständigem Gepäck. Viel ausländisches Geld ist im Umlauf, das macht es nicht einfacher. Aber Manns und Werfels können mithalten: Am 4. Oktober gehen sie an Bord der »Nea Hellas«.[17]

Krieg es Alma noch in Marseille und auch in Lissabon geglückt, unter durchaus angenehmen Bedingungen zu fliehen, hatte sie während der neun Tage dauernden Seereise reichlich Gründe, sich über das schlechte Preis-Leistungs-Verhältnis zu beklagen: Die Billetts waren teuer, das Essen »miserabel«, »verdorben«,

»einfach ekelhaft«, der Speisesaal »verwahrlost«.[18] Anderen war das offenbar völlig egal: »Heinrich Mann blieb in seiner Kabine, weil ihm schlecht war. Auch war er nach wie vor böse auf die Welt. Als sein Neffe Golo ihn aufsuchte, lag er im Bett und zeichnete gerade Weiber mit großen Busen, manchmal auch nur letztere allein.«[19] Was für ein Halt und Trost für den zwischen Hölle und Tod dahintreibenden alten Mann. Was für ein Anblick für Nelly, wohl wissend, dass sie realiter für diese Phantasien einzustehen hatte. Hölle und Tod, auch für sie. Ihr Halt und Trost? Vermutlich das »Kleinbürgerliche«, die Drogen ... sie werden ihr wenig geholfen haben.

Mit Sorgfalt machte sie sich für den Empfang in der Neuen Welt zurecht. Jedoch ihre Panik ließ sich nicht vertuschen. Das grandiose Schauspiel des Einlaufens in den Hafen mit Blick auf Manhattan, sie genoss es, im Gegensatz zu Alma, ganz und gar nicht. Auch nicht die Belagerung durch Reporter, die mit Fotoapparaten und Mikrofonen bewaffnet Jagd auf Prominenz unter den Flüchtlingen machten. Die New York Times brachte am nächsten Tag ein Foto von Franz Werfel ohne Alma, und eins von Heinrich Mann mit Nelly. Und noch ein Bild gibt es: Heinrich mit demjenigen, auf den es ankam in Amerika, mit Thomas. Der war von Princeton her gekommen und stand am 13. Oktober pünktlich um neun Uhr am Dock in Hoboken. Die Anwesenheit der »Mrs.« minderte ein wenig seine »Genugtuung« über die Rettung von Sohn und Bruder. Nach langwierigen Formalitäten: »Endlich Abfahrt ins [Hotel] Bedford«, legendäre Anlaufstelle der Mitglieder der Familie Mann, wo ein Tageszimmer reserviert war. Dort kurze Entspannung und erste Gespräche. Noch am selben Tag: »einholen« nach Princeton, »Abendessen mit Heinrich und Golo, da Shenstones sich zurückhielten«.[20] Wie entlarvend, die Abwesenheit der Shenstones zu begründen und die Anwesenheit Nellys zu übergehen. Oder sollte sie nicht dabei gewesen sein? Thomas Mann als Tagebuchschreiber kann überraschend gut verdrängen und verschweigen, was sich nicht in sein Bild von sich selbst fügen will. Was Nelly betraf, war er hilflos. Er konnte sie einfach nicht ertragen. Ihre offensive Weiblichkeit, die nicht durch Disziplin, Bildung, Manieren oder sonstwas gebändigt war, überforderte ihn, einen Mann mit Disziplin, Bildung, Manieren ... Sollte Heinrich den Bruder durchschaut haben, würde das einiges an seinem Verhalten erklären. In seinem Festhalten an Nelly gegenüber Thomas' Familie und Freundeskreis, gerade auch über ihren Tod hinaus, lag durchaus etwas Genießerisch-Provokantes.

Princeton, Stockton Street 65: »[...] ein großes, sicherlich von einem Engländer erbautes Haus, denn es ist – bis auf die nachträglich eingebauten Badezimmer – feinstes early Victorian. Sogar ein conservatory ist darin.«[21] Das war doch was, sich Sohn und Bruder so präsentieren zu können. Gastprofessor und Ehrendoktor der Universität, einen – und was für einen! Einstein! – Nobelpreisträgerkollegen zum Nachbarn. Und Freunde wie die erwähnten Shenstones, er Princeton-Professor, sie Schreibarbeiten für Thomas Mann verrichtend. Und sollte zwischen ihr, Molly, und Katia eine ganz spezielle Beziehung bestanden haben, eine von der Art, die Thomas sehr gut nachvollziehen konnte, so war das kein Widerspruch zum frühviktorianischen Ambiente. Wenn Nelly und Heinrich etwas in der Richtung auffiel, blieb es unkommentiert.

Wenigstens einmal in jenem Oktober 1940, am Sechzehnten muss das gewesen sein, verließen die beiden das beschauliche Princeton und fuhren in die Stadt, nach New York. Sie holten dort Ersatzpässe, sie hatten ihre ja vor der Flucht Fry übergeben, und Heinrich Mann schloss einen Jahresvertrag mit dem Literaturagenten Horch ab. Außerdem besuchten sie ihre Freunde Eva und Julius Lips, politisch überkorrekte Exilanten und wissenschaftlich hochrangige Ethnologen, die nun in Amerika forschten und Karriere machen würden. Ihnen wäre es nicht im Traum eingefallen, sich über Nelly lustig zu machen. Im Gegenteil, sie schätzten sie sehr. Mutterseelenallein könne man sich in dem großen New York fühlen, meinte Nelly. Und würde doch bald lieber dort oder sonstwo sein, als weiter im Cluster der Literaten-Emigranten zu leben.

Jetzt stand sie noch ganz unter dem Eindruck der neuntägigen Reise in einem schäbigen Schiff. In der Kabine Heinrich, draußen Golo und Werfels. So anstrengend. Und wenn man sich von ihnen entfernte: nur Himmel und Wasser, Tag und Nacht. Wie riskant die Fahrt übers Meer gewesen war, begriff sie erst jetzt. Thomas' und Katias mittlere Tochter hatte nach nur eineinhalb Jahren Ehe ihren Mann verloren: Die »City of Benares«, die Monika und Jenö Lányi aus dem von deutschen Luftangriffen überzogenen England nach Kanada bringen sollte, war nach nur 630 Seemeilen Fahrt von einem deutschen U-Boot versenkt worden. Die meisten Passagiere entkamen dem eiskalten, sturmgepeitschten Nordatlantik nicht. Über 300 Meilen mussten die Retter in einem Motorschiff zurücklegen, bis sie am Unglücksort waren. Von den etwa 400 Menschen an Bord konnten sie 160 bergen; darunter ein gutes Dutzend Kinder von insgesamt 90, sie hatten die schlechtesten Chancen. Monika überlebte traumatisiert, ihr Mann ertrank quasi vor ihren Augen. Nach Hospital- und kurzem Landaufenthalt bei einer Freundin trat sie erneut eine, jetzt von Erika (die ein Flugzeug nahm) arrangierte, Schiffsreise nach New York an. Am 28. Oktober fuhr Katia von Princeton zum Hafen, um die junge Witwe heimzuholen. Thomas dazu im Tagebuch: »Mönchen zart-wohlauf. Rührende Bilder von ihr u. K. in den Blättern.«

Drei Tage später: »Mit Heinrich und K. gefrühstückt. Die Seine fuhr morgens nach N.Y. voran.« Kann man davon ausgehen, das auch Nelly an der bevorstehenden großen Abendveranstaltung im Hotel Commodore teilnahm? Eher nicht. Thomas Mann notierte in seinem Tagebuch als Anwesende unter anderen Heinrich, Erika, Klaus, Golo. Eins der vielen Komitees, prodemokratisch, antifaschistisch, hatte geladen, Geld sollte gesammelt werden, ein Manifest wurde verlesen: City of Man, Idee Guiseppe Antonio Borghese, Thomas' und Katias Schwiegersohn, Elisabeths Ehemann. Dresscode: Smoking. Auftritt Thomas (der ein Zimmer für Ehrengäste bekam und »vom Präsidenten in Washington«[22] ans Telefon gerufen wurde). Ausklang des Abends mit Freunden und Familie in der Bar des Bedford-Hotels. Am nächsten Tag nahmen Nelly und Heinrich den Zug nach Los Angeles. Wunderbar war diese Reise, aber das Essen eine Katastrophe! Beide erschraken über harte herausgeschnittene Salatviertel, »von einer ›iceberg‹ genannten Pflanze herrührend«, die mit einer »schrecklichen orangenen Sauce bedeckt waren«, aus ihnen unerfindlichen Gründen ausgerechnet »French dressing« genannt.[23] Heinrich musste, das hatte ihm aus Europa herausgeholfen und die Einreiseerlaubnis in die USA verschafft, mit seiner Arbeit als Drehbuchautor der Warner Brothers Pictures, Inc. beginnen. Seine Stücke fürs Theater, der erfolgreiche Film *Der Blaue Engel*, er hatte doch Erfahrung. Und Nelly würde ihm helfen. Ruhm für ihn, und ja, ein schönes Haus für sie beide. Sie als Heinrichs Ehefrau so anerkannt wie Katia an Thomas' Seite … Die Arrangements waren getroffen: Im ersten Jahr würde er, wie viele andere, als Scriptwriter arbeiten. Tatsächlich waren die hundert Dollar pro Woche eine Art Einkommensgarantie, verbunden mit der Chance, ein erfolgreiches Drehbuch abzuliefern. Und mit genügend Zeit für eigene Publikationen. Das konnte doch nur gut gehen. Oder?

VIII. KAPITEL

»Wie habe ich mir Amerika anders gedacht.«[1]

»[…] Kalifornien – Kulisse des Abenteuers *Freiheit*. Los Angeles der Komplex L. A. – eine unfertige Landschaft. Neigung zum Unsinnigen. Allein das Raumschwelgerische. Fahren. Fahren. Der *Highway*, ein Riß durch Sand und Unendlichkeit mit dem vorsintflutlichen Getier. *Rattle Snakes, Black Widows.* Aus parkenden Autos holt sich der Bär, was zu holen ist. Sektierer, Geisterbeschwörer, Mirakelmänner klopfen an die Türen der willkürlich verstreuten Bungalows, die meist offenstehen. *Sunset Boulevard*: eine Lastwagen-Kolonne, vollgestopft mit Pampelmusen, groß wie Kinderköpfe. […] In ein Meer roter Blumen werden Pfähle eingesetzt – Alma Mahler wünscht hier zu schaukeln. Hilfskomitees werden gegründet. Therapeutische Studios eröffnet. Dichter und Geheimräte erlernen das Jockey-Reiten oder gehen stempeln. Thomas Mann (im Rennwagen *down town* befördert) funkt seine beschwörenden Worte nach D. Vor einem *Drive-In* mitten auf der Strecke ein Orangutan im Frack auf Stelzen (er hält Pornographie und Zigarren feil). […] Wo viel Raum ist, ist viel Gleichzeitigkeit. Das Ereignis seiner Schwere beraubend. […] Wie groß die Menschen hier sind! Und freundlich. Aber schon vorbei. Kein Stillstand. Der Tag hat keine Geschlossenheit. Das Leben keine Konturen. Viel Vages in der Luft. […] Heinrich Mann – er ist Franzose, wird in Mexiko gedruckt, seine Frau ist betrunken, sein *Blauer Engel* ist tot, er fährt nicht Auto – steht bei Nacht im Feuer der

Scheinwerfer am Saum des fünfspurigen Autostroms, als sage er – Ich beliebe hier zu stehen.«[2]

So verrückt, wie Monika Lányi-Mann Los Angeles beschrieb, muss die Stadtlandschaft den Neuankömmlingen aus Europa tatsächlich erschienen sein. Da war das Fremde und das nur zu Vertraute: Wieder sah sich die von Thomas Mann so genannte »Emigranten-Inzucht«,[3] die sich von der Côte d'Azur hierher bewegt hatte, einem Neuanfang ausgesetzt, der abermals Gewinner und Verlierer der Situation voneinander trennen würde. Nelly blieb bei ihrer Strategie: Widrigkeiten herunterspielen, möglichst nicht beim Namen nennen, pragmatisch erscheinen, wenigstens gute Stimmung machen. Prinzipiell passend; andererseits wusste sie längst, dass sie nicht in der Lage war, das durchzuhalten.

Ankunft in Los Angeles, vermutlich am 6. November 1940. Am Bahnhof stand Bruno Frank. Bei ihm, Beverly Hills, 513 North Camden Drive, kamen Nelly und Heinrich zunächst unter. Anschließend, noch im November: Hollywood, 1746 North Cherokee, Canterbury House, vielleicht ein Hotel. Durchgangsstationen. Im Dezember dann ließen sie sich elegante Visitenkarten drucken: Beverly Hills, 264 Doheny Drive. Sie bezogen dort die erste richtige Wohnung, wohl noch möbliert. Und günstig gelegen zwischen den Filmstudios und den Residenzen der besserverdienenden Exilanten, die sich in die Hügel mit Meerblick verzogen hatten und deren Einladungen zu erwarten waren. Ein Jahr blieben sie dort. Als Heinrichs Vertrag mit Warner nicht verlängert wurde, konnten sie sich diese Wohnung nicht mehr leisten. Vor dem Auszug bekam Nelly »infolge Überhebung einen inneren Bluterguss«. Sie kam ins Hospital. Zu ihrer Beruhigung nahmen die Nachbarn von Nr. 268 Heinrich bei sich auf; er bekam das Zimmer der Tochter, und die Hausfrau kochte französische Gerichte für ihn.[4] Ende 1941 hieß es West Hollywood, 481 South Holt Avenue.[5] Nelly kaufte Möbel auf Kredit: eine Gartenbank, einen Rohrsessel, einen Veloursteppich, einen kleineren Teppich, ein Bett mit Sprungrahmen und Matratze, zwei Nachtschränke, drei Kissen, zwei Decken, zwei Bettdecken, einen Schreibtisch mit Schublade, einen Sessel.[6] Dafür waren an jedem Monatsfünften 13,50 Dollar fällig. Bescheiden. Schon im April 1942 zogen sie erneut um, in ein kleines Haus, genauer gesagt Teil eines größeren Gebäudes am Swall Drive 301–303 1/2. Bert Brecht, selbst miserabel wohnend, empörte sich: »Die zwei sitzen in einer sehr kleinen, stickigen villa ohne garten in hollywood mit billigen möbeln«,[7] und verglich dieses Logis mit den Verhältnissen, in denen Heinrichs Bruder lebte. Er war nicht der Einzige.

Über seinen Finanzstatus gab Thomas Mann am 5. März 1941 in einem Formular Auskunft, das »Affidavit of Support«[8] überschrieben war. Sein jährliches Einkommen betrage »about $16 000«, sein Kontostand 11 192 Dollar. Dazu komme eine Immobilie im Wert von 6000 Dollar in Los Angeles, eingetragen ins Grundbuch 17881, Seite 86. Er bürgte damit für Heinrich, um ihm die legale Einreise mit den für einen dauerhaften Aufenthalt gesetzlich vorgeschriebenen Einwanderungspapieren zu ermöglichen. Sein Bruder hatte am 23. Februar 1941 brieflich darum gebeten – nicht nur für sich, sondern auch für Nelly. Doch Thomas Mann, der anderen Exilanten gegenüber durchaus großzügig sein konnte, verweigerte die Erklärung, dass er in der Lage und bereit sei, bei Bedarf auch für die Frau seines Bruders einzustehen! Eine Ohrfeige, die auch Heinrich traf, der sie durch die eilige Versicherung abfing, Nelly habe längst selbst daran gedacht, ihre Verwandten darum zu bitten. Elsa, Nellys drei Jahre ältere Schwester, lebte mit ihrem Mann und zwei Söhnen inzwischen in Johnstown, Pennsylvania, von dem, was Willi Bodenhagen dort als Maschinist in der Stahlindustrie verdiente. Sie waren bereit, die erforderliche Bürgschaftserklärung abzugeben. Jetzt konnten, so die Angaben auf ihren Papieren, Nelly Emmy Johanna, blond, graublaue Augen, knapp 1,68 m groß, 158 Pfund schwer, und Heinrich Ludwig Mann, graue Haare, hellblaue

Augen, gut 1,70 m groß, 185 Pfund schwer, am 29. März 1941 von Mexiko (Tijuana) nach Kalifornien (San Ysidro) einreisen. Sie erfüllten damit eine wichtige Voraussetzung für die am 22. Mai erteilte unbefristete Genehmigung zum Aufenthalt in den USA.[9]

Noch ganz im Bewusstsein seiner Bedeutung in Europa hatte Heinrich bei Warner Bros. begonnen. So ließ er, kaum in Hollywood angekommen, Thomas am 16. November 1940 wissen, er werde »vielleicht schon morgen« ein »›Bureau‹ im Studio beziehen müssen, um die Zeit von 10 bis 1 mit Beratungen und Plaudereien zu verlieren. Natürlich will jeder, der einen Film laufen hat, dass ich ihn ansehe. Ich sehe an und spreche. Allenfalls könnte ich sprechen, ohne gesehen zu haben.« In Wirklichkeit wollte niemand etwas von Heinrich Mann wissen, was er während der Zeit im »Bureau« tat, war völlig gleichgültig. Er schrieb auch: »Die Sorge um das Haus und den Wagen liegen auf meiner Frau …«,[10] und das war tatsächlich so. Während er sich ohne nennenswerten Widerstand dem Kummer überließ, seine schriftstellerischen Wurzeln nicht mehr in den vertrauten Humus graben zu können, blieb der große Rest für Nelly. Seine »Honorare« empfing er wie andere Emigranten vom European Film Fund; sie waren, wie gesagt, kein Lohn für Leistung und wurden finanziert aus Spenden – von den Studios, aber auch von wirtschaftlich erfolgreichen Emigranten wie Lion Feuchtwanger oder Thomas Mann. Doch als Ende 1941 das Skriptwriter-Jahr vorüber war, hatte Heinrich Mann es nicht vermocht, sich durch ein Drehbuch oder sonstwie zu etablieren. Von der Option, den Vertrag um zwei Jahre zu verlängern, bei wöchentlichen Einkünften bis zu 300 Dollar, war keinen Augenblick mehr die Rede. Nun musste es bergab gehen.

Doch erst einmal erlebte Heinrich Mann den Höhepunkt seiner Amerika-Zeit: Ein großes Fest zu seinem Geburtstag. Die Hoffnung war noch nicht völlig geschwunden und die Geborgenheit im Kreis der Emigranten noch spürbar – oder war es schon Mitleid? Am 27. März 1941 wurde er siebzig Jahre alt. Eine Woche zuvor telegrafierte Thomas: »Lieber Heinrich Ein arges Dilemma Berkley bot mir zur Begrueßung den Dr. juris an anlaeßlich ihres Akademischen Tages genau am 27. Stop Ich lehnte ab aber sie insistierten derart daß es schwer und aus verschiedenen Gruenden selbst bedenklich waere sie durch hartnaeckige Weigerung vor den Kopf zu stoßen Stop Wie macht man es unter diesen Umstaenden mit dem Geburtstags-Dinner Stop Ich hoere es soll in einem Privathaus und eher intimen Kreise stattfinden hoere auch daß Du nicht gerade großes Gewicht darauf legst Stop Schieben wir es auf mueßte es gleich um 10 bis 14 Tage sein weil ich im noerdlichen Californien weitere Verpflichtungen habe Stop Wuerde schmerzlich bedauern fehlen zu muessen wuerde aber voellig verstehen [...]«[11]

Was sollte Heinrich zu dieser nächsten kleinen Ohrfeige sagen? Er würde sich daran gewöhnen müssen, so etwas einzustecken. Die Feier wurde also verschoben. Sie fand am 2. Mai 1941 in Salka Viertels Haus in der Mabery Road in Santa Monica statt und sollte ein Meilenstein in der Geschichte von »The New Weimar« werden. Da saßen um eine zur Tafel festlich herausgeputzte Ping-Pong-Platte[12] Thomas Mann, Lion Feuchtwanger, Franz Werfel, Alfred Döblin, Ludwig Marcuse, Bruno Frank, Alfred Neumann, Alfred Polgar, Gottfried Reinhardt, Walter Mehring ... Man frage nicht nach den anwesenden Frauen, keiner der Chronisten fand sie erwähnenswert. Aus ihren Darstellungen ist aber sicher die Anwesenheit Marta Feuchtwangers und Liesl Franks herauszulesen, auch Katia Mann wird wohl da gewesen sein. Wer eingeladen wurde und wie die Tischordnung auszusehen hatte, war kein geringes Problem für die Gastgeberin. Salka Viertel hatte Lion Feuchtwanger und Liesl Frank gebeten, eine Gästeliste anzufertigen, die sie Nelly zum Absegnen vorlegen wollte. Doch Nelly und Alma Mahler-Werfel lagen gerade in Fehde, und Nelly lehnte jeden ab, der freundschaftlich mit Werfels verkehrte. Schließlich wurden zum »Dinner für Heinrich und Nelly Mann«[13] fünfundvierzig Gäste geladen, zu einem ganz und gar europäischen Vorkriegs-Festmahl.

Schildkrötensuppe
Forellen à la meunière
Petersilienkartoffeln
1934 Gewürztraminer

Medaillon von Milchkalb- und
Rinderfilet in Burgundersauce
Pommes Frites
1935 Pommard

Spargel in Mayonnaise

Charlotte surprise
mit getrüffelter Schokolade
Melone
Käseplatte

Salka saß als Gastgeberin zwischen Heinrich und Thomas Mann, ihr gegenüber Nelly, »towering over the very small Feuchtwanger on her right«,[14] zu ihrer Linken Franz Werfel als Tischherr, die anderen nach Alter und Prominenz geordnet. Berthold Viertel, Salkas abwesender Ehemann, hatte ein Telegramm geschickt, das zur Eröffnung des Festes verlesen werden sollte, es traf allerdings erst nach dem Essen ein. Die Reden von Thomas und Heinrich Mann – grotesk förmlich unter Brüdern – wie auch die Lion Feuchtwangers zogen sich hin, so lange, bis das Rinderfilet verdarb. Als Marta Feuchtwanger, die das unbehagliche Gefühl überkam, Frau Heinrich Mann sei noch nicht einmal erwähnt worden, einen Toast auf diese ausbrachte, in dem sie die Flucht aus Frankreich erwähnte und Nellys Verdienst, dem Jubilar über den Berg geholfen zu haben, und die Gäste sich Nelly zuwandten, um auf sie anzustoßen, da hatte Nelly ihr Gesicht in den Händen verborgen – und lachte! Ihr rotes Kleid aus alten, besseren Zeiten war über der Brust eingerissen, ihre Spitzenunterwäsche sichtbar. Größte Verlegenheit und eine klassische Übersprungsreaktion.

Indirekt hatte Lion Feuchtwanger sie in seiner Geburtstagsrede doch gewürdigt: »Er [Heinrich Mann] hat [...] im Rahmen dieses Werkes [Henry IV] die schönste und stärkste Liebesgeschichte geschrieben, die ein Deutscher in unserem Jahrhundert geschrieben hat, die Geschichte der romantischen und realistischen Liebe dieses Heinrich zu Gabrielle d'Estrées.« Und so hatte Heinrich Mann seine Gabrielle, seine Nelly, beschrieben: »[...] ihr Haar ist reines Gold, heller als hier das Licht auf den Blättern glänzt. Ihre Augen haben die Farbe des Himmels. [...] Ihre Wimpern sind braun, ihre schwarzen Brauen beschreiben zwei schwarze edel geschwungene Bogen. [...] Der König hörte von purpurnen Lippen, zwischen denen Perlen schimmern sollten; von Wangen wie Lilien und Rosen, [...] weiß ist der ganze Körper, der Busen aus Marmor, die Arme gehören einer Göttin, die Beine einer Nymphe. [...] Ihr Fuß schwebte hernieder. [...] Ihr Samtkleid war grün. [...] Eine ihrer Hände lag an ihrer Perlenschnur, über das Geländer glitt die andere, [...] jeder Schritt dies Wunder von Gehaltenheit, Gelöstheit, Spannung [...].«[15]

Die Nelly von 1941 war das nicht mehr. Im Januar war es ihr noch einigermaßen gut gegangen. Sie erkundigte sich nach dem Schicksal anderer; sie fragte Hermann Kesten nach Samuel Rottenberg und seiner Frau Salomea,[16] von denen sie seit Lissabon nichts gehört hatte, und: Ist Gerhart Hauptmann schon angekommen, wann kommt Marcu, ist Münzenberg tot, was ist mit Irmgard Keun? Außerdem war sie entschlossen, sich in der Autostadt Los Angeles fortbewegen zu können. Sie erbat sich dazu den mit reichlich Defekten geschlagenen Wagen, den Klaus Mann bei seinen Eltern abgestellt hatte, und der antwortete, sie möge mit dem kleinen Unhold machen, was ihr bequem und vorteilhaft erscheine. Also übte sie mit dem »grünen Albtraum« Auto fahren und bestand im September die Führerscheinprüfung.[17] Sie chauffierte Heinrich. Auch zu Thomas und Katia, die von der Ostküste an die Westküste übergesiedelt waren, zunächst in ein gemietetes Haus. Der Bauplatz für das eigene (die im Affidavit angegebene Immobilie) war aber unverzüglich erworben, Kontakte zu Architekten aufgenommen worden. Feuchtwangers Villa Aurora[18] im maurischen Stil am Paseo Miramar war in ihrer Art nicht leicht zu toppen, daher entschieden sich Thomas und Katia für ein modernes Wohnhaus. Raffiniert schlicht die Architektur, selbstverständlich mit Meerblick, in üppiger Größe. Sich im Kreis seiner großen Familie, Heinrich eingeschlossen, perfekt präsentieren zu können, das war Thomas Mann wichtig. Nelly war und blieb ihm und Katia ein Dorn im Auge: »Zum Thee zu Heinrich u. Frau in Beverly Hills. Schreckliche Trulle.«[19] Welche Erleichterung, wenn sie unsichtbar blieb, was immer mal wieder vorkam. Wie störend, wenn sie und Heinrich gerade da promenierten, wo er gestimmt war, den Anblick junger hübscher Männer am Pazifikstrand zu genießen, was die Frau an seiner Seite durchaus verstand.

Im April erhielt Nelly Unterschriftsvollmacht für Heinrichs Konten. Es war für ihn bequemer so, und sie war wild entschlossen, ihrem Mann nicht nur ein schönes Heim zu schaffen, ihn zu bekochen und zu chauffieren – von anderen, körperlichen, Annehmlichkeiten ist nicht mehr die Rede –, sondern ihn auch vom Geschäftlichen zu entlasten. Wie Katia Thomas eben. Auch bei der Arbeit wollte sie ihn unterstützen. Was mögen die beiden Ahnungslosen sich dabei gedacht haben, als sie das Experiment wagten, Nelly Heinrichs Rückblick von 1941 auf das Jahr 1939 abtippen zu lassen? Das Ergebnis war sehr fehlerhaft, seine Korrekturen halbherzig. Er zog schließlich doch einen anderen Weg vor, er beauftragte Erna Budzislawski, Exilantin und Schwägerin von Hermann Budzislawski, der wie Heinrich Mann in Berlin, Prag und Paris gewesen war sowie die Flucht über Portugal in die USA hinter sich hatte. Der Kontakt zu ihr war über Feuchtwanger zustande gekommen. Worauf sich Heinrich Mann gerade noch einlassen konnte: Sie sollte für ein Taschengeld und freie Verpflegung einige Vormittagsstunden für ihn arbeiten, eine Vereinbarung, die von beiden Seiten täglich aufgekündigt werden konnte. Vom 16. bis zum 27. Mai tippte Erna Budzislawski 160 Seiten und fühlte sich irgendwann unterbezahlt. Sie ließ deshalb eine Freundin zwei Tage vor Beendigung des Arbeitsverhältnisses ins Haus einsteigen, um zu holen, was ihr zustand, wie sie es begründete. 26 Dollar und 70 Cent und einen vergessenen Hutkarton wollte Frau Budzislawski an sich genommen haben, aber Nelly beklagte auch das Fehlen von Papieren. Die Budzislawski wandte sich an Katia, von der sie annahm, sie würde ihr gegen Nelly beistehen, denn natürlich wollte Heinrich mit dieser lästigen Sache nichts zu tun haben. Doch auch Katia wälzte das Problem ab und empfahl die gerichtliche Klärung. Hermann Budzislawski bezog eindeutig Stellung, er nannte seine Schwägerin in einem Brief an Nelly verlogen und charakterlos und entschuldigte sich stellvertretend. Den Kontakt zu ihr habe er längst abgebrochen.[20] Dennoch nahm Nellys Ausgrenzung durch die Affäre weiter zu. Feuchtwanger war ja durch seine Empfehlung ebenfalls involviert, und Heinrich mochte Einladungen in die Villa Aurora erst einmal nicht mehr annehmen, was Nelly zu kommunizieren hatte.

Sie versuchte sich derweil an einem neuen Kunststück. Andere Emigrantenehefrauen brillierten im Beschaffen von Bibliotheken – von neuen Büchern, oder, besser noch, des alten, in jahrelanger Arbeit zusammengetragenen Bestandes. Für Nelly war das auch eine Frage der Ehre, denn Heinrichs Exfrau hatte es 1933 mit Hilfe der tschechischen Gesandtschaft geschafft, seine Bücher von München nach Prag zu bringen. Um die acht Kisten, die sich im Depot der American Express Companie befanden,[21] auszulösen, hätte sie im Herbst 1941 etwa 125 Dollar gebraucht. Geld, das sie nicht hatte. Letztlich würden Feuchtwanger und Kantorowicz dafür sammeln, dass Heinrich Mann seine Bücher wiederbekäme. Doch erst einmal klagte Nelly ihrer Freundin

Salomea Rottenberg: »Uns geht es einfach schlecht; aber ich bemuehe mich weiter, etwas zu finden, was meinem Mann das weiterarbeiten ermoeglichen koennte.« Drei Monate habe der Verleger Knopf eins der beiden fertigen Bücher zur Begutachtung gehabt, ehe er Bereitschaft gezeigt habe, es »anzunehmen unter vielen Bedingungen und Aenderungen. Das lehnte Heinrich Mann ab, er glaubte als Schriftsteller [...] genug zu wissen, was er zu schreiben hat! Und ich gebe ihm recht. [...] Ich verzweifle bald. Haette ich 5000 Dollar, koennte ich eine sehr gute Existenz kaufen, und damit ermoeglichen, dass Heinrich Mann arbeiten kann [...]. Jetzt ist uns nicht moeglich das Essen für morgen zu beschaffen. Wie kann man da arbeiten. Meine sämtlichen Schmucksachen sind hin.«[22] »Jetzt sind wir auf dem Gefrierpunkt. Dass man H.M. alle oeffentlichen Aemter und Ehrentitel still nahm, war wohl das Werk meiner Schwägerin, die in H.M. einen Rivalen und Konkurrenten ihres Mannes erblickte. [...] Liebe Salomea, was wir an Schmutzigkeiten von juedischen Kollegen, die frueher einmal taten, als ob verehrten sie H.M. hier erduldet haben. Das ist ein Golgatha! Wir sind allerdings die einzigen Christen, die nach hier emigrierten [...].«[23] Da ging einiges mit Nelly durch und durcheinander, das merkte sie wohl und entschuldigte sich am Ende des Briefes. Einen klagte sie nie an, wie schlecht sie sich auch fühlte: Heinrich Mann. Unter den Brieffragmenten findet sich auch dieses: »Mein Mann ist stolz u. gerade. Der Mensch, der noch nie gelogen hat, weiss gar nicht, wie schlecht die Menschheit in Wirklichkeit ist!!!! Er sagt immer: tue Recht und scheue Niemand! Damit steckt er Alles ein.« Und: »Wie habe ich mir Amerika anders gedacht.«[24]

Schon im September war das kommende finanzielle Desaster absehbar gewesen. Um den 4. November 1941 herum, als der Vertrag mit Warner auslief, offenbarte sich das ganze Elend. Das Geld reichte gerade noch, um die Miete bis zum 1. Dezember zu bezahlen. An diesem Tag mussten die gerade erst auf Pump gekauften Möbel verpfändet werden, um die weitere Existenz zu sichern. Eine gewagte Transaktion, dafür war Nelly immer gut. Aber gerade deshalb hieß es den Schein wahren, und das ging nicht ohne private Einladungen. Was sich am Mittelmeer bevorzugt in Cafés abgespielt hatte, wurde in Los Angeles in die Privathäuser verlegt, wo das alte Europa in allen Ecken steckte und die Neue Welt keinen Zugang hatte! Klaus Mann gratulierte Nelly zur »buchenswerte[n] Party«, als deren Geldnot schon erdrückend war. Vielleicht war »ma tante« der Illusion erlegen, ein von der Guggenheim-Foundation ausgeschriebenes Stipendium würde bald monatlich 200 Dollar einbringen, oder der »liebe und verehrte Onkel Heinrich«[25] hatte keinen Zweifel daran, dass seine persönlichen Bemühungen, seine Werke zu vermarkten – die alten und die beiden neuen –, letzten Endes erfolgreich sein würden. Am 29. November jedenfalls dürften Bruder und Schwägerin Thomas Mann für einen Scheck über 500 Dollar sehr dankbar gewesen sein.

Nellys wichtigste Brieffreundin in dieser Zeit war die schon erwähnte Salomea Rottenberg. Diese Frau, sie kannte und schätzte Nelly wenigstens seit 1937, stand schon lange in engstem Kontakt mit literarischen Zirkeln, zunächst in Wien, dann in Paris. Herr und Frau Rottenberg wurden französische Staatsbürger; einer ihrer beiden Söhne fiel als französischer Soldat, der andere blieb vermisst. Wie Nelly ging auch Salomea mit ihrem, von den Schicksalsschlägen gesundheitlich zerrütteten, Ehemann ins Exil nach Amerika. Die beiden blieben in New York hängen. Was hatte dieses Paar nicht alles verloren, dennoch waren beide weiterhin bereit, nach ihren Möglichkeiten zu helfen. Jeden Monat schickten sie Geld an den Schutzverband deutscher Schriftsteller. Vielen Intellektuellen, jungen und alten, ließen sie Unterstützung zukommen. Auch für Heinrich Mann wollte Salomea, die erschütternd Prinzipientreue, etwas tun. Es gelang ihr tatsächlich, ihm eine kleine Verdienstmöglichkeit zu verschaffen, doch er schmetterte sie ab: Einen Zeitungsartikel könne er gerade nicht schreiben, ließ er sie am vorletzten Tag des Jahres 1941 wissen, das Nelly als das traurigste ihres Lebens bezeichnete. Wie muss ihr zumute gewesen sein, als sie zu Beginn des neuen diesen Brief aus New York in Händen hielt: »Wie wenige Paare gibt es doch, denen man als ›team‹ schreibt und die man als genau solch eine zweitürmige Festung empfindet wie man selber ist«, Eva Lips dankte auf die ihr eigene Weise für den Weihnachtsbrief der Freunde, »der mehr Geist, mehr Leben, mehr Schmerz und mehr Tapferkeit enthielt, als alles, was wir seit Monaten gelesen haben. Wir lasen von Krankheit und Überwindung, von ›Arbeitenmüssen‹ und der Hölle Hollywood, und das alles gipfelte in einer Huldigung an andere. [...] Herrlicheres, scheint mir, konnte die Festung Heinrich und Nelly Mann, der Welt an Siegverheißendem nicht entgegenfeuern als das objektive Anerkennen anderer, das Leiden mit anderen [...].«[26]

Nach New York zu gehen, dorthin, wo wohlmeinende, gradlinige Menschen waren wie Rottenbergs und Lipsens, denen es auch nicht gut ging und denen man in dieser Beziehung nichts vormachen musste, wäre in den ersten Monaten des Jahres 1942 vielleicht eine Lösung gewesen, allein diese Option hatten Nelly und Heinrich nicht. Der Plan, alle Habe in ein Auto zu packen, an die Ostküste zu fahren und das Auto dort zu verkaufen, um von dem Erlös die erste Zeit zu leben, blieb ein Gedankenspiel. Was mit einer Zahnfistel begann – Nelly reagierte hysterisch und sah Heinrich zu dessen Verärgerung schon auf dem Sterbebett –, führte dazu, dass ihm alle Zähne gezogen wurden. Er brauchte ein künstliches Gebiss, das mindestens 225 Dollar kosten würde, bei Ratenzahlung noch mehr. Für Heinrich eingedenk der hohen Finanzierungskosten für den Nachfolger von Klaus' grünem Wägelchen (da bestand noch eine Restschuld von 300 Dollar) eine Angstpartie.

Inzwischen war Thomas dazu übergegangen, dem Bruder Schecks über kleinere Beträge zu schicken, die 500 Dollar waren zu schnell verbraucht gewesen. Doch die Schecks trafen nicht immer so ein, wie sie avisiert waren. Dann wurde Heinrich nervös, er fragte nach. Hatte Nelly, der Verdacht hing in der Luft, ihre Hände im Spiel? Nicht unbedingt. Die Post an Heinrich Mann wurde inzwischen abgefangen und für das FBI übersetzt. Das dauerte mal mehr, mal weniger lang, und der ein oder andere Brief mag dabei auch verloren gegangen sein. Eine andere Sache war, dass Nelly einen ungedeckten Scheck ausstellte. Vielleicht tat sie es unwissentlich, aber als sie Lion Feuchtwanger 50 geliehene Dollar zurückzahlen wollte, musste das Ehepaar Mann betroffen zur Kenntnis nehmen, dass sein Guthaben nicht ausreichte und dass ein weniger freundschaftlich gesinnter Gläubiger ihm erhebliche Schwierigkeiten hätte bereiten können. Auf der Bank erfuhren sie, dass ein normales und ein Überleitungskonto existierten, »die zwei stecken nebeneinander«, und »nun ist es ein Zufall, auf welches Konto das Auge des Beamten faellt. Trifft er das Rechte, bezahlt er, trifft er das Überleitungskonto mit einem Dollar, schickt er den Scheck zurück.«[27] Nelly bat darum, diese doppelte Kontoführung einzustellen. Aber sie blieb, wie auch Heinrich, verunsichert. So etwas konnte immer wieder passieren, man konnte alle möglichen Schwierigkeiten bekommen, wenn man aus seinen Erfahrungen mit der Genauigkeit der Preußen und der Lässigkeit der Franzosen nicht die richtigen Schlüsse für Amerika zog!

Kontakte zu Einheimischen, die das Eingewöhnen und das Kennenlernen der Gepflogenheiten und Vorschriften hätten erleichtern können, hatten die Exilanten generell kaum. Sie trafen entweder auf Dienstleister, wie die Angestellten von Immobilienmaklern, Versicherungen und Banken, die sich schwer in die Ratlosigkeit der Ausländer hineinversetzen konnten, oder auf die am Ende des Sunset Boulevards in Pacific Palisades ansässigen Fischhändler, Metzger, Weinlieferanten, Obst- und Gemüsehändler, die zwar ihre Tafeln bestückten, in alltäglichen Verfahrensfragen aber ebenso wenig hilfreich waren wie die ständig wechselnden Hausangestellten. Konsultierten sie Anwälte und Ärzte, dann bevorzugten sie nicht ohne Grund solche, die auch aus Europa stammten. (Selbst Thomas Manns Friseur kam aus Augsburg.)[28] Sekretärinnen bzw. Sekretäre waren nicht selten Verwandte von Freunden, mit denen man allerdings auch hereinfallen konnte, wie der Fall Erna Budzislawski zeigte. Heinrich und Nelly waren da eine Ausnahme, weil sie tatsächlich mit einigen Menschen außerhalb der beschriebenen Szene in Verbindung standen. Von ihren speziellen Freundinnen Nadine Appling und Ruth Akelian, von denen noch zu berichten sein wird, war jedoch in Bankangelegenheiten ganz sicher keine Hilfe zu erwarten.

Die Erkenntnis, dass er von seiner schriftstellerischen Arbeit nicht mehr leben konnte und in eine wirtschaftliche und eigentlich auch gesellschaftliche Abhängigkeit von seinem jüngeren Bruder geraten war, machte Heinrich Mann schwer zu schaffen. Aber es half nichts, er musste sich auch noch an den Literaturagenten wenden, der für Thomas Mann erfolgreich tätig war, an Barthold Fles in New York. Doch Fles konnte fast nichts für ihn tun. Der einzige Lichtblick: Der sowjetische Botschafter in den USA, Maxim Litwinow,[29] der vorgebliche oder tatsächliche Honorare des sowjetischen Staatsverlages zu überbringen pflegte, hatte einen nennenswerten Betrag angekündigt: 3000 Rubel (damals 750 Dollar). Auch hier hatte Thomas sich eingesetzt, mit seinen Beziehungen zu Roosevelt; ihn erreichte auch am 11. April die Nachricht, dass das Geld unterwegs sei. Als es am 15. noch nicht da war, offenbarte Heinrich dem Bruder seine andauernde Misere. Der las im Familienkreis den »ergreifenden Brief« des Bruders vor und schrieb erneut an Litwinow.

Aber auch Thomas Mann hatte seine Nöte. Als ehrgeiziger Bauherr und als Vater von sechs erwachsenen, aber finanziell mehr oder weniger von ihm abhängigen Kindern hatte er sich unter das Joch der Vortragsreisen und der Schöntuerei seiner großen Gönnerin Agnes Meyer gegenüber (an der Bissigkeit der Bemerkungen über sie in seinem Tagebuch kann man ablesen, wie schwer ihm das fiel) gebeugt. Das künftig auch für den

Bruder und gar noch für dessen »Weib« ertragen zu müssen, ging ihm über die Hutschnur. Sich verweigern? Unmöglich. Nicht nur Bert Brecht hatte ihn bereits kritisch ins Visier genommen. Wollte Thomas Rufschädigung vermeiden, musste er Heinrich unterstützen. Aber doch nicht Nelly! Der Zorn darüber, dass für dieses Problem nur unelegante Lösungen auszumachen waren, schlug sich in Thomas Manns Tagebuch nieder. Am 18. März: »Gräßliches Benehmen von Heinrichs Weib«; am 27. März: »von dem Köchinnengewäsch und Miaunzen gequält.« Am 1. April: »Desolate Aufführung des Weibes.«[30] Katia schrieb in diesen Tagen an Klaus:

»Auf Deinen baldigen Besuch rechnen wir ständig, und augenblicklich muss man ihn sogar als lebensnotwendig bezeichnen. Denn es ist ja so, dass zur Zeit der greise Ohm Heinerle Dein Zimmer inne hat, und wohl nur Deine bevorstehende Ankunft ihn aus demselben wird vert[r]eiben können. Wie es dazu kommen konnte, ist eine komplizierte Geschichte, eine Konspiration zwischen Eri und seinem Arzt mit dem Ziele, die vertrunkene Hüre zur Vorbereitung des Aufenthaltes dort nach dem Osten abzuschi[e]ben, während der angeblich (mir scheint es gar nicht so schlimm zu sein, und der Arzt ist sicher ein wichtigtuerischer Dummkopf, wie das ja öfters vorkommt), bedenklich verkalkte Onkel sich bei uns erholen sollte und die Trennung sicher so geniessen würde, dass er garnicht mehr zu dem verderblichen Stück zurückkehren werde wollen. Natürlich ist von all dem gar keine Rede. Sie ist überhaupt nicht vorausgefahren, was von ihrem Standpunkt aus völlig berechtigt ist, und er denkt auch nicht im Mindesten daran, sich von ihr trennen zu wollen, sondern erzählt beständig, was für eine herrliche Frau sie sei, wie sie ihm alles abnehme (Ha, Ha!), und treu bei ihm ausharre, obwohl sie es doch in D. so schön haben könne, wo ihre Familie bedeutende Fischereien und eigene Dampfboote besitze. Warum aber dann ein ernstes Leben, muss man fragen? Etwas erholen tut er sich ja immerhin in unserem friedlichen Sanatorium, was ihm zu gönnen ist, aber ein ziemliches Opfer unsererseits bleibt es doch, denn sowie er zurück ist, geht die Hölle ja wieder los, die sich bei uns in fortwährenden Anrufen manifestiert wegen des Missbetragens des Weibes, die in trunkenem Zustande überall randaliert, sodass sie gar nicht in ihrer Wohnung bleiben können. Da er hier ja nicht die geringsten Aussichten hat, hatten sie sich entschlossen, nach dem Osten zu gehen, schließlich könnte er in New York doch vielleicht eher wenigstens einmal einen Artikel anbringen, er hat doch auch verschiedene Verehrer dort, wie Kurt Rosenfeld[31] und da er Klima und Gegend hier durchaus nicht mag, und ein ausgesprochener Stadtmensch ist, würde er sich vielleicht dort besser fühlen. Ein trübes und unlösbares Problemata bleibt es, denn soviel, dass es nicht nur zu bescheidenem Leben, sondern auch für die Excesse des Weibes reicht, können wir ihm nie geben, und er wird aus den Schwierigkeiten und Katastrophen nicht herauskommen, die natürlich auch seine Gesundheit untergraben und sein Talent ruinieren, oder schon ruiniert haben.«[32]

Das war nun wirklich Pech. Mühevoll inszeniert, blieb das schöne Leben unter dem Dach des Bruders doch ohne Verlockung für Heinrich. Im Gegensatz zu Thomas' Prophezeiung, dass sie »Lunte riecht und sich wehren wird«,[33] hielt Nelly ihren Mann keineswegs zurück. Mehr noch: Sie machte am 27. April ihr Testament. Warum? Weil sie eine Einladung zu ihren Verwandten, den Bodenhagens, nach Rockwood, Pennsylvania, hatte? Oder zu Lipsens, zu Rottenbergs oder Harveys?[34] Weil die Möglichkeit bestand, dass sie sich tatsächlich allein auf die große Reise quer durch die USA, von der West- zur Ostküste, machen würde? Zu vererben hatte sie nicht viel, zu erwarten noch weniger. Das Auto vielleicht, das auf ihren Namen zugelassen war, es konnte Heinrich unter Umständen davor bewahren, gänzlich mittellos ausschließlich auf die Hilfe seines Bruders angewiesen zu sein. »I give and bequeath and devise all my estate whether consisting of real, personal or mixed property, which I may own and possess at the time of my decease to my beloved husband HEINRICH MANN.« Und: »I hereby declare that I have no issue of my body, and I expressly disinherit any person who may claim to be related to me except my beloved husband.«[35] Welcher auch Vollstrecker ihres Letzten Willens sein sollte, das unterschrieb Nelly. Jetzt hätten sie aufbrechen können. Aber Heinrich wollte nicht. Und sie allein wohl auch nicht. Also holte sie ihn am 9. Mai zurück ins Haus am Swall Drive. Und Thomas Mann, dem schon seine exponierte Stellung in der Emigrantengemeinde verbot, den wirtschaftlich glücklosen Bruder im Stich zu lassen, hatte weiterhin Grund, sich zu ärgern. Am 26. Juni darüber: »Heinrich und Frau zum Abendessen. Das Weib betrunken, laut und frech. Störte bei H's Vorlesung aus seiner szenischen Darstellung des Lebens Friedrichs II. Machte mich krank. Ist das letzte Mal hier gewesen. Zog mich ohne Abschied zurück.« Aber nicht ohne Kommentar: »Ruhe dahinten!«, hatte er in Richtung Nelly gerufen, und: »Das war wohl der Hund?«[36] Weder ihr noch ihm ist da etwas zu verdenken. Oder doch? Seiner Tochter gegenüber vermochte Thomas Mann toleranter zu sein: »Bedauerliches Sich-Übernehmen Erikas in Alkohol (mit der Mahler). Verträgt nichts, wohl auch unter dem Einfluß des Klimas, über dessen ermüdende Wirkung allgemein geklagt wird.«[37]

Ein Kreis ist auszumachen, innerhalb dessen man sich etwa alle vier Wochen einlud. Der Kern: Thomas mit Katia Mann, Ludwig (Schauspieler und Rezitator) und Giulia Hardt, Heinrich Mann und, als dessen Fahrerin unerlässlich, Nelly Mann. War sie nicht dazu in der Lage, musste Heinrich zu Hause bleiben. Nelly arbeitete jetzt in einer Wäscherei. Und Thomas zahlte nicht mehr direkt an den Bruder, sondern einen höheren Betrag an den European Film Fund, der auch früher dessen Honorare angewiesen hatte. So wurde die Demütigung abgemildert, und das Hin und Her ums Abschicken und Ankommen der Schecks belastete das Verhältnis der Brüder nicht mehr. Aber die Distanz zwischen beiden wurde größer. Die Emigranten beschäftigten sich inzwischen mit der Frage, wie nach dem sicher zu erwartenden Zusammenbruch des »Dritten Reiches« die Pfründe zu verteilen wären. Thomas Mann schien vielen unter ihnen für ein höheres Staatsamt prädestiniert. Heinrich Mann hingegen sahen sie nicht an exponierter Stelle: »Die eine Partei schimpft uns Kommunisten, die andere (das sind die deutsch-jüdischen Emigranten) schimpfen uns Nazis. Wir sind hier das einzige nicht-jüdische Emigrantenehepaar.« So Nellys Sicht. Tatsächlich würde es Ostberlin vorbehalten bleiben, Heinrich Mann für ein hohes Amt auszumachen, doch das sollte Nelly nicht mehr miterleben. Im August 1942 titulierte sie jedenfalls ihre Schwägerin Katia nicht ohne Bitterkeit als künftige »Reichspräsidentin«.

Nelly an Salomea Rottenberg: »Wenigstens die Sonne haben wir immer und umsonst. Wenn Sie leben wie wir, kommen Sie mit 100–120 Dollar monatl. aus. Eine große Car haben wir! Ohne Auto kann man nicht leben hier. Der H.M. ist ohne mich (ich treibe die Car) nicht imstande zum Arzt, zum Frisör, oder sich nur Cigaretten o. Zeitung kaufen zu gehen.« Am 3. September sah es für Nelly so aus: »Ich zahle micht tot an Schulden. Fast 50 D. gehen jeden Monat für Schulden Arzt weg, und dann koennen wir erst an uns denken. Die Miete ist Gott sei Dank niedrig (40 $). Bis jetzt schlief ich auf dem Fussboden; seit zwei Wochen habe ich ein Schlafsofa fuer 50 Dollar gekauft. Ich konnte es nicht mehr aushalten.«[38] Tatsächlich erwarb sie »ein Pick up bed (Divan), spray and matress« für 51,65 Dollar.[39] Leisten konnte sie es sich eigentlich nicht. Die Arbeit in der Wäscherei hatte sie aufgegeben, um das Typoskript von Heinrichs neuestem Buch, *Lidice,* anzufertigen. Schnell hatte er damit auf das Blutbad reagiert, das die Gestapo in der Nacht vom 9. auf den 10. Juni 1942 in dem tschechischen Dorf gleichen Namens angerichtet hatte, um Rache zu nehmen für das am 27. Mai verübte Attentat auf Heydrich, Stellvertretender Reichsprotektor von Böhmen und Mähren. Alle Männer wurden erschossen, alle Frauen in Konzentrationslager gebracht und alle Kinder verschleppt nach Deutschland, zu SS-Familien. Kein leichter Stoff. Weder für Nelly, die Abschreiberin, noch für eine Veröffentlichung in deutscher Sprache – immer wieder verlangte El Libro Libre, der deutsche Exilverlag in Mexiko-City, Änderungen. Heinrich Mann, der diese Chance nutzen wollte, kam dem nach. Doch sosehr das Thema die Amerikaner beschäftigte, als es aktuell war, so wenig hielt das Interesse an. Das Buch zu veröffentlichen oder zu verfilmen war schon 1943 kein Thema mehr. Nelly hatte sich – auch dafür – umsonst gequält. Um Heinrich nicht nur seine geliebte und glücklicherweise preiswerte Französische Zwiebelsuppe servieren zu können und um ihre Ausgaben für Alkohol – von der billigsten Sorte – zu kompensieren, aß sie im Wesentlichen Reis und Haferflocken. Und wünschte sich nichts mehr, als allem zu entfliehen. In der Riesenstadt am Pazifik sehnte sie sich nach Pastoralem, nach dem Duft, Geschmack und Lebensgefühl ihrer Kindheit in einem Dorf an der Ostsee. Los Angeles dagegen bot die »Zoot Suit Riots«: Auseinandersetzungen zwischen den in der Stadt stationierten Soldaten und mexikanisch-amerikanischen Jugendbanden, Pachucos, die bekannt waren für die Zoot Suits, die sie trugen, überweite Hosen, überlange Jacken mit Uhrketten fast bis zum Boden und dazu Hüte mit breiten Krempen. Nicht glücklich und eingeordnet, wie gegen Ende des Exils in Frankreich, sondern fremd, wie diese jungen Leute, deren Vorfahren aus Spanien stammten, fühlte sie sich. 1942 träumte sie von einer Hühnerfarm, wie sie Rudi Flach und seine Frau in Châteauneuf-de-Grasse hatten. Ihre sollte in San Fernando sein, wo sie mit Heinrich und Rottenbergs leben wollte. Für 100 Dollar Monatsmiete war dort ein Zweifamilienhaus zu haben, das hatte sie schon herausgefunden. Im Frühjahr 1943 wollte sie aufbrechen.[40] Stattdessen, am 26. Februar 1942: »arrested for drunk driving«.[41]

IX. Kapitel

»Henri suchte die Augen, sie waren geschlossen,
alle Farben erloschen, und dieser Schlaf
schien unheilvoll.«[1]

Sie fürchtete ihn längst, den täglichen Gang zum Briefkasten.
Was konnte er schon bringen? Schlechte Nachrichten von Agenten. Rechnungen. Einladungen, die zu Gegeneinladungen ver-
pflichteten. Und verführerische Angebote: Immediate cash for
everything ... A loan can help you ... Borrowing money can be as
simple as ABC ... Postwurfsendungen von Geldverleihern.[2] Geld
verschwand, Briefe verschwanden und tauchten wieder auf, angeblich handelte es sich dabei um Verwechslungen der Adresse, es
gab ja auch den North Swall Drive. In Wahrheit befand sich ihre
Wohnung im Fokus des Geheimdienstes. Bedrängt, beobachtet
von draußen. Und drinnen: ein Ehemann, der all dem seine
Nichtachtung von all dem entgegensetzte und stoisch an seinem
neuesten Roman schrieb. In *Empfang bei der Welt* spielt jemand
Toter Mann, besieht sich in diesem Zustand »die Welt«, spürt
Verlockung – und zieht es vor, wirklich unterzugehen, das heißt,
zu sterben. Nellys Sache dagegen war der Kontrollverlust, dem sie
mit Alkohol nachhalf. Es war daher nur eine Frage der Zeit, bis
die Vielfahrerin erwischt wurde. Keine Bagatelle in dem Land,
das erst vor zehn Jahren die Prohibition wieder aufgehoben hatte.
Die Nacht vom 26. auf den 27. Februar verbrachte Mrs. Heinrich
Mann auf dem Polizeirevier, dann durfte sie gegen Zahlung einer
Kaution in Höhe von 250 Dollar nach Hause. Der Führerschein
wurde einbehalten. Das machte den Gang zum Briefkasten nicht
leichter. Die Vorladung zur Verhandlung kam schon am dritten

Tag. Am 9. März wurde sie zu einer Freiheitsstrafe von sechzig Tagen, abzusitzen im County Jail, verurteilt, mit einer Bewährungsfrist von zwei Jahren. Am 23. März erhielt sie einen Führerschein auf Probe, am 17. April die reguläre Lizenz. Allzu schwer kann ihr Verkehrsverstoß daher nicht gewesen sein. Wäre es nur gelungen, ihn vor Thomas und Katia zu verheimlichen! Doch schon am 8. März flog die Sache auf und beide empörten sich; er weniger: »Schlimme Nachrichten über Heinrichs Ehefrau, der wegen Trunkenheit die Fahrt-Lizenz entzogen, nachdem sie eine Nacht auf der Polizei verbracht«,[3] sie mehr, im Brief vom 15. März an Sohn Klaus: »Bemerkenswert war ferner an dieser Party, dass Heinerles unentschuldigt einfach ausblieben, und zwar weil der Nelly wegen trunkenen Fahrens der Führerschein entzogen wurde, während sie eine Nacht auf der Wache zubringen musste. Sie behauptet nun zwar, ihn wieder erhalten zu haben, und nimmt Einladungen an, erscheint dann aber nicht und der arme Ohm muss offenbar das Haus hüten.«[4] Und eine Woche später: »3/4 7 zu Hardt, Vorträge und Souper mit ca 15 Personen, darunter Heinrich, dessen Frau in Zuständen.«[5] Kein Wunder: War sie doch wie auf die Folter gespannt, endlich ihre Fahrerlaubnis wiederzubekommen. Die am nächsten Tag im Briefkasten lag. Alles klar, alles geklärt – bis auf die Frage, wie die Kaution innerhalb eines Tages zusammenkam. Heinrich muss das Geld aufgetrieben haben. Sollte es von Thomas gekommen sein, dann sicher ohne dass der wusste, wofür. Vermutlich um die zur Zahlung der Kaution geliehene Summe zurückzahlen zu können, mussten am 20. April erneut Möbel verpfändet werden: ein Teppich, zwei Schlafsofas, ein dazu passender Stuhl, ein kleiner Tisch, ein Schreibtisch mit Stuhl, ein Radioapparat, zwei Clubsessel, eine Stehlampe, ein Bücherschrank, eine Lampe, ein Tisch mit vier Stühlen, zwei Anbau-Bücherregale, ein hochwertiger Herd, ein Doppelbett, eine Kommode. Alle Gardinen. Es gab dafür exakt 250 Dollar.[6] Man sieht sie vor sich, die beiden, wie sie zwischen diesen Gegenständen herumgehen, sich auf die Sessel unter der

Stehlampe setzen oder wie Nelly das Essen zum Tisch bringt …
Das Bett teilten sie ja nicht mehr.

Ende April waren Nelly und Heinrich Gastgeber im verpfändeten Mobiliar: Lesung Thomas. Vier Wochen später zu Hardts;
auch eingeladen Otto Klemperer, der als Jude Deutschland 1933
verlassen hatte und nun das Los Angeles Philharmonic Orchestra
leitete. Und am 6. Juni der gesellschaftliche Höhepunkt dieser
Wochen, Thomas Manns Geburtstag. Katia an Klaus: »Wir hatten
ja eine etwas melancholische Feier, mit Fränkels und Heinerles,
aber Nelly zeigte sich von ihrer dezentesten Seite und spendete
außerdem aufmerksamer Weise einen prächtigen Kalbsbraten
und zwei Pfund Speck (Offenbar treibt sie es mit dem Metzger),
und es verlief ganz würdig.«[7] Direkt sperrig in diesem Kontext:
das Wort »würdig«. Es ist kein Brief bekannt, in dem sich Nelly
jemals mit ähnlichen Worten über irgendjemanden geäußert
hätte. Sie formuliert meist so: »Lieber guter Herr Rössler, vielen
Dank für Ihren schönen Brief u. für die freundliche Einladung
zu einer Flasche Pfälzer! --- Die unbedingt dazugehörigen Oder-
krebse u. nachfolgenden Rebhühner in Sahnensauce mit Sauer-
kraut werde ich selber kochen. Ich hoffe, es wird bald sein! Zwi-
schendeck fahren wir auch [Exilant Rössler war in diesen Jahren
per Schiff unterwegs auf der Suche nach einer Bleibe in England,
Norwegen oder Kanada] – nur haben wir ein etwas weicheres
Kopfkissen; wir haben eigenes Mobiliar u. ich koche alles selbst.
Der Heinrich ist für nichts zu bewegen eine einzige Mahlzeit
ausserhalb zu ›geniessen‹. Granatendrehen würde er auch selbst
bei dem allerbesten Willen nicht mehr erlernen, – aber ich habe
einen Warjob, sehr hart, aber man tut sein Bestes. […] In herz-
licher Erinnerung Ihre Nelly Mann«.[8] Carl Rössler, Schriftsteller,
alter Bekannter, schrieb Briefe an Heinrich und Frau, in denen
er Genüsse memorierte, die ganz auf der Linie der beiden Herren
lagen. Leibliche eben. Und zwar so unleserlich, dass selbst der
Zensor es bald aufgab, ihren Inhalt zu ergründen. Der »Warjob«,
den Nelly erwähnte, könnte der einer Uniformschneiderin gewe-

sen sein, jedenfalls soll sie eine solche Stelle gehabt haben. Oder fuhr sie damals Milch aus? Am 27. Juli 1943 trat sie in die Milk Drivers and Dairy Employees Union ein und zahlte ihre Beiträge bis Dezember, im Januar des folgenden Jahres nicht mehr ganz und ab Februar gar nicht mehr.[9]

Da war Nelly ihrem Ende schon sehr nah. Die letzte Strecke begann am 10. November 1943. Mit ihrem Wagen touchierte sie mehr oder weniger den »1940 Pontiac 2 Door Sedan« von Edwin G. Roberts, wie sie auf Anfrage beim Automobil Club of Southern California erfuhr.[10] Wollte sie sich bei ihm entschuldigen? Das Ausmaß des Schadens erfahren, den sie in Höhe der Einfahrt zum National Military Home Sawtelle verursacht hatte, gar nicht so weit entfernt von zu Hause? Der Streifenpolizist John Reed hatte alles aufgenommen. Mehr denn je Grund zur Angst beim Öffnen der Post. Und: Klammern an das Leben, wie es verlaufen wäre ohne diese Angst. Heinrich lud wie eh und je Gesinnungsgenossen ein. Eine Rede sollte gemeinsam erarbeitet und übersetzt werden. Mit dabei war Berthold Viertel, der am Tag danach äußerst artige Worte an Nelly richtete:

»Verehrte Frau Mann
Erlauben Sie mir, Ihnen das beiliegende Gedicht zu widmen, als Dank für den gestrigen Abend, und für Ihre Hilfe, als wir ihn zustande brachten: Die Rede war herrlich, sie und Heinrich Mann (wie er sie las) haben großen Eindruck gemacht, besonders auch auf die Amerikaner. [...] Nicht zu vergessen aber den herrlich zubereiteten Fisch, der uns am Vorabend bei der Übersetzung der Rede labte – nicht zu vergessen freilich auch die große Unordnung, welche die Übersetzer in Ihrem sonst so blankgeputzten Hause hinterließen! Mit allen guten, besten Wünschen für Sie u. Heinrich Mann verbleibe ich Ihr dankbarer Berthold Viertel

H. M.
Du hast Dein Alter als ein Haus bezogen,
Das schmucklos mitten im Exile liegt,
Nach außen still, nach innen unbesiegt:
Hier wohnt ein Künstler, um sein Volk betrogen.

Du, so bestohlen von gehässiger List
Und ausgesetzt so unstillbarem Darben,
Als raubten sie dem Auge seine Farben:
Ein Dichter zwar, doch kein geduldiger Christ,

Bietest Du nicht dem Schlag die zweite Wange.
Und Deine Armut, eine stolze Zier,
Sie wird zum großen Gläubiger in Dir,
Denn um Dein Recht ward Dir noch niemals bange.

Das Herrenvolk, das Dein Gesicht vergaß,
Beraubte sich solch eines wahren Herren,
Dem frechen Pack zulieb ihn auszusperren
Oft lächelst Du über den bittern Spaß.

Und hättest Volkes Auftrag gern erfüllt,
Erfüllst ihn, wie du dir's selbst aufgetragen,
Bis daß sich spätern, eingerenkten Tagen
Dein heimgekehrtes Werk als Wert enthüllt.

Für Frau Nelly Mann, in Verehrung ihrer lebensvollen Tapferkeit und Güte Berthold Viertel Santa Monica, 30. Nov. 1943«[11]

Reine Freude kann die Lektüre dieser Zeilen nicht ausgelöst haben. Nicht bei Heinrich – klangen sie doch zu sehr nach Abgesang –, nicht bei Nelly, denn das alles war weit weg von dem, was sie mehr und mehr bedrängte. Am 7. Januar 1944 sollte sie vor dem Richter Charles Griffin erscheinen. Würde diese Anhörung ergeben, dass sie den Unfall im November alkoholisiert verursacht hatte, war die Gefängnisstrafe für den Unfall Ende Februar 1943 fällig, nicht zu reden von dem neuen Delikt. Bis dahin hielt sie es nicht aus. Am 5. Januar 1944 berichtete die *Los Angeles Times* in einer »peinlichen Reportage«,[12] so Thomas Mann in seinem Tagebuch, dass sie am Vortag bewusstlos ins General Hospital eingeliefert worden war. Sie hatte Schlaftabletten genommen. In der Klinik wurde sie herumgereicht und nach allen Regeln der Kunst untersucht. Man wollte wohl einen Grund finden, sie unzurechnungsfähig, also schuldunfähig erklären zu können. Zu ihrem Schutz!?

Nelly an Heinrich, Poststempel 20. Januar 1944

»L. H., am Sonntag verlasse ich dieses Haus. Eben war Dr. Nielsen [Arzt] bei mir. Nachdem ich in den letzten Wochen von circa 30 Ärzten untersucht worden bin nachdem drei Aufnahmen meines Schädels gemacht sind u. nichts war was anormal oder krank wäre (Der Polizeiarzt selbst hat alles wundervoll gefunden) hat mir eben D. N. erklärt, dass in meinem Gehirn irgendeine ganz ganz kleine Verdickung[13] ist, die mich zu meinen Depressionen, Impulsivitäten, Trunkenheit, Aussetzen meines Gehirn u.s.w. alles was ihm Koltz [vermutlich ihr Anwalt] so dringend souffliert hat. Er sagt, damit ich nicht ins Gefängnis kommen kann ist es nötig. Nun hatte Koltz […] schon vorher ein Zeugnis, dass ich einen vollkommenen Nervenzusammenbruch u. mein Gedächtnis nicht beisammen habe. Genau, wie mich vor einer Woche Nielsen aufklärte, wie es um mich steht u. was Koltz wünscht u. ich Dich dringend bat, zu kommen – nun ist alles wieder eingetroffen, wie ich vorher wusste. […] Die Ärzte haben mich bis jetzt geschützt gegen K., aber Nielsen hat sein Benehmen mir gegenüber geändert, nachdem Du das Apointment erst aufgeschoben, dann aufgehoben hast. Ein Ehemann, dem an das Wohl seiner

Frau nach so vielen traurigen Aufregungen nicht einmal soviel liegt, dass er den Arzt eines Besuches würdigt --- Das Resultat ist, dass er mir erklärte, ich dürfe mit meinem verkrüppelten Gehirn nie wieder Auto fahren. Alles was Griffin [der Richter] durch Koltz verlangt hat, hat Koltz gegen mich verlangt und nun zugesprochen bekommen: Ich bin eine notorische Trinkerin, ich bin irrsinnig, ich kann nie wieder Autofahren. Und nur, weil Griffin Angst vor Dir hatte. Weil er nämlich ein bischen zu weit gegen mich vorgegangen ist u. weiss nur die Angst vor ihm hat mich zum Selbstmord getrieben. 250 $ hat Koltz von mir bekommen für einen 2–3stündigen Gang, wo er gar nichts zu meiner Verteidigung sagte und ich abends verhaftet wurde – Für das, dass er mich jetzt so unglücklich gemacht hat (ich komme nicht wieder zu Dir zurück und bleibe auch nicht in L.A.) wird er noch einmal 1000 $ verlangen. Und er war vom ersten Augenblick gegen mich. Jeder Arzt hat mich gefragt: ›Er sagt, er ist ein Freund von Ihnen. Sie sind doch sicher, dass er Ihnen nichts schlechtes will‹? Und zu denken, dass mein Mann der mir nichts als ein sorgenvolles und arbeitsreiches Leben geboten hat, ihm mit seiner wirklich irrsinnigen und chronischen Trinkerin Nadine tatkräftig zur Seite gestanden […]!«[14]

Man kann Nelly vorhalten, sie habe sich immer von Gott und der Welt verfolgt gefühlt. Aber man muss ihr zugestehen, was die Richtung betraf, aus der sie Bedrohung vermutete, lag sie selten ganz falsch. Es gab zu diesem Zeitpunkt sicher einige, die ein Interesse daran hatten, sie, gelinde gesagt, zu diskreditieren, krass gesagt, zu entmündigen. Der Tenor dieses Briefes erinnert natürlich an Nellys Briefe während ihres Entzugs in Nizza, aber wie mag ihr zumute gewesen sein, wenn sie die jüngste Diagnose mit ihrer Kopfverletzung von 1932 in Verbindung brachte!

Nicht mehr zu Heinrich zurückkehren zu wollen, hatte sie in ihrer Verzweiflung angekündigt. Doch am 9. Februar tauchte sie im Swall Drive auf, traf ihn aber nicht an. »Aufregung« und »vielfaches Telephon«, notierte Thomas Mann in seinem Tagebuch, und »Beruhigung, sozusagen, nachdem er sich wieder eingefunden.«[15] Ein paar Tage zuvor hatte Thomas seinem Ärger, der aus Heinrichs Richtung immer wieder angefacht wurde, in einem Brief an dessen Freund Wilhelm Herzog Luft gemacht: »Aber eine Frau hat er leider, die ist eine arge Hur'. Da haben Sie meine Gemütlosigkeit.«[16] Diesen Satz würde man ihm später oft vorhalten. Dr. Nielsen wusste Ende Februar keinen anderen Rat, als Nelly nahezulegen, von der Bildfläche zu verschwinden. So sollte sie daran gehindert werden, jene Maßnahmen zu durch-kreuzen, die geplant waren, um sie aus ihren Schwierigkeiten herauszuholen. Ein paar Wochen Lake Arrowhead schlug er vor und empfahl ihr, sich die erforderlichen Benzingutscheine zu be-sorgen.[17] Hin und zurück 130 Meilen waren es zu dem See in den San Bernardino Mountains östlich von Los Angeles. Ob Nelly sich im März tatsächlich dort oder anderswo verbarg, ist unklar, zu Hause war sie nicht.[18] Um diese Zeit wurde Heinrich Mann alleiniger Inhaber des Kontos, das die Bank of America, Wilshire and Robertson Boulevard, Los Angeles, bisher für Mr. und Mrs. Heinrich Mann gemeinsam führte. Damit war Nelly die Voll-macht entzogen.

Für derartige Vorgänge interessierte sich das Federal Bureau of Investigation.[19] Wer auch immer »in close contact« mit Heinrich und Nelly agierte, die Person muss sich in ihrem unmittelbaren Umfeld befunden haben, denn diese »source« war ergiebig. Be-sonders seit Heinrich Mann im Vorjahr einer der Ehrenpräsiden-ten des Lateinamerikanischen Komitees der Freien Deutschen[20] geworden war, suchte man bei ihm nach Informationen, die Pläne zur Etablierung einer pro-russischen Nachkriegsregierung in Deutschland betreffend. Zum Ausspionieren der prospektiven Amtsträger bzw. ihrer Lebensumstände in den USA, begann am 1. Mai 1944 eine neue Überwachungsphase:

»Re Free German Activity in the Los Angeles Area [...] is recommended that the following subjects be placed on the National Censorship Watch List for ninety days:

1. Heinrich Mann, 301 South Swall Drive, Los Angeles.
2. Bertolt Brecht, 1063 – 26 Street, Santa Monica, California.
3. Lion Feuchtwanger, 520 Paseo Miramar, Pacific Palisades, California.
4. Hans Eisler, 1650 North Amalfi Drive, Pacific Palisades, California.
5. Bruno Frank, 513 North Camden Drive, Beverly Hills, California.
6. Berthold Viertel, 165 Mabery Road, Santa Monica, California.
7. Fritz Kortner, 120 Homewood Place, Santa Monica, California.«

Das Startguthaben von 25 Dollar auf Heinrich Manns alleinigem Konto war bis Ende März auf gerade mal 60 Dollar angestiegen, so der FBI-Informant, der auch herausfand: »Mrs. Mann is seeking employment, apparently as a domestic.« Doch die Trennung der Konten sollte täuschen, wen auch immer. Heinrich hatte keineswegs im Sinn, sich von Nelly zu distanzieren, im Gegenteil, er sorgte sich um sie. Am 19. April schrieb er an Barthold Fles: »Meine Frau arbeitet, davon müssen wir essen.«[21] Am 21. April wurde er deutlich: »Es eilt mir, meine Frau zu erleichtern von ihrem job, der sie überanstrengt.«[22] Er beschwor den Agenten, Geld zu schicken, schnell und viel. Von Fles kam erst einmal nichts, aber Heinrich hatte inzwischen wohl andere Quellen aufgetan, und etwas hatte Nelly sicher auch selbst aufgebracht: Als sie Anfang Mai ein eigenes Konto eröffnete, zahlte sie 130 Dollar ein. Nichts spricht für Trennungsabsichten. Im Gegenteil. Heinrich und Nelly waren entschlossen, sich wieder in den Einladungszirkel einzugliedern; sie baten zum Abendessen. Doch Nelly war nicht imstande zu kochen. Die Gäste mussten wieder gehen. Als Thomas eine knappe Woche später bei Heinrich auftauchte – er brachte ihm die in Mexiko gedruckte Ausgabe von *Lidice*, dem Roman, den Nelly in Teilen abgetippt hatte –, ließ sie sich nicht blicken, angeblich, weil sie einen Verband trug. Katias untadeliger Trostbrief an Heinrich: »Außerordentlich leid tat es uns zu hören, dass Nelly's Gesundheit neuerlich zu Sorge Anlass gibt, und unter diesen Umständen ist der durch unsere Schuld verfehlte Abend von neulich, der für Ihre Nerven gewiss nicht besonders zuträglich war, doppelt bedauerlich. Hoffentlich bessert ihr Zustand sich bald wieder, und wir können das Versäumte, bei uns oder bei Ihnen, nachholen […].«[23] Das war Ende Mai.

Bald darauf wurde Nelly erneut ausquartiert und an einen Ort der besonderen Art gebracht, den Ananda Ashram, La Crescenta, ein Meditationszentrum, etwa 15 Meilen vom Stadtrand von Los Angeles entfernt in den Ausläufern der Sierra Madre gelegen, mit Tempel, Bibliothek und Gästehäusern zwischen Weinbergen, Obstgärten und Weiden. Das bedeutete klostertypische Selbstversorgung mit Milch und Butter, Quellwasser, Honig, indianischen Gewürzen; sogar die Räucherstäbchen aus Bergkräutern waren hausgemacht. Spazierwege durch die Canyons, schattige Pergolen und Veranden zum Verweilen. Wellness. Kein Sektierertum. Alle Rassen, alle Nationalitäten, alle Religionen, alle Bekenntnisse einte die Suche nach dem, was ihr jeweiliges Leiden zu heilen versprach. Den Ashram hatte 1923 ein Hindu-Mönch des Ramakrishna-Ordens namens Swami Prabhavananda gegründet.[24] Einen seiner Schüler kannte Nelly aus Südfrankreich, Aldous Huxley; einen anderen, Christopher Isherwood,[25] hätte sie zwischen 1929 und 1933 in Berlin treffen können. Kurz nach ihr würde Heinrich Mann ein Zimmer im Ashram beziehen, und 1948 auch Monika Mann, nach einem Eklat im Elternhaus. In der höchst heterogenen Gesellschaft im Ashram fanden sie zusammen: der Sucher nach mystischer Wahrnehmung, der Homosexuelle, der linke Emigrant, seine drogenabhängige Ehefrau, die psychisch instabile Tochter des berühmten Schriftstellers – und der russische Vizekonsul in San Francisco Gregory Kheifetz![26] Außerdem eine »Hure, 31 Jahre. Sie ist die Tochter eines engl. Gouverneurs; in einem italienischen Kloster erzogen. [...] Ein Mann, mit dem sie lebte, hat sich im 36 L. J. erschossen – ein anderer starb am 30. Mai. [...] Nun denkt sie, sie hat kein Glück in der Liebe und ist hier untergekrochen. Ich unterhalte mich gerne mit ihr, sie ist sehr interessant u. amüsant, ausserdem sprechen wir französisch u. sie schreibt mir engl. Postkarten für meine Bekannten. Im übrigen sieht sie viel versoffener aus als Nadine und ich zusammen. Du siehst wie gemischt und international es hier ist«, schrieb Nelly an Heinrich. Und: »Die Sisters haben mich sehr gerne und fragen mich leider viel mehr als ich weiss. Sister Omala gibt mir jeden Tag eine engl. Lesestunde u. Sister Vimala erklärt mir die Philosophie dieser Sekte. Es ist das Primitivste u. Einfachste der Welt. Einen Arzt lehnen sie strickt ab. Auch glauben sie an ein Weiterleben nach dem Tode. Das hört jeder gerne! Für Dich glaube ich ist das nicht das Richtige, – mir macht es Spass.« Schließlich: »Es ist eigentlich schade, wieder wegzumüssen, ich habe mich hier sehr wohl gefühlt. Ich denke mit Grauen auf die kommenden Nächte des Canapees u. des 7 Uhr Aufwachen müssen.«[27] Es ist der letzte Brief, der hier und da an die dem Leben zugewandte, neugierige, amüsante Nelly erinnert.

Bei ihrer Meinung, der Ashram sei nichts für Heinrich, blieb sie, wie erwähnt, nicht. Vier Wochen später brachte sie ihn selbst dorthin. Seine Anfälle von Bronchialasthma, die mit Atemnot und einer Blauverfärbung des Gesichts einhergingen, hielt sie für lebensbedrohlich. Dass sie deshalb die Familie des Schwagers in Aufruhr versetzte, lieferte dieser einen Grund mehr, an Nellys Verstand zu zweifeln.[28] Thomas und Katia und die Söhne Golo und Michael, die hin und wieder nach dem armen Heinrich schauten, fanden ihn nämlich ganz guter Dinge. Doch das täuschte. Fles, der Agent, musste sich erneut mit ungeduldigen Briefen des Autors auseinandersetzen, der nicht glauben konnte, dass aus seinen Werken kein Geld herauszuschlagen war. Auch Nelly attackierte ihn mit einem Telegramm. Das Resultat: Fles schickte ihr unverzüglich 50 Dollar aus eigener Tasche. »Für ihr großzügiges Wohlwollen danke ich Ihnen, allein das nützt mir nichts«,[29] schrieb »Mrs. Heinrich Mann« knapp zurück. Das war leider wahr. »Ich nurse im Hospital und habe mich bei der Nachtschicht (ich muss in viele Pavillons rennen u. den nächtlichen Heimweg von einer Stunde so erkältet, dass ich im Bett liege u. Schmerzen habe ich kann mich nicht bewegen. Aber nur deshalb habe ich Zeit einen schnellen Brief zu schreiben. 10 Stunden nimmt mich täglich die Abreise, Arbeit u. Heimweg in Anspruch, dann die Hausarbeit! Uniform waschen, auch Typwryten für meinen Mann – u. ihn selbst zu besuchen. Er ist 47 Miles von unserem Haus u. ich muss alles mit der Car allein fahren. Da ich nie normal lebe, ist alles anstrengend für mich u. bin ich mit meiner Gesundheit nie gut. Soviel von uns und lohnt sich gar nicht.« Den wichtigen Hinweis für die Freundin, deren Sohn als französischer Soldat noch immer vermisst war, vergaß sie nicht: »Haben Sie schon versucht nach Paris zu schreiben? Man kann!«[30]

Heinrich fühlte sich inzwischen gut genug, wieder nach Hause zurückzukehren. Doch ihm fehlte das Geld, seinen Aufenthalt zu bezahlen! Ob Fles half, dem er am 14. Oktober die Absurdität schilderte, wegen Zahlungsunfähigkeit weiter Kosten verursachen zu müssen,[31] oder ob Gregory Kheifetz, der sich im Oktober im Ananda Ashram aufhielt, ihn mit »Honoraren« des sowjetischen Staatsverlages auslöste? Jedenfalls war Nellys Mann eine Woche später in der Wohnung am Swall Drive. Drei Tage darauf saßen beide wieder als Gäste an Thomas' Tisch: »Zum Lunch Heinrich mit Frau. Seine Gesundheit gebessert. Ich habe Darmbeschwerden u. schlechten Appetit.«[32] Für Nelly waren die vier Monate Hin und Her zwischen der Wohnung, ihrem Arbeitsplatz und dem Ashram sehr anstrengend gewesen. Doch einmal wenigstens wurde sie richtig verwöhnt: Das war am 12. September, als sie fürs Amerikanische Rote Kreuz Blut spendete. Es gab dafür Lob von offizieller Seite, einen Eintrag in den Blutspendeausweis und eine üppige Mahlzeit, aber kein Geld. Elisabeth Mann Borgese war also im Irrtum, als sie Nellys Blutspenden als deren Erwerbsquelle bezeichnete.[33] Für Geld, das heißt für 184,80 Dollar Jahresgehalt, arbeitete sie inzwischen als Nurse im Whitehouse Sanitarium.[34]

Wenn sie in Amerika je Spaß gehabt hatte, mit ihren Freundinnen, die offensichtlich auch Heinrichs Freundinnen waren, so erledigte sich das während seiner Zeit im Ashram. Es kam zum ganz großen Krach zwischen Nelly und »seiner wirklich irrsinnigen und chronischen Trinkerin Nadine!«[35] Mit Nadine Appling teilte Heinrich Mann die Furcht vor Asthmaanfällen, sie schickte ihm Zeitungsausschnitte mit Medikationsempfehlungen: Epinephrine und Aludrine – aufputschende Nebenwirkung durchaus erwünscht –, und vermerkte handschriftlich, ihr Arzt habe ihr drei Mal täglich Pyibenzamine verordnet, nun ginge es ihr besser.[36] Auch hier also Alkohol und andere Drogen. Unreif, kindlich scheint diese späte Heinrich-Braut gewesen zu sein, ihrer Mutter über alle Maßen ergeben. Und ihrem Hund, der Heinrich und Nelly Postkarten schickte, auf denen er sie mit Onkel und Tante anredete. Nelly konnte mit ihr Französisch sprechen, das verband die beiden Frauen. Eine weitere Freundin war Ruth Akelian. Sie war sehr Milieu, sang in Bars »vom tiefen F bis zum mittleren C«,[37] wobei sie sich am Klavier selbst begleiten konnte, und verdiente nicht schlecht. Doch sie tingelte und war wohl nicht in Los Angeles, als es im September 1944 zwischen Nelly und Nadine hoch her ging. Die beiden schlugen sich Anschuldigungen und Drohungen nur so um die Ohren.

Am 27. September 1944 Telegramm an »Mrs Nelly Mann (pls leave under door) 301 South Swall Dr Losa You lie about me or talk about me to my friends once more and I will go to Mr Griffin and tell him the truth and to your friends Mr Ludwick and Mrs Feuchtwanger and tell them what you said about them I have had enough of that nonsense you do it once more and I will give you a lesson you will not forget Nadine«.[38]

Ihre ebenso furiose Antwort richtete Nelly nicht an Nadine direkt, sondern an den armen Grady, deren unbedarften Ehemann: »I regret that your wife has caused me so much mental suffering wherefore I am forced to take steps which may seem against you. I am very tired of her acusations. She even went so far as to say I stile two thousand dollars from her. Her tellegram this morning was a gross insult. She was not too drunk to figure out ways by which she could hurt me one hundert per cent but thank goodness I have friends who will stand by me and who know two of the most prominent judges in the court of this country, they will stand by me through thick and thin. I intend this time to teach Nadine a lesson which she will remember for the rest of her life. Please Grady I hope you will understand and remember I am your friend.«[39]

Es ging also um keine Kleinigkeit. Sondern um 2000 Dollar, die Nadine gehabt haben will und die Nelly gestohlen haben soll. Die Wogen gingen so hoch, dass sogar Heinrich Mann davon erfasst wurde und sie schließlich auch in seine FBI-Akte hineinschwappten, die in diesen Tagen vermehrt Telefonate zwischen Nelly und Heinrich verzeichnen. Für Nelly endete die Aufregung in Trauer um die verlorene Freundschaft und über den Verlust von Bindung und Unterstützung. Auch ihresgleichen hatte sie also nicht dauerhaft für sich gewinnen können. Schon gar nicht als Ehefrau Heinrich Manns, der sich geschmeichelt fühlte, wenn die Frauen in seinem Umfeld als potenzielle Nachfolgerinnen der angeschlagenen Nelly auftrumpften.

Auf ihren Wegen zwischen Wohnung, Arbeitsplatz und Heinrichs Kurort fuhr Nelly zwei Wagen zuschanden. Der erste musste Anfang Oktober 1944 ersetzt werden durch einen Ford Tudor, Baujahr 1932. Das alte Ding hielt nicht lange, denn Mitte November ließ sie einen Plymouth 6, Baujahr 1941 registrieren. Doch was ihr im Dezember zum Verhängnis wurde, das hatte mit Autos nichts zu tun. Salka Viertel traf sie noch ein paar Tage zuvor. Nelly war guter Dinge, und sie verabredeten sich zu

Weihnachtseinkäufen. So sehen halbherzige letzte Versuche aus, am Leben festzuhalten.

Ihr Schwager Thomas hat es gewusst. »Laß gut sein, du bist ganz brav gewesen, hast getan, was du konntest.« Trostworte, die er selbst hören wollte, wenn »dann die Schatten sich senken und all das Verfehlte und Ungeschehene und Ungetane mich ängstet.« Wem würde das nicht helfen, zum Leben und zum Sterben. Aber für Nelly war das andere, das, was er fürchtete: »Verzweiflung ist mein Lebensende.«[40]

»Despondent«. Verzweifelt. So steht es im Polizeibericht. Heinrich Mann hatte auf Befragung angegeben, er kenne den Grund für Nellys Tat nicht. Obwohl er im Haus war, habe er nicht mitbekommen, dass seine Frau eine Überdosis Schlaftabletten nahm. Irgendwann, möglicherweise als sie am Morgen des 17. Dezember nicht aufstand, fand er sie bewusstlos im Schlafzimmer. Die Wiederbelebungsversuche des herbeigerufenen Arztes waren vergebens, also brachte man sie ins General Hospital, wo sie um zwölf Uhr mittags an »phenobarbital poisoning due to barbituric acid«, letztlich an Atemlähmung starb. Einen Abschiedsbrief habe sie nicht hinterlassen, so die FBI-Quelle, der wir auch die Informationen über Nellys letzte Stunden verdanken.[41] Auf den Tag genau sechs Jahre vorher, am 17. Dezember 1938, war sie – mutmaßlich ebenfalls nach einem Selbstmordversuch – in die Villa Constance gebracht worden war, wo ihr ein schlimmer Entzug bevorstand. Ob es sich bei diesem Datum für Nelly um ein besonderes handelte, wird wohl ihr Geheimnis bleiben.

Was Heinrich Mann noch lange quälte: »[…] die Reserven, um wenigstens am Leben zu bleiben, hatte nur ich. Sie selbst war seit früher Jugend bedroht von ihrer Neigung das Leben abzulegen und zu schlafen, wie sie meinte. Sogar in glücklichen Zeiten überkam es sie. Ich hatte sie immer zurückgehalten. […] ein Tag kam, auch ich war nachgerade schwach, und sie ging.« Da ist es, in aller Härte, trotz watteweicher Verpackung: das Gefühl von Mitschuld. «Ich habe nie eine Seligkeit gesehen wie auf diesem schlafenden Gesicht.«[42] Kein Trost.

In Hollywood erzählt man sich bis heute, dass der Krankenwagen mit Nelly von Hospital zu Hospital geschickt wurde, weil der abgerissene alte Mann, der die Sterbende begleitete, so wenig Vertrauen erweckend – oder sollte man sagen: kreditwürdig – aussah. Dies kann weder bestätigt noch widerlegt werden. Wie sie im Leben war, aber auch wie sie starb, das war noch in den achtziger Jahren so lebendig, dass ein Theaterstück entstand, das in den Neunzigern hochkarätig besetzt verfilmt wurde. So können wir dem Bericht des FBI-Mannes noch die Interpretation des Dramatikers hinzufügen:

»[...] NELLY *makes her way over to* HEINRICH*'s desk. She poores herself a glass of water from the carafe, then opens a drawer and brings out a bottle of pills. She starts taking handfulls of them, moving quickly. When she finishes, she drops the bottle into the wastepaper basket and lies down, curling up on the stage in a foetal position ...* HEINRICH *comes back into the room. He rushes over to* NELLY *and drops to one knee beside her [...]«* »He bundled her into a taxi and got her to the nearest hospital. But they were very busy, as it was just before Christmas, and they didn't like the look of this shabby old foreigner, who didn't have enough money on him, and they refused to take his cheque. So he had to call another taxi and set off to another hospital, where they were regretfully forced to take the same attitude, but at least told him of a third hospital, where he might expect better luck. He'd kept the taxi waiting this time, just in case, so they were able to speed off without delay to hospital number three, where indeed they were far more helpful and were able to tell him right away that Nelly had just died.«[43]

Nach Nelly

Thomas Mann schrieb am 17. Dezember 1944, Nellys Todestag, in sein Tagebuch: »Anruf Heinrichs; Nachricht vom Tode seiner Frau durch Schlafpillen.« Und »mit K. zu Heinrich. Zuspruch, Check für die Beerdigungskosten. Versprechen, ihn bei uns aufzunehmen, sobald Borgeses fort.« Aber auch: »Plan seiner Unterbringung bei Salka Viertel.«[1]

Katia Mann schrieb an ihren ältesten Sohn Klaus am 19. Dezember 1944:

»Die wichtigste Nachricht ist ja wohl, dass Deine Tante Nelly nach vier vorangegangenen Fehlschlägen, nun vermittels Schlafmittel endgültig dahingegangen ist. Es wurde ja immer katastrophaler mit ihr, neuerliche, diesmal bestimmt ins Gefängnis führende Auto-Prozesse standen bevor, und es musste wohl schließlich so kommen. Auch mag es für den armen alten Ohm à la longue wohl eine Erleichterung sein, aber zunächst ist er natürlich, gänzlich vereinsamt wie er ist, schwer betroffen, und wie er mir am Telefon auf meine Frage, wie es denn bei Ihnen ginge, mit leiser ruhiger Stimme antwortete: ›Nicht gut leider, Nelly ist soeben gestorben‹, war es ein rechter Chock. Ein arges Problem ist natürlich, was aus ihm werden soll. Zunächst ist unser Haus ja völlig besetzt, aber Anfang Januar, wenn die Borgis abgereist sind, wollen wir ihn auf eine Weile zu uns nehmen, unter gar keinen Umständen aber darf dies definitiv sein. Es wird aber furchtbar schwer sein, etwas Anderes zu finden, und bestimmt wird keiner seiner garstigen Verehrer, die nichts wissen, als ihm zu Ehren den Vater anzufeinden, einen Finger rühren. Möglicher Weise kann er bei Salka Viertel, der ihr Haus viel zu groß geworden ist, als eine Art Pensionär aufgenommen werden, aber sicher ist es keineswegs, und natürlich ist es bedenklich, ihn bei uns zu haben, solange keine andere Lösung gefunden ist. Aber allein in seiner Wohnung können wir ihn auf keinen Fall lassen. Restlos ruiniert ist er, trotz überraschen[d] guter Einnahmen in diesem Jahr natürlich auch, und wir müssen für alles und Jedes aufkommen.«[2]

Zu Nellys Beisetzung am 20. Dezember 1944 auf dem Woodlawn Cemetery[3] Ecke Pico Boulevard und 14th Street in Santa Monica erschienen Katia und Thomas Mann mit Elisabeth Mann-Borgese, Marta und Lion Feuchtwanger, Helene Weigel, Liesl Frank, Ludwig Marcuse und Salka Viertel. Zuletzt traf Heinrich Mann mit Nadine Appling ein. Ganz offensichtlich war er nicht in der Lage gewesen, dem Pierce Brothers Bestattungsunternehmen (das noch heute existiert) Anhaltspunkte für so etwas wie eine Zeremonie zu geben. So wurde lediglich der Psalm »Der Herr ist mein Hirte« verlesen, und dann ging man auseinander. Auf ihrem Sarg sollen Gladiolen gelegen haben.

Thomas Mann schrieb dazu am 20. Dezember 1944 in sein Tagebuch: »Gegen 12 mit K. und Medi zum Friedhof in Santa Monica, Bestattung von Heinrichs unglücklicher Frau, die ihm viel Schaden getan. Begrüßung mit den Erschienenen. H. kam mit einer Freundin der Toten. Am Sarge las ein junger Angestellter geistliche Worte. H. in Tränen um die ruinöse Gefährtin. Er fuhr mit zu uns. Vor Tisch mit ihm im Wohnzimmer. Lunch mit ihm. Kaffee auf der kleinen Veranda. Er ruhte auf dem Sofa im Living Room. Nach 5 Uhr hatten wir thee mit ihm und Borgeses. Er bekam Geld zum Auslösen seiner verpfändeten

Möbel, Wein, Lebensmittel, ein Exemplar von Das Gesetz zum Weihnachtsgeschenk. Er besitzt nicht einen Cent, da seine sehr günstigen Einkünfte durch das unselige Treiben der Frau bis weit ins Negative zerronnen. – Mit K. Sorgen seinetwegen.«[4]

Klaus Mann antwortete auf den Brief seiner Mutter Katia am 31. Dezember 1944: »Was für eine Schande! Was für eine peinliche, überflüssige häßliche Tragödie! Dies muß ein schrecklicher Schlag für den armen alten Heini gewesen sein. […] Konnte sie nicht ein paar Jahre warten? Was für ein bedauerlicher, ungehöriger Mangel an Rücksicht und Selbstkontrolle! Doch tut sie mir auch leid. Sie hätte in Deutschland bleiben sollen, bei Leuten ihres Schlages. Er hat ihr Leben ruiniert, indem er sie verpflanzte und entwurzelte. Zum andern war es wohl das, was sie wollte.«[5] Was soll Nelly gewollt haben? Das, wonach auch Klaus strebte? Nach dessen Selbstmordversuch im Juli 1948 sagte sein Vater, laut Schwester Monika: »Das macht die Kröger!«[6]

Golo Mann äußerte sich 1973 in einem Artikel in der *Zeit*: »Sie war völlig unfähig geworden, einen Haushalt zu führen. Sie kaufte Autos auf Abzahlung, verkaufte sie wieder, ehe sie abgezahlt waren und häufte Schulden auf. Sie verursachte Verkehrsunfälle, […] entzog sich drohenden Strafprozessen durch Überdosen von Schlafmitteln, Selbstmordversuche, von denen man nicht sagen kann, wie ernsthaft sie waren. […] Frau Nelly öffnete ihren Gästen die Tür splitternackt. Beim Essen heulte sie mehrfach auf: ›Ich hab' ja so 'nen alten Mann!‹«[7]

Elisabeth Mann Borgese sprach mit Heinrich Breloer über Nelly: »[…] wenn sie also ganz betrunken war und sich sehr unsalonfähig benommen hat, da ist sie meinem Vater furchtbar auf die Nerven gegangen. […] Sie wurde ausfällig in der Sprache, sie fing dann an, mit dem Hund zu schmusen und so […].«[8] Und mit Kerstin Holzer: »Einmal war sie, das war schon in Kalifornien, bei Tisch so betrunken, daß sie dem Hund gestattete, sich unzüchtig an ihr zu reiben.«[9]

Die Gerüchte wucherten schon früher. Thea Sternheim

schrieb in ihr Tagebuch, sie habe von Walter Mehring, der sie am 28. Februar 1954 in Paris besuchte, erfahren, dass »der Tod von Heinrich Manns Frau viel tragischer ablief, als wir es bisher wussten. Dass nämlich die Kröger in betrunkenem Zustand ihr Auto steuernd einen Menschen überfuhr; dass man sie, um sie vor dem Gefängnis zu retten in eine geschlossene Anstalt verbrachte, wo sie sich dann selber das Leben nahm.«[10]

Und Heinrich Mann? Sein vielfach wiederholtes Brief-Lamento ging etwa so: »Jeden Abend ohne Ausnahme, erblicke ich wieder das Gesicht des kindlichen Friedens, mit dem sie endlich dalag. Ihr Ziel war erreicht. Sie lebte noch, aber schlief schon für immer.«[11] Wer Heinrich traf, war oft mit Auftritten wie diesem konfrontiert: »[…] wenn man ihn zuerst zu Gesicht bekam, trug er immer diesen kleinen weißen Schal, aus Wolle gestrickten Schal. […] Und dann hat er immer erzählt, dass seine Frau Nelly ihm diesen Schal gestrickt hätte, und seine Frau Nelly wäre so nett gewesen, und er liebte sie so sehr. Und dieser Schal, der mal weiß gewesen war, war schon ganz grau-braun, speckig geworden. Aber den trug er immer bei sich, wie ein Juwel.«[12] Der einsame Greis hatte sich Narrenfreiheit gegeben. Dennoch: Heinrich Mann betrauerte Nelly aufrichtig und tief. Obwohl er sich sehr dagegen sträubte, musste er das Haus im Swall Drive, in dem ihn alles an die Verstorbene erinnerte, verlassen – der Besitzer, einer der Warner Brothers, hatte ihm gekündigt – und ein Appartement in der Montana Avenue beziehen, das Katia für ihn fand. Alles in allem ein spektakulärer Abstieg verglichen mit Thomas Mann oder auch Lion Feuchtwanger.

»Alles wurde besser, unvergleichlich besser, nachdem Nelly Manns letzter Selbstmordversuch geglückt war – man muß leider sagen, zum Glück.«[13] Hier irrte Golo Mann. Heinrichs Finanzen blieben desolat, und Gäste zu verstören gelang ihm offenbar auch alleine.[14] Nur dass Heinrichs Freundinnen, Nadine in Los Angeles und Ruth mal hier mal da, keinen Anspruch auf Kontakt zur Familie Mann erhoben, das war sicher besser so. Noch zu

Weihnachten 1949 schickte Heinrich der abwesenden Ruth, ganz alte Schule, »exquisite and dainty [...] Linen handkerchiefs«.[15] Nicht wenige Frauen boten an, seinen Haushalt zu führen.[16] Auch die Schauspielerin und Chansonsängerin Blandine Ebinger, von der es heißt, dass sie gegen Ende der Beisetzungszeremonie für Nelly noch auf dem Friedhof auftauchte, war im Gespräch. Die Ehefrau des Komponisten Friedrich Hollaender war ebenfalls emigriert und hatte, wie Heinrich, in Hollywood nicht Fuß fassen können. Was verband ihn sonst noch mir ihr und was mit Greta Weil, die schließlich für ihn sorgte? Was reizte ihn, einen Briefwechsel mit der russischen Literatin Sophie Pregel-Breyer, die in New York lebte, zu führen, wie auch mit Margot Voss, der inzwischen betagten Prostituierten?

Ihre Schilderung der Verhältnisse im Nachkriegs-Berlin waren es vielleicht, die ihn zaudern ließen, dorthin zurückzukehren, genauer nach Ost-Berlin. 1947 hatte die Humboldt-Universität Heinrich Mann die Ehrendoktorwürde verliehen, 1949 hatte er den DDR-Nationalpreis I. Klasse für Kunst und Literatur erhalten, 1950 war er zum ersten Präsidenten der neugegründeten Akademie der Künste zu [Ost-]Berlin ernannt worden. Dieses Amt sollte er antreten. Katia hatte alles organisiert, er hätte nur noch das Schiff nach Europa nehmen müssen. Aber vielleicht hatte er keine Lust auf all das. Vielleicht nicht einmal auf die Vossen, die ihn nur zu gerne in Nellys Morgenrock versorgt hätte. Er starb nach einem Schlaganfall am 11. März 1950 gegen Mitternacht.[17]

In seinen letzten Jahren hatte sich Heinrich Mann mehr und mehr auf die Rolle des trotzigen Greises verlegt. Mäkelig wurde er, gerade auch seiner Schwägerin Katia gegenüber, die sich sehr viel Mühe mit ihm gab. In seinem Namen, aber auf ihre Kosten ließ sie von den entsprechenden Institutionen Care-Pakete an die Niendorfer Verwandtschaft Nellys schicken. Katia war es auch, die am Tag nach Heinrichs Tod dessen Schreibtisch ausräumte und eine große Menge der Zeichnungen fand, mit deren Anfertigung sich Heinrich die Zeit vertrieben hatte, jahrelang, zuletzt

Tag für Tag. Erika wurde geschickt, die Blätter abzuholen. Und zu vernichten, darf man wohl annehmen.[18] Wenigstens eins entging dem Autodafé. Zufällig? Es handelt sich um ein Foto Nellys aus der Zeit, als sie in Sassnitz auf Rügen zusammen mit Rudi Carius darauf wartete, nach Dänemark segeln zu können. Eine belastende Situation, sollte man meinen, aber Nelly lehnt für den Fotografen entspannt an einem Geländer am Strand. Lächelt. Doch das Foto ist entstellt. Da inzwischen auch das Original gefunden wurde, auf dem sie einen Trenchcoat, Hut, Handtasche und Pumps trägt, erkennt man, wie es manipuliert wurde: Es fehlt der Trenchcoat, die Frau ist nackt, ihr Körper mit sicheren Strichen konturiert. Sollte es Heinrich Mann, sozusagen als »Gedächtnisstütze«, angefertigt haben? Oder ist es eine Fälschung von fremder Hand, in böser Absicht? Gut gemeint war sicher nicht, dass es nach dem Tod von Nelly und Heinrich in den fünfziger Jahren in Hollywood von Hand zu Hand ging.[19]

»She was drinking hard. She had very great difficulties to acclimatize herself here«. Marta Feuchtwanger kannte Nelly aus nächster Nähe, viele Jahre lang. »She liked to live in France; I think she also had a boyfriend in France. It was very hard for her to leave France.«[20] Nellys erste Zusammenbrüche im August 1936 und Anfang 1937 stehen in engem zeitlichen Zusammenhang mit dem Ausbruch des Bürgerkriegs in Spanien im Juni 1936. Vielleicht war es wirklich die unerwiderte Liebe zu Rudi Carius, ihrem »boyfriend«, der in mancher Hinsicht der passendere Lebensgefährte hätte sein können, die ihr Unglücklichsein derart steigerte, dass nichts mehr sie am Leben hielt. Rudi Carius erfuhr übrigens von Nellys Tod erst am 17. Juni 1946. Heinrich Mann hatte ihm auf einen Brief hin geschrieben. Zum letzten Mal. Auf alle weiteren Versuche Carius', den Kontakt wieder aufzunehmen, antwortete er nicht mehr.

Bereits während der Arbeit an der Biografie *Katia Mann – Die Frau des Zauberers* war Nelly Mann näher in mein Blickfeld gerückt. Schon damals wollte ich wissen, warum die Schicksale der Ehefrauen der beiden Mann-Brüder im französischen und noch deutlicher im amerikanischen Exil so verschieden voneinander verliefen. Begründungen boten sich an: die geradezu gegensätzliche Herkunft der Frauen und vor allem die unterschiedliche Mentalität der Männer. Wie leicht kann daraus ein Vorurteil werden. Und wie schwer ist es, darüber hinweg zu sehen.

Die Quellenlage schien erst einmal kaum Neues zu offerieren. Die Archive in Berlin, Lübeck, Marbach, Los Angeles oder Prag waren ja schon gründlich gesichtet worden – im Hinblick auf Heinrich Mann. Urteilen zu misstrauen, sich der Mühe zu unterziehen, erneut Fakten zu sammeln, das ist generell eine reizvolle Übung. Erst recht, wenn sich bald abzeichnet, dass überkommene Denkweisen sich umstürzen lassen und eine eigenständige Geschichte entsteht. Das Erforschen der Lebensumstände Nellys führte mich nach Ahrensbök und Niendorf, von Berlin an die Côte d'Azur und auch nach New York und Los Angeles. Und in den Archiven zu bisher unentdeckten Quellen, beispielsweise zu ihrem Briefwechsel mit Oskar Levy, dem Freund, und den Tagebüchern Wilhelm Herzogs, des Chronisten der ersten gemeinsamen Jahre von Nelly und Heinrich Mann. Es ergaben sich völlig neue Tatsachen, und doch blieben viele Rätsel ungelöst: um die Schmidt-Ehe, um eine fragliche Mutterschaft, um ihre erste Zeit in Berlin überhaupt. Dass Rudi Carius eine größere Rolle in ihrem Leben spielte, als bisher angenommen, wurde immer klarer. Von dessen Freund Rudi Flach war bislang nicht einmal in Heinrich-Mann-Biografien mehr als nur am Rande die Rede, obwohl der Schriftsteller jahrelang Verbindung zu diesen beiden Kommunisten unterhielt. Auch deshalb hat die Vorstellung von Heinrich und Nelly Mann in den Spielcasinos von Cannes und Monte Carlo ihren besonderen Charme.

Nellys Abhängigkeit von Alkohol und Veronal gewann Konturen. Aus ihren Briefen, die sie während des Entzugs schrieb, sprechen Leiden und Scham ebenso wie verzweifelte Versuche, ihre Würde zu wahren. Das war zu zeigen. Auch Heinrich Manns Koabhängigkeit, so würde man es heute wohl nennen, wird erstmals deutlich. Sein anfängliches Widerstreben, anzunehmen, dass sein Schicksal mit dem Nellys unlösbar verknüpft war, dann aber auch seine Loyalität bis zum Schluss.

Nelly im Geflecht ihrer familiären Beziehungen – das gilt für die Krögers wie für die Manns – war neu zu verorten. Über ihre Kindheit in Ahrensbök und Niendorf war einiges in Erfahrung zu bringen. Klarer wurde auch ihre Position innerhalb der Emigranten-Gemeinde in Frankreich, wo sie einerseits als Underdog behandelt wurde, aber auch als rettender Engel bekannt war und manchem, glücklicherweise, auch einfach als Freundin galt. Im amerikanischen Exil traten zu ihren Schwierigkeiten ganz praktische Probleme hinzu, wie das der schleichenden Verarmung des Ehepaares und der Umstand, dass Nelly unter Drogeneinfluss Auto fahren musste bzw. wollte, zum Beispiel, um diversen Jobs nachzugehen – sie war zeitweise Gewerkschaftsmitglied! –, oder um Heinrich im Ashram zu besuchen. Auch sie hatte ihre Auszeit in diesem Ashram gehabt, zu kurz, zu spät allerdings.

Nellys Tragödie vollzog sich vor vielen Zeugen: vor Heinrich Mann, dessen Familie, den besseren und schlechteren Freunden. Deren hilflose, verstörte und verstörende Reaktionen galt es, zu recherchieren und zu dokumentieren. Ich fand ihr gewidmete Gedichte und FBI-Berichte. Und ein Theaterstück aus den achtziger Jahren samt Verfilmung aus den neunzigern, die dokumentieren, wie nachhaltig Nelly Manns Schicksal Hollywood erschütterte.

Es lässt sich denken, dass eine Biografie mit so vielen Neuigkeiten nicht ohne Ratgeber zu bewältigen war. Ihnen allen bin ich sehr dankbar.

I. Kapitel

1 Rudi Flach an Dr. Voigt, Châteauneuf de Grasse, 6. 6. 1976, DLA.

2 *Ahrensböker Nachrichten* im September 1896: »In wenigen Jahren ist durch das Fahrrad eine so gewaltige Umwälzung im Verkehr eingetreten wie etwa vor siebzig Jahren durch die Eisenbahnen. Dabei ist das Fahrrad ein kaum 30 Pfund schweres Fahrzeug, dessen Gebrauch mit vielen Mühen erlernt werden muß, es ist gebrechlich, seine Benutzung fordert im Anfange reichlichen Schweiß, oft wirft es seinen Reiter in einen Graben, oft noch wird es von ungebildeten rohen Passanten angerempelt und vor allen Dingen von den Hunden auf's Korn genommen [...]«, zit. nach Jürgen Brather: *Ahrensbök in Großherzoglich-Oldenburgischer Zeit 1867–1919*, Ahrensbök 1990, S. 318.

3 Auskunft zu Fahrrad und Uniform: Deutsches Postmuseum, Frankfurt am Main.

4 Die Geburtsurkunde von Emmy Johanna Westphal wurde mir von Hans Tylinski, Gemeindeverwaltung Ahrensbök, zur Verfügung gestellt. Sie enthält neben den erwähnten Daten den am 30. 12. 1920 hinzugefügten Vermerk, Nelly dürfe den Namen Kröger führen. Heinrich Mann war ganz offensichtlich nicht daran interessiert, dass über seine Gefährtin und

Ehefrau korrekt berichtet wurde. Zwar beantwortete er seinem frühen Biografen Karl Lemke viele Fragen, aber dessen Irrtümer Nelly betreffend korrigierte er offenbar nicht, also blieb es dabei: »Nelly Kröger, Landarbeitertochter aus Schlutup bei Lübeck [...]«, in Karl Lemke: *Heinrich Mann*, Berlin 1970, S. 59.

5 Sie war seit 1870 als fest angestellte Distriktshebamme zuständig für Ahrensbök; als zugelassene Hebamme (nach einer halbjährigen Ausbildung in Kiel) schon seit 1858. Als sie im März 1903 74-jährig auf dem Weg zu einer Geburt einem Schlaganfall erlag, hatte sie über 4000-mal Geburtshilfe geleistet. So bei Jürgen Brather: *Ahrensbök in Großherzoglich-Oldenburgischer Zeit 1867–1919*, Ahrensbök 1990, S. 153.

6 Emmy Westphal bekam einen Vormund. Sein Name soll Dührkop gewesen sein.

7 Zur Vaterschaft des Landbriefträgers u. a. Rudi Flach an Dr. Voigt, Châteauneuf de Grasse, 6. 6. 1976, DLA. Sowie Joachim Seyppels Antwort vom 20. 6. 2005 auf meine Anfrage vom 16. 6. 2005, »Wer war am wahrscheinlichsten ihr Vater, der Händler oder der Briefträger?«: »Ihr Vater: der Briefträger. Steht fest.«

8 Herr Voß vom Zentralarchiv Gleschendorf des Ev.-Luth. Kirchenkreises Eutin fand ein Dokument, nach dem Bertha Margareta Elise Westphal am 3. 4. 1872 in Eilsdorf, heute Kirchengemeinde Pronstorf, Kirchenkreis Segeberg geboren wurde. Frau Schories, Kirchenbuchamt Kirchenkreis Segeberg, fand allerdings einen Taufregisterauszug, nach dem sie am 21. 3. 1872 getauft wurde.

9 Laut Joachim Seyppel, der für sein 1975 erschienenes Buch *Abschied von Europa* recherchierte, wurde vermeintlich Kompromittierendes von Familienmitgliedern verbrannt. Noch heute werden Fragen nach Nelly mit Schweigen beantwortet. Selbst Harry Bodenhagen, Sohn der in die USA ausgewan-

derten älteren (Halb-)Schwester Nellys, möchte sich nicht äußern.

10 In zeitgenössischen Dokumenten wird Noah Troplowitz lediglich als Händler, nie als Viehhändler bezeichnet, wie später meist. Auch findet sich sein Name nicht unter denen der Viehhändler, die sich nach Eröffnung der Strecke Gleschendorf–Ahrensbök 1886 (die den Anschluss an die Strecke Eutin–Lübeck und damit an die städtischen Absatzmärkte auch in Hamburg brachte) in Ahrensbök niederließen.

11 Alle seine ehelichen Kinder, drei Söhne und zwei Töchter im Alter zwischen zehn und drei Jahren, kamen vor Emmys Geburt zur Welt.

12 Nellys Mutter hatte im ehemaligen Weberkaten, in dem die Familie Troplowitz lebte, eine Wohnung oder eher noch ein Zimmer gemietet (Auskunft des Standesbeamten der Gemeinde Ahrensbök vom 8. 3. 1973, Vorlass Seyppel, DLA). Troplowitz war nicht wohlhabend. Bis 1914 zog er als Marktreisender umher, 1934 starb er 76-jährig.

13 Weberkaten gab es in der Straße, die heute Weberstraße heißt, mehrere. Damals grenzte die Straße an freies Feld, auf dem u. a. Flachs angebaut wurde, daran erinnert die Straße Am Flachsacker. Nellys Geburtshaus steht nicht mehr.

14 Am 14. 6. 1903. Er starb als Fischermeister am 29. 3. 1963 in Travemünde. Auskunft Herr Voß, Ev.-Luth. Kirchenkreis Eutin, Zentralarchiv Gleschendorf.

15 Am 29. 7. 1904. Auskunft Herr Voß, Ev.-Luth. Kirchenkreis Eutin, Zentralarchiv Gleschendorf.

16 Am 3. 11. 1907. Auskunft Herr Voß, Ev.-Luth. Kirchenkreis Eutin, Zentralarchiv Gleschendorf.

17 Am 22. 5. 1910. Auskunft Herr Voß, Ev.-Luth. Kirchenkreis Eutin, Zentralarchiv Gleschendorf.

18 Sequenz Ilse Paduck an Heinrich Mann, Berlin, 5. 12. 1946, USC, Heinrich Mann Collection. Nellys Mutter starb im

April 1957, sie hatte Nicolaus Kröger um etwa zwei Jahre überlebt.

19 Heinrich Mann: *Ein ernstes Leben*, mit einem Nachwort von Alfred Kantorowicz, Rudolstadt o. J. Kantorowicz warnte schon damals in seinem Nachwort: »In der Heldin, Marie Lehning [...] erkennen wir Züge von Heinrich Manns zweiter Frau [...]; wohlgemerkt: Züge von ihr, nicht etwa ihre Biographie.«

20 Rudi Flach an Dr. Voigt, Châteauneuf de Grasse, 6. 6. 1976, DLA.

21 Volljährig wurde man damals mit Vollendung des 21. Lebensjahres. Möglicherweise war die geplante Heirat ihrer am 21. 7. 1895 geborenen Schwester Elsa mit Willi Bodenhagen der eigentliche Grund. Sie fand am 10. 12. 1921, also ein knappes Jahr danach, statt. Die Familienverhältnisse zu ordnen konnte Elsas, aber auch Emmys Heiratschancen nur verbessern.

22 Nach Auskunft einer ehemaligen Mitschülerin – sie erinnerte sich 1980 anlässlich eines Lichtbildervortrags an Emmy Kröger – gab es die dreiklassige Schule, an der zwei Lehrer unterrichteten, seit 1899. Zeitungsausschnitt in den mir zur Verfügung gestellten Unterlagen von Otto Rönnpag.

23 Rudi Flach an Dr. Voigt, Châteauneuf de Grasse, 6. 6. 1976, DLA.

24 Telefonat mit Martin Thoemmes, 30. 12. 2005. Das Gedicht auf Nelly ist leider verschollen, aber dem Niendorfer Original Onkel Charly setzte ein Holzbildhauer ein Denkmal im Hafen.

25 Rudi Flach an Dr. Voigt, Châteauneuf de Grasse, 6. 6. 1976, DLA.

26 Vorlass Joachim Seyppel, Notizen zu Auskünften der Familie Kröger, DLA.

27 Joachim Seyppel: *Abschied von Europa. Die Geschichte von Heinrich und Nelly Mann dargestellt durch Peter Aschenback*

und Georgiewa Mühlenhaupt, Berlin 1979 bzw. die darin mitgeteilten Rechercheergebnisse. Dazu: Vorlass Joachim Seyppel, DLA, besonders Rudi Flach an Dr. Voigt, Châteauneuf de Grasse, 6. 6. 1976, DLA. Darin: »In Berlin heiratete sie den ›Werther‹, aber der hieß Schmidt, war ein Bankier und dann war sie Frl. Kröger geschiedene Frau Schmidt.«

28 Kerstin Schneider (Hrsg.): Heinrich Mann: *Das Kind. Geschichten aus der Familie,* Frankfurt am Main 2002, S. 320: Heinrich Mann an Karl Lemke, o. O., 7. 11. 1946. In diesem Brief wies Heinrich Mann seinen prospektiven Biografen darauf hin, dass »*Ein ernstes Leben* [...] mehr oder weniger der Roman meiner geliebten Verstorbenen ist«. Dazu auch Hermann Kesten: *Meine Freunde, die Poeten,* München 1959, S. 48: »Da sagte doch der Heini immer, ›Nelly, du mußt mir dein ganzes Leben erzählen.‹ ›Was ist da zu erzählen‹ sage ich also und fange richtig an. Und da sagt doch der Heini: ›Nelly, du mußt dein ganzes Leben aufschreiben.‹ ›Und was ist da aufzuschreiben?‹ frage ich und fange richtig an. Und da sagt doch der Heini: ›das ist aber eine sonderbare Geschichte.‹« Ihr Ende? Heinrich warf Nellys Aufzeichnungen ins Kaminfeuer. Was davon in seinem Kopf war, verarbeitete er zu seinem Roman.

29 Dokument USC, Heinrich Mann Collection.

30 Kerstin Schneider (Hrsg.): Heinrich Mann: *Das Kind. Geschichten aus der Familie,* Frankfurt am Main 2002, S. 15. Allerdings hätte Nelly ihm weder in Ahrensbök noch in Niendorf begegnen können: Nach dem Tod des Vaters 1891 kehrte Heinrich Mann nie mehr nach Lübeck zurück.

31 Foto Vorlass Joachim Seyppel, DLA.

32 So auch Martin Thoemmes' (Publizist und Kenner Lübecks und Umgebung) Urteil über den Status der Familie Kröger. Telefonat am 30. 12. 2005.

33 Durch Stürme erzeugte Fluten, die durch die Eigenschwingungen der Ostsee verstärkt werden. Die schlimmste Sturm-

flut, auf die sich Heinrich Mann in *Ein ernstes Leben* wohl bezieht, soll sich laut Martin Thoemmes (Telefonat am 30. 12. 2005) zwischen 1872 und 1876 ereignet haben.

II. Kapitel

1 Heinrich Mann: *Ein ernstes Leben,* Rudolstadt o. J., S. 137.

2 Nelly Kröger soll auf dem Lehrter Bahnhof angekommen sein (wie üblich für Züge aus Richtung Lübeck). Ob sie zunächst tatsächlich eine Schlafkammer in einem Hinterhof in der Umgebung des Bahnhofs bewohnte und dort Küche und Toilette mit der Vermieterin und mindestens zwei weiteren Mietern teilte und für einen Kneipenwirt in der Steinstraße arbeitete, ist ebenso wenig bestätigt wie ihre Bekanntschaft mit einem Hilfsarbeiter, der sie mit zu Thälmann-Versammlungen genommen haben soll, wie immer wieder kolportiert wird.

3 Nelly Kröger handschriftlich auf der Rückseite des Fotos aus dem Vorlass Seyppel, DLA. Ein Herrenwinker war, laut Duden, eine »seitlich von den Schläfen bogenförmig abstehende Haarlocke bei einer weiblichen Person.«

4 Elisabeth Zwigmann an Heinrich Mann, o. O., Juli 1948, USC, Heinrich Mann Collection.

5 Tilly Wedekind über Heinrich Mann, zit. nach Manfred Flügge: *Heinrich Mann. Eine Biografie,* Reinbek bei Hamburg 2006, S. 154.

6 Sequenz Ulrich Dietzel und Rosemarie Eggert (Hrsg.): *Heinrich Mann: Briefe an Ludwig Ewers 1889–1919,* Berlin und Weimar 1980, S. 253 ff.; Briefe vom 10. und 16. 9. 1891. Derzeit wohl letzter Stand der Forschung ist, dass Heinrich Mann seine Lübecker Erfahrungen im »Goldenen Engel« in der Clemenstwiete 8 sammelte. Dazu Dagmar Hemmie: »Die Kontrollmädchen von der Clemenstwiete und ihre Schwes-

tern: zur Prostitution in Lübeck zu Ende des 19. und Anfang des 20. Jahrhunderts« in: *Zeitschrift des Vereins für Lübeckische Geschichte und Altertumskunde* Nr. 85 (2005), S. 237–250.

7 Eine Szene aus dem Jahr 1875 muss ihm da vor Augen gestanden haben, im Hintergrund ist Thomas als Säugling zu sehen. Auch eine Ballszene malte er.

8 Zit. nach Volker Skierka (Hrsg.): *Liebschaften und Greuelmärchen. Die unbekannten Zeichnungen von Heinrich Mann*, Göttingen 2001, S. 31.

9 Kerstin Schneider (Hrsg.): Heinrich Mann: *Das Kind. Geschichten aus der Familie*, Frankfurt am Main 2002, S. 11 f.

10 Inés Schmied wurde am 22. 8. 1883 in San Nicolás, in der argentinischen Provinz Buenos Aires, geboren. Vater: Adalberto Schmied aus St. Gallen, lebte lange in Paris, bevor er nach Argentinien ging. Sein Vater soll Goethe in Weimar besucht haben und mit Adelbert von Chamisso befreundet gewesen sein. Mutter: Pauline Schmied, geb. Wolff. Heirat 1877, da war sie 17, er 15 Jahre älter. Geschwister: Rudolf, 1878 geboren, Schriftsteller und Bohemien, Neurastheniker – bedenklich, da kann man Thomas Mann nur zustimmen –, Adalbert, 1879 geboren, und Arnold, 1888 geboren. Die Familie lebte zunächst in Buenos Aires, später in Paraguay; sie besaß große Ländereien, die dann aber durch Spekulationen verloren gingen.

11 Sequenz Günter Berg, Anke Lindemann-Stark und Ariane Martin (Hrsg.): »Heinrich Mann und Inés Schmied 1905–1909. Briefe einer Liebe« in: Heinrich Mann Jahrbuch 17/1999, S. 147 ff.

12 Julia Mann: *Ich spreche so gern mit meinen Kindern*, Berlin 2000, S. 178.

13 Heinrich Mann an Julia Mann, Venedig, 13. 5. 1908, zit. nach Julia Mann: *Ich spreche so gern mit meinen Kindern*, Berlin 2000, S. 166.

14 Im Frühjahr 1912 korrespondierte er mit »Berthe«, die er

aus Nizza kannte; sie nannte ihn »Riri« und nahm ihn wohl ordentlich aus. Auch eine Yvonne gab es, schon seit 1910, er kannte die Spielerin aus Nizza und traf sie in Paris wieder, was ihn sicher auch einiges kostete, schrieb sie doch: »Ich habe Ihre Großzügigkeit in Nizza nicht vergessen.«, zit. nach Manfred Flügge: *Heinrich Mann. Eine Biografie,* Reinbek bei Hamburg 2006, S. 97 und 109.

15 Auch Mary, auch Kaanova, Kanová oder Kahn. Maria Kahnová kam am 28. 1. 1886 in Čáslav (Böhmen) als Kind von Filip Kahn und seiner Frau Hermine, geb. Nettl, zur Welt. Die Familie lebte in Prag, von wo aus der Vater als Handlungsreisender ein bis nach Wien reichendes Gebiet betreute.

16 Kerstin Schneider (Hrsg.): Heinrich Mann: *Das Kind. Geschichten aus der Familie,* Frankfurt am Main 2002, S. 246 f.

17 Das geht auch aus der Scheidungsurkunde hervor. Dokument: USC, Heinrich Mann Collection.

18 Maximilian Brantl an Viktor Mann: »Am 1. August 14 brachte ich Heinrich und seine Braut nach Schliersee die Nachricht von der Ermordung Jaurés, wir erlebten dort zusammen die Mobilmachung. [...] Am 27. August 1914 fand in München die Vermählung Heinrichs statt. Trauzeugen waren Thomas und ich. An dem nachfolgenden Frühstück bei Böttner, Theatinerstrasse, nahm Thomas nicht teil.« ADK, Heinrich Mann Sammlung.

19 Jargon der Familie Thomas Mann.

20 Julia Mann an Heinrich Mann, o. O., o. D. zit. nach Julia Mann: *Ich spreche so gern mit meinen Kindern,* Berlin 2000, S. 229.

21 Albert Steinrück, Schauspieler, Schwager Arthur Schnitzlers, wie die Wedekinds zum Münchner Künstler-Stammtisch gehörig, der in der Torggelstube tagte.

22 Tilly Wedekind zit. nach Manfred Flügge: *Heinrich Mann. Eine Biografie,* Reinbek bei Hamburg 2006, S. 154.

23 Heinrich Mann an Maximilian Brantl, Berlin, 23. 12. 1928, zit. nach Kerstin Schneider (Hrsg.): Heinrich Mann: *Das Kind. Geschichten aus der Familie,* Frankfurt am Main 2002, S. 249.

24 Die Scheidung erfolgte 1930. 1933 verließen Mutter und Tochter München, sie gingen nach Prag, wo sie weiterhin von den Zuwendungen lebten, die Heinrich Mann ihnen zukommen lassen konnte. Das war erst einmal nicht viel, denn seitdem er Deutschland verlassen hatte, waren alle seine Konten in Deutschland gesperrt. 1940 wurde Mimi Mann in das KZ Theresienstadt verschleppt. Der US-Soldat Klaus Mann an Eva Hermann am 1. 8. 1945 über das Wiedersehen mit ihr: »Erinnerst Du Dich an Tante Mimi, Onkel Heinrichs geschiedene Frau? Eine Pragerin – Du weißt schon noch, so eine Dicke, Bunte, Muntere. Nun, ich habe sie wiedergesehen, vor vierzehn Tagen etwa, in einer böhmischen Ortschaft namens Theresienstadt. […] Zu ihrem Glück (Das Wort klingt paradox und zynisch in solchem Zusammenhang!) hatte sie ein ›halbarisches‹ Töchterlein aufzuweisen, Kind des politisch suspekten, aber nicht-jüdischen Heinrich Mann, weshalb Auschwitz und die Gaskammer ihr erspart geblieben sind. Theresienstadt galt als ›Vorzugslager‹. […] Ich habe es mir also angeschaut, dies vergleichsweise privilegierte Ghetto, es ist die Hölle. […] Ich habe mir die Tante Mimi angeschaut. Wie sieht sie aus, nach fünf Jahren ›Vorzugslager‹? Nicht mehr dick und bunt, auch nicht mehr munter! Ein Schatten ihrer selbst ist Tante Mimi, vom Fleisch gefallen, halb gelähmt, gebückt, verhutzelt, eingeschnurrt, mit dünnem weißem Haar, zittrigen Krallenfingern, die fahle Miene grimassenhaft verzerrt mit schiefem Mund und starrem Leidensblick. Eine Gerettete? Nein, ein Gespenst. Sie trägt das Zeichen.« Zit. nach Fredric Kroll (Hrsg.): *Klaus Mann Schriftenreihe,* Wiesbaden 1976–1996. Klaus gelang es 1945, Mimi nach Prag zurückzubringen, wo sie am 19. 4. 1947 starb.

25 Kerstin Schneider (Hrsg.): Heinrich Mann: *Das Kind. Geschichten aus der Familie,* Frankfurt am Main 2002, S. 250.

26 Die Eröffnung war am 15. 9. 1921. 1923 brannte das Theater aus. Trude Hesterberg: *Was ich noch sagen wollte …,* Berlin 1971, S. 127.

27 Heinrich Mann an Maximilian Brantl, o. O., 23. 12. 1928, zit. nach Kerstin Schneider (Hrsg.): Heinrich Mann: *Das Kind. Geschichten aus der Familie,* Frankfurt am Main 2002, S. 249.

28 Jargon der Familie Thomas Mann.

29 Sequenz aus Zeitungsausschnitten USC, Heinrich Mann Collection.

30 Sequenz Trude Hesterberg: *Was ich noch sagen wollte …,* Berlin 1971, S. 83 f.

31 NLWHTB Nr. 121, diverse Termine im April 1929.

32 Viktor Mann schrieb das »50 Jahre alte« Gedicht aus seiner Erinnerung auf und schickte es seinem Bruder zu dessen 75. Geburtstag. Der Brief ging aber verloren, und er schickte es am 4. 8. 1946 zum zweiten Mal. Seitdem galt es als verschollen. Es erschien erstmals 1899 im *Simplizissimus,* München, Nr. 4, S. 184. Dann wurde es 1927 in der New Yorker *Volkszeitung* und letztmals 1928 in den *Blättern für alle,* Berlin, veröffentlicht (Angaben: Brigitte Nestler, Heinrich-Mann-Bibliografin).

33 Sequenz Heinrich Mann: *Ein ernstes Leben,* mit einem Nachwort von Alfred Kantorowicz, Rudolstadt o. J., S. 180 ff.

34 Kerstin Schneider (Hrsg.): Heinrich Mann: *Das Kind. Geschichten aus der Familie,* Frankfurt am Main 2002, S. 11 f. Heinrich Mann schrieb diese Zeilen zwischen 1926 und 1929. Um diese Zeit lernte er Nelly Kröger kennen.

35 P. A. Otte (Journalist beim *Berliner Tageblatt*) an Joachim Seyppel o. O., 9. 3. 1973, DLA: »[…] Ich lernte Nelly in der ›Bajadere‹ in der Joachimstalstraße kennen – Heinrich Mann hatte gerade seinen Roman ›Ein einfaches Leben‹ [sic!] beendet, dessen Abdruck im Berliner Tageblatt erwogen wurde.«

Otte erinnerte sich sogar an eine Bajadere-Klofrau, die im Keller Heinrich Mann schon mal Kamillentee gekocht und Knöpfe angenäht haben soll. Nelly will nach eigener Aussage zumindest Wilhelm Herzog in der Bajadere kennengelernt haben, der am 24. 3. 1930 in seinem Tagebuch notierte: Nelly sei »Leicht Mimi und Trude gemischt mit einem Schuß Bardame (Bajadere).« Auch eine Örtlichkeit namens Kakadu ist gelegentlich im Gespräch – Lemke erwähnte sie, und Heinrich Mann korrigierte ihn nicht: »[…] war in Berlin Bardame im ›Kakadu‹ am Kurfürstendamm, wo der Dichter sie kennenlernte.« In Karl Lemke: *Heinrich Mann*, Berlin 1970, S. 59. Eine Nachfrage beim Landesarchiv Berlin ergab, dass es in der Joachimsthaler Straße eine Teestube dieses Namens gab. Müssen wir uns Nelly also in einer Teestube vorstellen? Eher nicht. In der Joachimsthaler Straße 10 befand sich »die größte Bar Berlins«, auch sie hieß Kakadu. Leider gibt es keinen derartigen Hinweis auf eine Bajadere.

36 Wilhelm Herzog war mit Erna Morena von 1915 (Geburt der Tochter Eva-Maria) bis 1921 verheiratet.

37 Katia Mann: *Meine ungeschriebenen Memoiren*, Frankfurt am Main 2000, S. 40.

38 NLWHTB Nr. 131, Eintrag ins Tagebuch vom 11. 6. 1932.

39 NLWHTB Nr. 125, Eintrag ins Tagebuch vom 25. 1. 1930: »11h auf dem Presseball. Jahrmarkt der Eitelkeiten. Dumm, armselig, selbst ohne Komik. Geschäftsvorbereitungen oder Prestigeversuche, Trude H. u. Hr v. Lustig.«

40 Nelly hatte offensichtlich keine Probleme, sich an der Konversation der beiden Männer zu beteiligen. Es handelte sich bei den Genannten um die Russin Maria Orska, Filmschauspielerin, Typ Garçonne. Sie starb 1930, erst 37 Jahre alt, in Wien. Um Alfred Kerr, den Literaturkritiker mit großem Einfluss in Berlin, was Thomas Mann zu spüren bekam, dem Kerr die Eroberung Katia Pringsheims neidete. Und um Maria Jeritza, 1887 geboren, die als erstrangige Sopra-

nistin (Wagner, Strauß u. a.) in Wien und New York große Triumphe feierte. Eine sehr schöne, glamouröse Frau.

41 Sequenz NLWHTB Nr. 126, Einträge März und April 1930.

42 NLWHTB Nr. 131, Eintrag vom 16. 2. 1931.

43 Wahlweise auch Café des Westens, Wintergarten, diverse Kinos (Ufa, Admiralspalast), Schillertheater, Piscatorbühne, Komödienhaus.

44 Wilhelm Herzog hatte von 1906 bis 1909 in München gelebt und in dieser Zeit die Mann-Brüder und deren Freunde kennengelernt.

45 NLWHTB Nr. 131, Eintrag vom 16. 2. 1931.

46 Paul Zsolnay Verlag Wien: Heinrich Mann. Gesammelte Werke in 13 Bänden, 1925–1932.

47 1906 begonnen, 1914 beendet, 1916 Veröffentlichung einiger weniger Exemplare im Privatdruck, 1918 erstmals als Buch erschienen.

48 Heinrich Mann übertrug den vierbändigen Roman unter dem Titel »Gefährliche Freundschaften« und versah ihn mit einer essayistischen Einleitung. Ab 1920 erschien seine Übersetzung unter dem Titel *Schlimme Liebschaften* im Insel-Verlag, Leipzig. Der Stoff wurde vielfach verfilmt, zuletzt 2003.

49 Deutsches Filminstitut, Frankfurt am Main.

50 Sigmund Freud an Sandor Ferenczi im Frühjahr 1913, zit. nach Rose Marie-Gropp: »Alpenkind und Allesversteherin«, in *Frankfurter Allgemeine Zeitung* vom 5. 5. 2006, S. 42.

51 1922 hatte Heinrich Mann den französischen Germanisten Felix Bertaux kennengelernt.

52 Klaus Pinkus berichtete Thea Sternheim, so ihr Tagebucheintrag vom 10. 7. 1951: »Wenn mich die Leute fragen, ob ich den Haanrich wirklich in einer Bar kennengelernt habe, sage ich immer: Aber naan, den Haanrich habe ich in der Kaaser Wilhelm Gedächtniskirche kennengelernt.« Manchmal zog sie auch das spitzige »Heini« vor. Thea Sternheim: Tagebücher 1903–1971, DLA.

53　Margot Voss an Heinrich Mann, Berlin 23. 1. 1948, ADK. Darin steht, dass Nelly ihrem – 18 Jahre alten – Bruder Walter Kröger (geboren im Mai 1910), ein Paar Stiefel mitbrachte, die Heinrich Mann bezahlt hatte. Andernorts wird aus einer Bemerkung Nellys geschlossen, sie habe Heinrich Mann 1929 kennengelernt.

54　Zu diesem Urteil kommt auch Sieglinde Fliedner-Lorenzen in: *Marta Feuchtwanger, Nelly Mann, Salka Viertel, drei Schriftstellerehefrauen im Exil 1933–1945* (Diss.), Bonn 2003, S. 55.

55　Berliner Adressbücher um 1930 verzeichnen einige Dutzend Einträge unter Carius, auch solche mit Vornamen Rudolf. Aber keinen in der Wallstraße, wo er, s. u., gewohnt haben soll.

56　Eigentlich Maikowsky, aber »Maikowski« sah in diesen Zeiten deutscher, also besser, aus.

57　Sequenz DLA, Vorlass Joachim Seyppel.

58　Die Ermordeten wurden am 2. 8. 1933 geehrt, indem man zwei Straßen nach ihnen benannte. 1947 wurde das wieder rückgängig gemacht.

59　Es gibt ein Buch über diese Vorgänge: Jan Petersen, eigentlich Hans Schwalm, selbst Bewohner der Wallstraße (heute: Zillestraße) schrieb es, versteckt in einer Holzhütte am Kleinen Werbellinsee, und fuhr auf seinem Motorrad einmal in der Woche nach Berlin, um das Manuskript abzutippen. Als er fertig war, buk er die Blätter in zwei Kuchen ein, um das Manuskript über die Grenze in die Tschechoslowakei, nach Prag, zu bringen. 1935 erschienen erste Auszüge daraus in Paris, 1936 das ganze Buch in Moskau und Bern, 1938 in London. 1935 nahm der Autor am Internationalen Schriftstellerkongress in Paris teil. Dunkel geschminkt und mit schwarzer Brille, wurde er von André Gide und Heinrich Mann aufs Podium geführt.

60　Beispielsweise in der 2005 der TU Berlin präsentierten Dissertation von Martin Schuster: *Die SA in der nationalsozialisti-schen »Machtergreifung« in Berlin und Brandenburg 1926–1934,* S. 225.

61 Margot Voss wird Heinrich Mann nach Nellys Tod Avancen machen. Ihre Briefe an ihn liegen zum Teil im ADK, Berlin, und teilweise in der USC, Los Angeles.

62 Gottfried von Cramm wohnte dort, Vicky Baum, die Familie Bonhoeffer, Samuel Fischer, Gerhart Hauptmann, Maximi-lian Harden, Joseph Joachim, Alfred Kerr, Lilli Lehmann, Max Planck, Walther Rathenau, die Brüder Ullstein u. a. Das neue kulturelle Zentrum zog eine reiche und/oder einflussreiche Klientel an. Der Anteil jüdischer Bürger war hoch. Vom Bahn-hof Grunewald führten nach dem 18. 10. 1941 Deportations-züge nach Lodz, Riga und Auschwitz und brachten 35 000 jü-dische Berliner und Berlinerinnen in die Vernichtungslager.

63 Es gibt einen wunderbaren Film, der all das zeigt: *People on Sunday (Menschen am Sonntag),* gedreht in Berlin 1929. Das Drehbuch schrieben Curt und Robert Siodmak zusammen mit Billy Wilder.

64 Ilse Paduck an Heinrich Mann, Berlin, 24. 8. 1947, USC, Heinrich Mann Collection. »Onkel Toms Hütte« war die weit verbreitete Bezeichnung für das Wirtshaus Riemeister, eine strohgedeckte Halle mit Kaffeegarten, Kutscherstube und Pferdestall, auch Ausgangspunkt für Kutschfahrten.

65 Feuchtwangers lebten dort von 1930 bis 1933. Als die SA in diesem Jahr ihr Haus plünderte, waren sie auf einer Auslands-reise. Sie kehrten nicht mehr nach Deutschland zurück.

66 Die eigentliche Festrede hielt Gottfried Benn.

67 NWHTB Nr. 131, Eintrag vom 15. 2. 1931. Es war Nellys 33. Geburtstag.

68 Ilse Paduck an Heinrich Mann, Berlin, 24. 8. 1947, USC, Heinrich Mann Collection. Ilse Paduck schreibt, sie sei oft mit ihrem Sohn bei Nelly vorbeigekommen, um sie zu einem Spaziergang im Preussenpark abzuholen.

69 Ilse Paduck an Heinrich Mann, Berlin, 24. 8. 1947, USC, Heinrich Mann Collection. Ilse Paduck schreibt, das Haus, in dem Nelly und Heinrich wohnten, stehe noch. Sie erinnert sich daran, dass Nelly auf ihre Tomatenpflanzen auf dem Balkon – »in tiefstem Frieden gepflanzt« – sehr stolz gewesen sei.

70 Ilse Paduck an Heinrich Mann, Berlin, 5. 12. 1946, USC, Heinrich Mann Collection.

III. Kapitel

1 Am 16. 4. 1935 (Poststempel) schrieb Nelly eine Postkarte aus Nizza: »An Frau Karl Kröger, Strandpromenade, Niendorf, Ostsee, Allemagne. Liebe Tante Frieda! Das ist Tusnelda Kannichtsdafür, u. wünscht Euch Fröhliches Ostern. Sehen wir uns Weihn.?« Es gab also nicht nur bei den Manns, sondern auch bei Krögers Spitznamen, literarische sogar. Ob Tusnelda Kannichtsdafür etwas mit Hebels Kannitverstan zu tun hat? Wir erinnern uns, ihren ersten Mann nannte Nelly »Werther«.

2 NLWHTB Nr. 136, Eintrag vom 24. 1. 1932.

3 NLWHTB Nr. 136, Eintrag vom 15. 3. 1932.

4 Handschriftliches Dokument von Mimi Mann, LAPNP.

5 Hermann Sinsheimer gibt in seinen *Erinnerungen und Begegnungen: Gelebt im Paradies*, München 1953, S. 276 ff., Nelly Mann die Schuld am Zerbrechen seiner Freundschaft mit Heinrich Mann. Doch warum sollte dies der Fall gewesen sein? Heinrich Mann ging in seinem Buch *Der Haß* im Kapitel »Man muss sich zu helfen wissen« außerordentlich hart mit Sinsheimer ins Gericht. Opportunismus übelster Sorte warf er ihm vor, Heranschmeißen an Goebbels … Wenn darin nur ein Körnchen Wahrheit steckte, wäre Folgendes denkbar: Sinsheimer war sich 1933 nicht sicher, was aus Hein-

rich Mann werden würde. Und was aus ihm, wenn er mit Mann kooperierte. Wie verführerisch, ein Zerwürfnis auf die Frauen (Frau Sinsheimer als Intimfreundin Mimis doch wohl Feindin Nellys) abzuwälzen, um sich Spielräume zu verschaffen. Ob die Abschrift gar auf eine regelrechte Kabale hinweist?

6 NLWHTB Nr. 137, Einträge vom 9. 9. 1932 ff.

7 Heinrich Mann: *Ein Zeitalter wird besichtigt,* Frankfurt am Main 2003, S. 377.

8 Die entscheidende Warnung soll Heinrich Mann von Dr. Wilhelm Abegg, dem ehemaligen Ministerialdirigenten und Staatssekretär des Landes Preußen (die Regierung war im Juli 1932 durch den Preußenschlag aufgelöst worden), erhalten haben.

9 Es war ihm zwei Jahre zuvor, im Herbst 1931, auf Antrag ausgestellt worden. Im August 1933 wurde Heinrich Mann ausgebürgert, sein Pass lief drei Jahre später ab. Im August 1936 wurde er tschechischer Staatsbürger. Der Textilfabrikant Rudolf Fleischmann aus Proseč, einer Kleinstadt in Mittelböhmen, hatte schon im August 1935 im Gemeinderat durchgesetzt, dass Heinrich Mann dort Heimatrecht gewährt wurde, Grundlage für die Einbürgerung ein Jahr später. Heinrich Mann legte dazu im tschechischen Konsulat in Marseille am 24. 8. 1936 den Verfassungseid ab. Fleischmann war es übrigens auch, der die Einbürgerung Thomas' und Katias mit ihren unmündigen Kindern Elisabeth und Michael erreichte; Golos getrennt eingereichtes Gesuch wurde ebenfalls bewilligt, auch Klaus und Monika wurden mit Fleischmanns Hilfe Tschechen.

10 Nelly Kröger an Heinrich Mann o. O., o. D., USC, Heinrich Mann Collection.

11 Sequenz Mitteleuropäische Industrie- und Handelsgesellschaft an Heinrich Mann, Berlin, 29. 5. 1933, USC, Heinrich Mann Collection.

12 Nelly Kröger an Heinrich Mann o. O., o. D., USC, Heinrich
     Mann Collection.
13 Sequenz Heinrich Mann an die Mitteleuropäische Industrie-
     und Handelsgesellschaft, Berlin, o. D., USC, Heinrich Mann
     Collection.
14 Sequenz Heinrich Mann an Nelly Kröger, o. O., o. D., USC,
     Heinrich Mann Collection.
15 Nelly Kröger an Heinrich Mann, o. O., o. D., USC, Heinrich
     Mann Collection.
16 Nelly Kröger an Heinrich Mann o. O., 3. 4. 1933, USC,
     Heinrich Mann Collection.
17 Nellys Halbschwester Käthe Sophie hatte, 23-jährig, am
     28. 5. 1927 den fünf Jahre älteren, aus Trier stammenden Carl
     Emil Saebel, Kellner in Lübeck, geheiratet.
18 NLWHTB Nr. 138, Eintrag vom 17. 12. 1932: »Krach mit sei-
     nem [Heinrich Manns] Hauswirt. Frau Kröger wird ordinär,
     keift, der Verwalter giebts ihr zurück.«
19 »Hierdurch bescheinige ich, dass Frau Nelly Kröger seit 29
     Januar dess. Jrs. wegen einer – im Anschluss an eine Gehirn-
     erschütterung aufgetretenen – hochgradigen Nervenschwä-
     che – verbunden mit Neigung zu Anfällen von Bewusstlosig-
     keit – in meiner Behandlung steht. – Ihr Zustand ist z. Z.
     noch ein derartiger, dass jede seelische Erregung die genann-
     te in die Gefahr einer lebensbedrohenden Verschlechterung
     bringen kann.« USC, Heinrich Mann Collection.
20 Heinrich Mann an Nelly Kröger, o. O., o. D., USC, Heinrich
     Mann Collection.
21 Sequenz Nelly Kröger an Heinrich Mann, o. O., 3. 4. 1933,
     USC, Heinrich Mann Collection.
22 Die Sachverhalte, die zu diesen Fragen führen, sind im
     Wesentlichen extrahiert aus dem Vorlass Joachim Seyppels.
     DLA.
23 Der Brief, den Heinrich Mann am 10. 7. 1947 an Franz Carl
     Weiskopf, Los Angeles, schrieb, geht weiter: »Seit 1940, Flucht

nach Amerika, nahm alles ab, was ich bewahrt hatte, Heiter-
keit, Nachglanz der Jugend, vor allem die Gesundheit meiner
Frau. Ihre Ankunft in Frankreich, ihr Abschied hier, bevor sie
›freiwillig‹ starb, sind zwei Tage, an denen ich mein Dasein
und meine Produktion ermesse. Nach dem zweiten vollzieht
sich das Alter, in Buch und Leben«, zit. nach Kerstin Schneider
(Hrsg.): Heinrich Mann: *Das Kind. Geschichten aus der Familie,* Frankfurt am Main 2002, S. 277. Und Sigrid Anger (Hrsg.):
*Heinrich Mann 1871–1950. Werk und Leben in Dokumenten und
Bildern* (mit unveröffentlichten Manuskripten und Briefen aus
dem Nachlass), Berlin und Weimar 1978, S. 333.

24 Zit. nach Heinrich Mann: *Ein Zeitalter wird besichtigt,* Düsseldorf 1974, S. 562.

25 Sequenz TMTB, Einträge 24. 4. 1933 und 1. 6. 1933.

26 1902 entwickeltes, ab 1908 rezeptpflichtiges Barbiturat, das seit
den 1960er Jahren zunehmend durch Benzodiazepine ersetzt
und Anfang der 1970er Jahre aus gutem Grund vom Markt
genommen wurde. Niedrig dosiert sollte Veronal beruhigen,
etwas mehr davon verhalf zu einem narkoseähnlichen Schlaf,
zu viel führte zum Tod. Zu Beginn des 20. Jahrhunderts
war Veronal so etwas wie eine Modedroge. Ob beabsichtigt
oder versehentlich brachten sich viele Menschen damit um.
Arthur Schnitzler hat den Veronaltod 1924 in der Erzählung
Fräulein Else beschrieben.

27 Lisl Franks Mutter war die Sängerin und Schauspielerin Fritzi
Massary, die Identität des Vater ist unklar.

28 TMTB, Eintrag 8. 6. 1933.

29 René Schickele: Tagebücher, DLA.

30 Zit. nach Heinke Wunderlich: *Spaziergänge an der Côte
d'Azur der Literaten,* Zürich 1993, S. 62.

31 Sequenz Hans Wysling und Cornelia Bernini (Hrsg.): *Jahre
des Unmuts. Thomas Manns Briefwechsel mit René Schickele,*
Frankfurt am Main 1992, René Schickele an Thomas Mann,
o. O., 26. 4. 1934, 5. 9. 1934, 31. 10. 1935, 16. 11. 1935.

32 Sequenz Hermann Kesten und Anna Schickele (Hrsg.): René Schickele: *Werke in drei Bänden, Bd. 3: Tagebücher und Briefe,* Köln 1959, S. 1052 ff.

33 Sequenz Hermann Kesten: *Meine Freunde die Poeten,* Frankfurt am Main 1980, S. 37.

34 So an einem 9. Juni 200 sfrs; am Tag zuvor waren Medi und Bibi in einem alten Fiat angekommen und bei Schickeles einquartiert worden. René Schickele: Tagebücher, DLA.

35 Seine Informantin war in diesem Fall »L.«, »Lannatsch«, Schickeles Ehefrau Anna. Sequenz René Schickele: Tagebücher, DLA.

36 Sequenz Goschi und Mimi Mann an Heinrich Mann, Prag, 11. 6. 1933 und 2. 9. 1933, USC, Heinrich Mann Collection.

37 Hermann Kesten und Anna Schickele (Hrsg.): René Schickele: *Werke in drei Bänden, Bd. 3: Tagebücher und Briefe,* Köln 1959, S. 1195.

38 René Schickele an Julius Meier-Gräfe, o. O., 3. 10. 1934, Hermann Kesten und Anna Schickele (Hrsg.): René Schickele: *Werke in drei Bänden, Bd. 3: Tagebücher und Briefe,* Köln 1959, S. 1211. Dazu auch Tagebucheintrag unter diesem Datum, DLA.

IV. Kapitel

1 Heinrich Mann an Nelly Kröger, Briançon, 29. 8. 1936, USC, Heinrich Mann Collection.

2 Heinrich Mann an Nelly Kröger, Prag, 20. 10. 1934, USC, Heinrich Mann Collection.

3 Heinrich Mann an Nelly Kröger, Prag, 26. 10. 1934, USC, Heinrich Mann Collection.

4 Joseph Roth hatte Andrea Manga Bell im August 1929 kennengelernt. Sie war die Tochter einer Hamburger Hugenottin und eines farbigen Kubaners und die zweite (Ex-)Ehefrau

Alexandre Manga Bells, Prince de Douala et Bonanyo, aus der ehemaligen deutschen Kolonie Kamerun, Sohn des 1914 von den Deutschen exekutierten Doualakönigs Rudolf Manga Bell, der von 1891 bis 1896 Pflegekind der Aalener Familie Österle gewesen war. Manga Bell hatte Andrea verlassen und war nach Kamerun zurückgekehrt. Als Roth sie kennenlernte, brachte sie sich und ihre beiden Kinder als Redakteurin bei der Ullstein-Zeitschrift *Gebrauchsgraphik* durch. Roth war von dieser Frau sofort fasziniert, und sein Interesse wurde erwidert. Bald bezogen die beiden, mit den Kindern, eine gemeinsame Wohnung. Sie gingen zusammen in die Emigration. Doch zumindest Roth war der Situation nicht gewachsen, weder finanziell noch emotional. Und er war notorisch eifersüchtig. 1938 war die Beziehung am Ende.

5 Hermann Kesten: *Lauter Literaten. Portraits – Erinnerungen*, Wien u. a. 1963, S. 37 ff.

6 Heinrich Mann an Nelly Kröger, Prag, 26. 10. 1934, USC, Heinrich Mann Collection.

7 Heinrich Mann an Nelly Kröger, Paris, 23. 11. 1935, USC, Heinrich Mann Collection.

8 Wilhelm Münzenberg war bis 1933 der zweitgrößte Medienunternehmer Deutschlands. Im September 1935 hatte er auf der Zusammenkunft deutscher Oppositioneller zur Vorbereitung der deutschen »Volksfront«, für ein Bündnis aller Hitler-Gegner ungeachtet ihrer weltanschaulichen und politischen Gegensätze plädiert. Im März 1938 würde er wegen seiner Kritik an Stalin aus dem ZK der KPD ausgeschlossen und aller Funktionen enthoben werden. Im Mai desselben Jahres traf Nelly ihn vermutlich in Paris, Heinrich beauftragte sie jedenfalls, ihn dort auszuhorchen. Ein Jahr später wurde er auch aus der Partei ausgeschlossen. Am 21. 10. 1940 fand man ihn erhängt in einem Wald bei Saint-Marcellin, Département Isère.

9 Bemerkenswert ist, dass Heinrich Mann dem Hinweis Nellys

nachging. Wollte er sie nicht diskreditieren oder nahm er ihn ernst? Wie stark war Nelly in politische Händel eingebunden? Wie gut informiert war sie? Fragen, die unbeantwortet bleiben müssen.

10 Sequenz Heinrich Mann an Nelly Kröger, Paris, 25. 11. 1935, USC, Heinrich Mann Collection.

11 Rudi Flach an Joachim Seyppel, o. O., 25. 3. 1982, DLA.

12 Marta Feuchtwanger: *Nur eine Frau,* Berlin und Weimar 1984, S. 21 u. 24. Auch Nelly versuchte dort ihr Glück.

13 Sequenz TMTB, Einträge 15. 5. 1935 ff.

14 TMTB, Eintrag 23. 9. 1936.

15 Thea Sternheim: Tagebücher 1903–1971, DLA, Eintrag 4. 2. 1936.

16 Mit Ausnahme Erikas, sie war durch ihre Heirat mit W. H. Auden Britin.

17 Elisabeth (Medi) war zwei, Michael (Bibi) drei Jahre jünger als Leonie (Goschi). Heinrich Mann an Thomas Mann, o. O., 18. 7. 1936, in: Hans Wysling (Hrsg.): Thomas Mann, Heinrich Mann: *Briefwechsel 1900–1949,* Frankfurt am Main 1984. Tatsächlich waren Vater und Tochter vom 10. bis 21. 9. 1936 in Aiguebelle und Le Lavandou, allerdings waren sie nur mit Thomas und Katia zusammen, und alle waren in dieser Zeit krank.

18 Der folgende Brief, den Oscar Levy am 2. 8. 1936 an Nelly schrieb (USC, Heinrich Mann Collection), spricht dafür, dass es vor diesem Tag war; Heinrich erwähnt in seinem Brief vom 2. 11. 1936, er habe sie seit dem 7. August nicht gesehen, die Nacht zuvor sei er schlaflos gewesen und sie »beschickert«. Es scheint, als sei das untertrieben, denn zurück in Nizza, landete Nelly erst einmal im Krankenhaus.

19 Oscar Levy an Nelly Kröger, Briançon, 2. 8. 1939, USC, Heinrich Mann Collection.

20 – Fressalien! Die Aufzählung findet sich in seinen autobiografischen Aufzeichnungen auf Blatt 21. Quelle für gesamte Se-

quenz: Steffen Dietzsch, Julia Rosenthal (Hrsg.): *Oscar Levy.*
Gesammelte Schriften und Briefe, Band I: Steffen Dietzsch,
Leila Kais (Hrsg.): *Nietzsche verstehen. Essays aus dem Exil*
1913–1937, Berlin 2004.

21 Maud Levy an Nelly Kröger, London, 7. 6. 1936, USC, Heinrich Mann Collection.

22 Nelly Kröger an Maud Levy, Nizza, 13. 6. 1936, mitgeteilt von Steffen Dietzsch im Internet.

23 In der Liebe ist der einzige Sieg die Flucht. Levy zitiert Napoleon.

24 Ludwig Marcuse schrieb 1989 über die »Halbjüdin Nelly«, das FBI etikettierte »arisch«. Nelly musste für beides herhalten.

25 »Wenn man nun aber nicht sofort und von Anfang an erfolgreich ist, wenn man erst einmal angefangen hat, dem Gesang der Sirene zu lauschen und sich betören zu lassen, wird der Rückzug ziemlich schwer. Vor allem wird er einem von der Frau niemals verziehen. Potiphars [Ehefrau] rächt sich an Josef. Ich habe für jede meiner Fluchten bezahlt: bei Mrs. C, auch bei Miss E. B., danach bei Mrs. L. und danach bei Frau Kröger (Geliebte und Gattin Heinrich Manns und eine schöne Arierin), deren Flehen ich im Hôtel Masséna, Monte Carlo, zu widerstehen hatte, wo sie sich während der Abwesenheit Heinrich Manns aufhielt. Diese Letzte muss ihrem Pharao eine haarsträubende Geschichte über mein Benehmen ihr gegenüber erzählt haben […]. Doch bis zum heutigen Tag hat die schöne Mme. Mann mein Mitgefühl […].«
Leila Kais schickte mir die Typoskriptseiten 184 f. des Tagebuchs Oscar Levys, die inzwischen veröffentlicht sind. Ich danke Julia Rosenthal, Oxford, für Telefonate, in denen sie von ihrer hochbetagten Mutter Maud Rosenthal, geb. Levy, erzählte, deren vor siebzig Jahren an Nelly geschriebenen Brief ich 2006 in Los Angeles entdeckte.

26 Lion Feuchtwanger: *Narrenweisheit oder Tod und Verklärung des Jean-Jaques Rousseau,* Berlin 2001, S. 19: »Er wußte, sie war, als Jean-Jaques sie in ihrer frühesten Jugend hatte kennenlernen [sic!], in einem schäbigen Hotel Kellnerin gewesen. Sie mochte jetzt siebenunddreißig Jahre alt sein oder achtunddreißig. [...] Dem Marquis schien Madame Rousseau vulgär, doch nicht ohne Reiz. Ihr etwas fülliges Gesicht zeigte wenig Ausdruck, aber die großen, lässigen Augen mochten manchen Mann anziehen, ebenso die trägen Gesten ihres Körpers. Langsam, naiv, ohne Scham und Bescheidenheit, musterte sie Menschen und Dinge. Sie sprach wenig und schien Mühe zu haben, die rechten Worte zu finden.« Es gibt übrigens ein zweites Paar, das ähnlich gesehen wurde wie Heinrich und Nelly: D. H. Lawrence und Frieda. Aldous Huxley war mit seiner Frau Maria im April 1930 nach Sanary gezogen, wo sie bis 1937 blieben. Im März 1930 war sein Freund D. H. Lawrence mit nur fünfundvierzig Jahren in Vence gestorben. In Huxleys 1955 erschienenem Roman *Das Genie und die Göttin* scheinen beide Paare zu Henry Maartens und seiner jungen Frau Katy verschmolzen zu sein.

27 USC, Lion Feuchtwanger Collection.

28 Heinrich Mann an Nelly Kröger, Briançon, 21. 8. 1936, USC, Heinrich Mann Collection.

29 Oscar Levy an Nelly Kröger, Briançon, 26. 8. 1936, USC, Heinrich Mann Collection. Dass sie Französisch sprach, bestätigt ein Brief, den Nelly an Barnathan schrieb, um ihm zu erklären, dass sie Gluge als behandelnden Arzt vorziehe, weil der Deutsch spreche. Sprachliche Subtilitäten waren ihr demnach geläufig und wichtig. Auch in Amerika stellte sie sich erstaunlich schnell auf die neue Sprache ein; in ihren deutschen Briefen übernahm sie bald den englischen Satzbau.

30 Heinrich Mann an Nelly Kröger, Briançon, 27. 8. 1936, USC, Heinrich Mann Collection.

31 Heinrich Mann an Nelly Kröger, Briançon, 29. 8. 1936, USC,
    Heinrich Mann Collection.

32 Oscar Levy an Nelly Kröger, Briançon, 29. 8. 1936, USC,
    Heinrich Mann Collection.

33 Heinrich Mann an Nelly Kröger, Briançon, 29. 8. 1936, USC,
    Heinrich Mann Collection. Vielleicht wollte Nelly schreiben
    »m'au plus pressée«: »am dringendsten«?

34 Heinrich Mann an Nelly Kröger, Le Lavandou, 11. 9. 1936,
    USC, Heinrich Mann Collection.

35 Heinrich Mann an Nelly Kröger, Le Lavandou, 13. 9. 1936,
    USC, Heinrich Mann Collection.

36 Oscar Levy an Nelly Kröger, Monte Carlo, 16. 9. 1936, USC,
    Heinrich Mann Collection.

37 Sequenz Heinrich Mann an Nelly Kröger o. O., o. D., USC,
    Heinrich Mann Collection.

38 Sequenz Heinrich Mann an Nelly Kröger, Le Lanvandou,
    29. 9. 1936, USC, Heinrich Mann Collection.

39 Heinrich Mann an Nelly Kröger, Le Lavandou, 1. 10. 1936,
    USC, Heinrich Mann Collection.

40 Heinrich Mann an Nelly Kröger, Le Lavandou, 2. 10. 1936,
    USC, Heinrich Mann Collection.

41 Heinrich Mann an Nelly Kröger, Le Lavandou, 1. 10. 1936,
    geschrieben auf die Rückseite der Mitteilungen über die Ta-
    gung der Frauenkommission, No. 3, Seite 6. USC, Heinrich
    Mann Collection.

42 Oscar Levy an Nelly Kröger, Monte Carlo, 28. 10. 1936, USC,
    Heinrich Mann Collection.

43 Oscar Levy an Nelly Kröger, Monte Carlo, 4. 11. 1936, USC,
    Heinrich Mann Collection.

44 Oscar Levy an Nelly Kröger, Monte Carlo, 18. 11. 1936, USC,
    Heinrich Mann Collection.

45 Moritz Mauricio an Nelly Kröger, Barcelona, o. D., USC,
    Heinrich Mann Collection.

46 René Schickele schrieb in seinem Tagebuch am 6. 3. [1924?],

wohl der erste Eintrag seit seiner Ankunft in Nizza, er sehe den Fischern zu, die in der kleinen Bucht die *oursins,* die sich mit den Stacheln zwischen den Steinen festgeklammert hatten, mit Messern loslösten.

47 Georg Bernhard hatte als Chefredakteur der *Vossischen Zeitung* und Mitglied des Reichstags für die Deutsche Demokratische Partei Gründe genug, Nazideutschland zu verlassen. Wie Nelly floh er im Frühjahr 1933 über Kopenhagen nach Paris. Im Exil verbanden ihn viele gemeinsame Initiativen mit Heinrich Mann (*Pariser Tageblatt,* Flüchtlingskonferenz des Völkerbundes, Lutetia-Kreis), doch nach zunehmenden Auseinandersetzungen mit der KPD zog er sich zurück.

48 Sequenz NLWHTB Nr. 162, Einträge 31. 12. 1936 und 1. 1. 1937.

49 Rudi Carius an Nelly Kröger, o. O., o. D., USC, Heinrich Mann Collection.

50 Unter anderem zurückgehend auf eine Formulierung Katia Manns in: Katia Mann: *Meine ungeschriebenen Memoiren,* Frankfurt am Main 2000, S. 153.

51 TMTB, Eintrag vom 4. 9. 1935.

52 Er scheint nur vier Wochen dort gewesen zu sein, gerade lange genug, um kein weiteres Semester dort verbringen zu wollen.

53 Manfred Flügge: *Heinrich Mann. Eine Biografie,* Reinbek bei Hamburg 2006, S. 364 f.

54 Adolf Otto an Nelly Kröger, o. O., 10. 9. 1937, USC, Heinrich Mann Collection.

55 Rudi Flach an Joachim Seyppel, Châteauneuf de Grasse, 6. 6. 1976, DLA.

56 Nelly Kröger an Adolf Otto, Nizza, 13. 9. 1937, USC, Heinrich Mann Collection.

57 Wilhelm Münzenberg an Nelly Kröger, o. O., 8. 3. 1938, USC, Heinrich Mann Collection.

58 Heinrich Mann an Nelly Kröger, o. O., 12. 5. 1938, USC, Heinrich Mann Collection.

59 Im Dezember 1937 ließ Heinrich Mann sich die Modedroge Biodynamine verordnen, ein Vitamin-D-Präparat. Aus heutiger Sicht ein fragwürdiges Arzneimittel.

60 Insgeheim hoffte Heinrich Mann, dass Mimi und Goschi Geschmack daran finden und sich länger im Kaukasus aufhalten würden, wo sie in Sicherheit gewesen wären.

V. Kapitel

1 Nelly Kröger an Heinrich Mann, o. O., o. D., USC, Heinrich Mann Collection.

2 Heinrich Mann an Nelly Kröger, Nizza, 13. 5. 1938, USC, Heinrich Mann Collection.

3 Wir wissen nur, dass Salomea Rottenberg ihr beistand. Sie wurde und blieb Nellys Freundin.

4 Heinrich Mann, der wohl der Peinlichkeit vorbeugen wollte, dass der Bruder das unvorbereitet zu sehen bekäme, an Thomas Mann am 22. 11. 1938, zit. nach Hans Wysling (Hrsg.): Thomas Mann, Heinrich Mann: *Briefwechsel 1900–1949*, Frankfurt am Main 1984.

5 Ein Rezept von Barnathan über Veronal, eingelöst am 23. 8. 1938, USC, Heinrich Mann Collection.

6 Rechnungen, USC, Heinrich Mann Collection.

7 Dokumente zu dieser Sequenz USC, Heinrich Mann Collection. Am 17. 12. 1938 war Nelly nach der zitierten Rechnung in die »Clinique Chirurgicale [!], Villa Constance, Quartier Saint Barthélemy, Nice, Montée Claire-Virenque« eingeliefert worden. Im Briefkopf steht weiter: »Ouverte a Tout le Corps Médical, Direktrice: Mme Inès Nicolai [vermutlich eine Verwandte von Heinrichs Rechtsanwalt und in die Turek-Affäre involviert], Tel. 876–22«. Nellys

Briefen ist zu entnehmen, dass sie die Villa Constance etwa nach drei Wochen verließ und, vermutlich, nach Vence ging.

8 Nelly Kröger an Heinrich Mann, o. O., o. D., USC, Heinrich Mann Collection.

9 Nelly Kröger an Heinrich Mann, o. O., o. D., USC, Heinrich Mann Collection.

10 Nelly Kröger an Heinrich Mann, o. O., o. D., USC, Heinrich Mann Collection.

11 Nelly Kröger an Heinrich Mann, o. O., o. D., USC, Heinrich Mann Collection.

12 Nelly Kröger an Heinrich Mann, o. O., o. D., USC, Heinrich Mann Collection.

13 Einer ihrer geliebten Kanarienvögel – benannt nach dem Advokaten Nicolaï? –, den sie vielleicht tatsächlich, vielleicht aber auch nur in ihrer Einbildung bei sich hatte.

14 Nelly Kröger an Heinrich Mann, o. O., o. D., USC, Heinrich Mann Collection.

15 Um den 9. 1. 1939 herum, wegen der im Brief erwähnten drei Wochen.

16 Vgl. TBTM, Eintrag 18. 5. 1935. Mont-Boron war ein Lieblingsplatz von Nelly.

17 Nelly Kröger an Heinrich Mann, o. O., o. D., USC, Heinrich Mann Collection.

18 Nelly Kröger an Heinrich Mann, Nizza, 16. 1. 1939, USC, Heinrich Mann Collection.

19 Nelly Kröger an Heinrich Mann, o. O., o. D., USC, Heinrich Mann Collection.

20 Heinrich Mann an Nelly Kröger, o. O., 17. 1. 1939, USC, Heinrich Mann Collection.

21 Thea Sternheim: Tagebücher 1903–1971, DLA, Eintrag vom 4. 1. 1939

VI. Kapitel

1 Heinrich Mann an Thomas Mann, Nizza, 25. 5. 1939, in: Hans Wysling (Hrsg.): Thomas Mann, Heinrich Mann: *Briefwechsel 1900–1949*, Frankfurt am Main 1984.

2 Sequenz Thomas Mann an Heinrich Mann, Princeton, 14. 5. 1939, in: Hans Wysling (Hrsg.): Thomas Mann, Heinrich Mann: *Briefwechsel 1900–1949*, Frankfurt am Main 1984.

3 Mimi Mann an Heinrich Mann, Prag, 9. 11. 1938, ADK.

4 Heinrich Mann an Thomas Mann am 22. 11. 1938; siehe auch Briefe vom 29. 12. 1938, 25. 1. 1939 und 25. 5. 1939, in: Hans Wysling (Hrsg.): Thomas Mann, Heinrich Mann: *Briefwechsel 1900–1949*, Frankfurt am Main 1984.

5 Mimi Mann an Heinrich Mann, Prag, 4. 2. 1939, ADK. Sie schrieb, Mimi, Goschi, der Bräutigam und die Schwiegermutter gingen in die USA, der Hausrat solle geteilt werden und Heinrich Mann alles behalten, was er wolle.

6 Sequenz Hermann Kesten und Anna Schickele (Hrsg.): René Schickele: *Werke in drei Bänden, Bd. 3: Tagebücher und Briefe*, Köln 1959, S. 1077.

7 Heinrich Mann an Nelly Kröger, Paris, 15. 6. 1939, USC, Heinrich Mann Collection.

8 »Certificat de Célébration Civile Le mariage de Mann Luiz Heinrich et de Kröger Emmy Johanna a été célébré en cette Mairi [de Nice] aujourd'hui 9-septembre mil neuf cent trente neuf [...]«, USC, Heinrich Mann Collection. Bemerkenswert ist, dass sowohl Heinrich Manns erste Ehe (mit Mimi im August 1914) als auch jetzt die zweite Eheschließung zeitnah zum Ausbruch des Krieges stattfand.

9 Zeitungsausschnitt USC, Heinrich Mann Collection.

10 Sequenz Nelly Mann an Lipsens, Nizza, 2. 12. 1939, zit. nach Eva Lips: *Zwischen Lehrstuhl und Indianerzelt. Aus dem Leben und Werk von Julius Lips, mit Briefen von Heinrich Mann*, Berlin 1965, S. 109.

11 Oder Elly Werner.

12 Nelly hatte dafür Visitenkarten drucken lassen.

13 Hedwig [Nachname unbekannt, es handelt sich um Nellys Halbschwester] an Nelly Kröger, Niendorf, 5. 1. 1939, USC, Heinrich Mann Collection.

14 Auch Edith von Quandt-Braun, Emigrantin in Nizza, arbeitete für Nelly. Ihr Mann Carl Udo von Quandt war zeitweise in Antibes interniert. Die Situation der beiden blieb prekär, unter dem Datum des 26. 2. 1940 kam ein neuer Hilferuf: »Hochverehrter Herr Mann! Sehr verehrte gnädige Frau! Da ich Sie leider nicht antraf, erlaube ich mir, Ihnen in Eile einige Zeilen zu schreiben. Meine Frau, Edith Braun, liegt seit Wochen und es geht ihr sehr schlecht. Heute hat sich nun unsere Situation in einer schrecklichen Form zugespitzt: unsere Wirtin will uns exmittieren, weil wir mit ca. 50 frs. Miete im Rückstand sind. Ich weiss mir im Augenblick keinen Rat, zumal meine Frau völlig die Nerven verloren hat, und auch infolge der unzulänglichen Ernährung entkräftet ist. – Ich habe ihr nichts von diesem Briefe gesagt. Ich wäre Ihnen unendlich dankbar, wenn Sie die Güte hätten, hier irgendwie rettend einzugreifen. Ich bitte Sie nochmals um Entschuldigung und verbleibe in ausgezeichneter Hochachtung und Verehrung Ihr sehr ergebener Carl Udo Quandt«

15 Alle Bittbriefe USC, Heinrich Mann Collection.

VII. Kapitel

1 Nelly Mann an Julius Lips am 14. 11. 1940, zit. nach Eva Lips: *Zwischen Lehrstuhl und Indianerzelt. Aus dem Leben und Werk von Julius Lips, mit Briefen von Heinrich Mann*, Berlin 1965, S. 110.

2 Grundsätzlich war dazu das eigens geschaffene Special Emergency Visitors Visum erforderlich. Um das zu erlangen, muss-

te man außer einer bezahlten Schiffspassage ein Affidavit
vorweisen, das einer Bürgschaft für finanzielle Unabhängig-
keit in Amerika sowie einer Unbescholtenheits-Bestätigung
gleichkam. Dazu kamen Daten zu Anlass und Ausmaß der
persönlichen Gefährdung des Einreisewilligen. Eleanor Roosevelt hatte durchgesetzt, dass bei positiver Prüfung dieser
Unterlagen die amerikanischen Behörden die Einreise möglichst ohne weitere Verzögerungen genehmigten. S. dazu u. a.
Ulrike Vosswinkel und Frank Berninger (Hrsg.): *Exil am
Mittelmeer. Deutsche Schriftsteller in Südfrankreich von 1933–
1941*, München 2005, S. 153 ff. Wie es mit dem Visum im Fall
von Nelly aussah, ist nicht ganz klar, besonders nicht, wer im
Herbst 1940 für sie bürgte. Thomas Mann wird für Heinrich
und Golo genannt, nicht aber für Nelly. Möglich, dass sie
und Heinrich auch deshalb mit gefälschten amerikanischen
Pässen einreisten und im März 1941 von Mexiko aus, mit
Affidavits von Thomas für Heinrich und den Bodenhagens
für Nelly, die legale Einreise nachholten. Dass sie Frankreich
über die Grüne Grenze verlassen mussten, hatte jedoch mit
den fehlenden Ausreisepapieren zu tun.

3 Obwohl er später als Heinrich Mann und die anderen aus
Frankreich geflüchtet war, verließ Lion Feuchtwanger tatsächlich schon am 25. 9. 1940 mit der »Excalibur« Lissabon
in Richtung Amerika.

4 Waitstill Sharb brachte wenig später Feuchtwangers über den
gleichen Weg, den Richard Ball mit Manns und Werfels ging,
aus Frankreich heraus. Dazu: Marta Feuchtwanger: *Nur eine
Frau*, Berlin und Weimar 1984, S. 294 ff.

5 Brieffragment Erika Mann vermutlich an Thomas Mann,
o. O., o. D., Monacensia, München.

6 Hans Wysling (Hrsg.): Thomas Mann, Heinrich Mann: *Briefwechsel 1900–1949*, Frankfurt am Main 1984, S. 284. Damit
spätestens war jenes Testament Heinrich Manns, in dem er
Sinsheimer zum Testamentsvollstrecker und Verwalter seines

literarischen Nachlasses über die Volljährigkeit Goschis hinaus bestimmt hatte, überholt. Ob Heinrich Mann tatsächlich
nach Nizza fuhr, um das neue Testament zu verfassen, wie es
die Ortsangabe nahelegt, ist fraglich. Möglich auch, er machte sie, um seinen tatsächlichen Aufenthaltsort zu verschleiern.
Er vermachte alles Bargeld, Bücher, Manuskripte, Möbel, alle
Vermögenswerte also, Nelly; künftige Einnahmen aus seiner
schriftstellerischen Tätigkeit Nelly und Goschi zu gleichen
Teilen.

7   Bingham nahm auch Lion Feuchtwanger nach dessen Flucht
    in Frauenkleidern aus dem Internierungslager St. Nicolas bei
    Nimes bei sich auf.

8   Auch Kantorowicz hatte Berlin frühzeitig verlassen. Seine
    erste Station war Paris, wohin ihm seine erste Frau Friedel
    im März 1933 folgte. Parallelen zu Heinrich Manns Stationen
    und Aktivitäten im Exil: Mitbegründer des Schutzverbandes
    deutscher Schriftsteller im Exil und der Freiheitsbibliothek.
    Wie andere exilierte Deutsche in Frankreich wurden Alfred
    und Friedel Kantorowicz nach Kriegsausbruch interniert,
    konnten aber 1940 mit knapper Not in die USA ausreisen.
    Besonders Friedel war Nelly freundschaftlich verbunden.

9   Manfred Flügge: *Heinrich Mann. Eine Biografie,* Reinbek
    bei Hamburg 2006, S. 387 ff. bzw. Alfred Kantorowicz an
    Heinrich Mann, o. O., 28. 7. 1941, USC, Heinrich Mann
    Collection.

10 Zit. nach Oliver Hilmes: *Witwe im Wahn. Das Leben der
    Alma Mahler-Werfel,* München 2005, S. 312.

11 Heinrich Mann hatte bereits im August 1936 die tschechische
    Staatsbürgerschaft angenommen, einmal, um nach Ablauf
    seines deutschen Passes eine längere Staatenlosigkeit zu ver-
    meiden, zum anderen, um seiner Tochter Besuche in Frank-
    reich zu erleichtern. Nellys Pass war gerade ein Jahr alt, auch
    ihr hatte das Konsulat in Marseille dazu verholfen: »Betr. der
    tschechoslowakischen Staatsangehörigkeit Ihrer Gemahlin

habe ich bereits im Certificat de Coutume angeführt, dass laut unseren Gesetzen die Frauen, die einen tschechoslowakischen Staatsbürger heiraten, hierdurch die tschechoslowakische Staatsangehörigkeit rechtmäßig erwerben.« Consulat de la République Tchéco-Slovaque an Heinrich Mann, Marseille, 1. 8. 1939, USC, Heinrich Mann Collection.

12 Varian Fry: *Auslieferung auf Verlangen. Die Rettung deutscher Emigranten in Marseille 1940/41,* München 1986, S. 79.

13 Golo Mann: *Erinnerungen und Gedanken. Lehrjahre in Frankreich,* Frankfurt am Main 2000, S. 271. Golo soll den Abmarsch um zwei Stunden verzögert haben, weil er noch »ein erfrischendes Bad im Meer« nahm, so Alma Mahler-Werfel. Auch Heinrich Mann beschrieb die Flucht in *Ein Zeitalter wird besichtigt,* allerdings ohne die Freitag-der-Dreizehnte-Episode.

14 Ulrike Vosswinkel und Frank Berninger (Hrsg.): *Exil am Mittelmeer. Deutsche Schriftsteller in Südfrankreich von 1933–1941,* München 2005, S. 171 ff.

15 Manfred Flügge: *Heinrich Mann. Eine Biografie,* Reinbek bei Hamburg 2006, S. 393.

16 Alma Mahler-Werfel: *Mein Leben,* Frankfurt am Main 1973, S. 268.

17 Die »Nea Hellas« machte ihre Jungfernfahrt 1922 als »Tuscania 2« der norwegischen Anchor Line; 1939 ging sie an die Greek Line, für die sie unter dem Namen »Nea Hellas« bis 1955 fuhr. Im Auftrag der Anchor Line transportierte sie während des Zweiten Weltkriegs auch britische Truppen.

18 Alma Mahler-Werfel: *Mein Leben,* Frankfurt am Main 1973, S. 270.

19 Zit. nach Oliver Hilmes: *Witwe im Wahn. Das Leben der Alma Mahler-Werfel,* München 2005, S. 316.

20 Sequenz TMTB, Einträge 13. 10. 1940 ff.

21 Annette Kolb zit. nach: Hans Wysling und Yvonne Schmidlin (Hrsg.): *Ein Leben in Bildern,* Zürich 1994, S. 348.

22 Sequenz TMTB, Einträge 28. 10. 1940 ff.

23 Heinrich Mann an Julius Lips, o. O., 30. 11. 1940, USC, Heinrich Mann Collection.

VIII. Kapitel

1 Nelly Mann an Salomea Rottenberg, o. O., Anfang 1941, ADK.

2 Karin Andert (Hrsg.): Monika Mann: *Das fahrende Haus. Aus dem Leben einer Weltbürgerin*, Reinbek bei Hamburg 2007, S. 63 f.

3 TMTB, Eintrag 23. 9. 1940.

4 Brieffragment Nelly Mann o. O., o. D., USC, Heinrich Mann Collection.

5 Zwischendurch ist noch von einer Adresse am Stanley Drive die Rede, einem Teilstück der South Holt Avenue.

6 Rechnung USC, Heinrich Mann Collection. Möglicherweise ergänzten die Möbel eine mitgemietete Einrichtung.

7 Zit. nach Manfred Flügge: *Heinrich Mann. Eine Biografie*, Reinbek bei Hamburg 2006, S. 407.

8 USC, Heinrich Mann Collection.

9 Dokumente USC, Heinrich Mann Collection.

10 Sequenz Heinrich Mann an Thomas Mann, Hollywood, 16. 11. 1940, Hans Wysling (Hrsg.): Thomas Mann, Heinrich Mann: *Briefwechsel 1900–1949*, Frankfurt am Main 1984.

11 Thomas Mann an Heinrich Mann, Chicago, 21. 3. 1941, Hans Wysling (Hrsg.): Thomas Mann, Heinrich Mann: *Briefwechsel 1900–1949*, Frankfurt am Main 1984.

12 Das ehemalige Haus der Viertels in der Mabery Road besuchte ich 2006. Die derzeitigen Bewohner, Gordon Davidson und Frau, die sich der Geschichte des Hauses bewusst sind, zeigten mir alte Fotos, auf denen die als Eliteemigranten zu bezeichnende Gruppe vor demselben Kamin saß, vor dem

wir gerade standen. Und sie zeigten mir den Raum, in dem der Tisch wie beschrieben gedeckt worden war für die Feier von Heinrich Manns 70. Geburtstag. Wir sprachen auch davon, dass sich im oberen Stockwerk Salka Viertel und Greta Garbo zum Tête-à-Tête trafen.

13 Auf der Menuefolge steht »18. 4. 1941«; vermutlich wurde das Essen ein zweites Mal verschoben. USC, Heinrich Mann Collection.

14 Salka Viertel zit. nach Sieglinde Fliedner-Lorenzen: *Marta Feuchtwanger, Nelly Mann, Salka Viertel, drei Schriftstellerehefrauen im Exil 1933–1945* (Diss.), Bonn 2003, S. 26.

15 Heinrich Mann: *Die Vollendung des Königs Henri Quatre*, Reinbek bei Hamburg, 2004, S. 92 ff.

16 Salomea Rottenberg hatte Nelly während eines Krankenhausaufenthalts in Paris im Mai 1938 beigestanden.

17 Ihre Fahrerlaubnis erhielt Nelly am 16. 9. 1941, sie wurde mehrfach erneuert, zuletzt war sie gültig bis zum 31. 3. 1945. Dokumente USC, Heinrich Mann Collection.

18 1927 auf halbem Weg zwischen Los Angeles und Malibu als Musterhaus errichtet, um potenzielle Bauherren für die neu parzellierten Grundstücke in den Hügeln zu interessieren. Mit geringem Erfolg, denn nach Ausbruch des Zweiten Weltkrieges wurde das Benzin rationiert. Deshalb konnten Feuchtwangers 1943 vergleichsweise billig kaufen. Für 9000 Dollar erwarben sie das 8000 Quadratmeter große Grundstück und das renovierungsbedürftige 20-Zimmer-Haus mit Meerblick. Die Architekten hatten sich von einem maurischen Palast in Sevilla inspirieren lassen und das Ganze mit Schnitzereien im Mudéjarstil ausgestattet. Zur technischen Ausstattung gehörten Gasherd, Kühlschrank und Geschirrspülmaschine; die drei Garagentore waren elektrisch zu öffnen. Es gab Innenhöfe, Springbrunnen, eine Orgel, eine Kinoleinwand und einen schmalen Einbauschrank, in dem Nelly eine Flasche Rum zu finden wusste, wenn sie zu Gast war.

Dagegen das Haus der Familie Thomas Mann: maßgeschnei-
dert und modern. Ein junger Architekt namens Davidson
legte sich mächtig ins Zeug, er hoffte auf Anschlussaufträge;
der Innenarchitekt Huldschinsky war ein Freund der Familie. Die Kosten übertrafen die des Feuchtwanger-Anwesens
deutlich: Grundstückspreis 65 000 Dollar, das 20-Zimmer-
Haus (darunter ging es nicht) sollte 20 000 Dollar kosten,
die Anlage des Gartens 1100 Dollar. Im April 1941 waren die
Manns von Princeton nach Kalifornien, Pacific Palisades,
740 Amalfi Drive gezogen. Nach ein paar Wochen schon
lagen die Baupläne vor, und kein Jahr später, im Februar
1942 erfolgte der Umzug ins eigene Heim in Pacific Palisades,
1550 San Remo Drive. Die Residenz hieß Seven Palms; nach
sieben Palmen, die auf dem Grundstück standen.
George Taboris Erinnerung an einen Leseabend bei Feuchtwangers ist ein echtes Kabinettstück: Thomas Mann »schlief
mit halboffenen Augen ein, eine kalte Zigarre zwischen seinen Lippen, die stets von den Spuren eines Magenpulvers
gezeichnet waren. Als wir später zum Auto zurückgingen,
wandte er sich zu mir. ›Junger Mann‹, sagte er, ›haben Sie die
Perfektion der Einrichtung bemerkt, die 18 000 ledergebun-
denen Bücher, alle von ihm nicht nur gelesen, sondern auch
verstanden und im Gedächtnis behalten: die abwechslungs-
reichen Schreibtische, einer, um im Liegen zu schreiben, ein
anderer, um sitzend zu schreiben, ein dritter zum Stehen,
und die prächtigen Schreibutensilien, die verschiedenen
Schreibmaschinen, die Batterie von Federn, Bleistiften, Ra-
diergummis, die erlesene Qualität des Papiers, die raffinierte
kleine Nische für die Sekretärin, immer zur Hand, der Blick
über den Pazifischen Ozean, der Duft der exotischen Flora,
die riesige, diskrete, immer hilfreiche Frau, die mich an einen
Indianerhäuptling erinnert, und was kommt bei all der Voll-
kommenheit heraus? Reine Scheiße.‹« Zit. nach Sieglinde
Fliedner-Lorenzen: *Marta Feuchtwanger, Nelly Mann, Salka*

Viertel, drei Schriftstellerehefrauen im Exil 1933–1945 (Diss.),
Bonn 2003, S. 189.

19 TMTB, Eintrag 16. 4. 1941.

20 Hermann Budzislawski an Nelly Mann, South Pomfret,
25. 7. 1941, USC, Heinrich Mann Collection.

21 Vermutlich im Lagerhaus in Manhattan.

22 Nelly Mann an Salomea Rottenberg, Hollywood, 25. 9. 1941,
ADK.

23 Nelly Mann an Salomea Rottenberg, Hollywood, 18. 10. 1941,
ADK.

24 Nelly Mann an Salomea Rottenberg, o. O., o. D. ADK.

25 Sequenz Klaus Mann an Nelly Mann, o. O., o. D., Monacensia, München.

26 Eva Lips an Nelly Mann, o. O., 1. 1. 1942, USC, Heinrich
Mann Collection.

27 Nelly Mann an Mr. Lachenbruch, o. O., 23. 7. 1941, USC,
Heinrich Mann Collection.

28 TMTB, Eintrag 2. 3. 1944.

29 Maxim Litwinow war seit 1930 faktisch Außenminister der
Sowjetunion gewesen, die er gegen das faschistische Italien
und das nationalsozialistische Deutschland abzugrenzen sich
bemühte. Im Mai 1939 musste er zurücktreten, sein Nachfolger Molotow öffnete sich Hitlerdeutschland. 1941–1943
war er als Sowjetbotschafter in Washington und gleichzeitig
Vizekonsul in Los Angeles.

30 Sequenz TMTB, Einträge 18. 3. 1942 ff.

31 Kurt Rosenfeld (1917 Mitbegründer der USPD und 1931 der
SAPD) war ein berühmter Anwalt, der sehr viele Linke vertei-
digte, darunter auch Rosa Luxemburg und Karl Liebknecht.
Er war linker Sozialdemokrat, Reichstagsabgeordneter für die
SPD und eine Zeitlang preußischer Justizminister.

32 Katia Mann an Klaus Mann, 20. 4. 1942, Monacensia, München.

33 TMTB, Eintrag 21. 4. 1942.

34 Gertrude und Martin Harvey wohnten in Seagate, er hatte
    einen Laden in New York. In einem Brief vom 10. 8. 1942
    fragen sie an, wie es mit dem geplanten Besuch Nellys sei,
    sie hätten schon so lange nichts mehr von ihr gehört. Von
    Salomea Rottenberg erbat sich Nelly eine Aufstellung der
    Lebenshaltungskosten in New York. USC, Heinrich Mann
    Collection.
35 Dokument USC, Heinrich Mann Collection.
36 TMTB, Eintrag 26. 6. 1942. Sowie Golo Mann: »Die Brü-
    der Mann und Bertolt Brecht. Einige Klarstellungen zu den
    eben veröffentlichten ›Arbeitsjournalen‹«, in: *Die Zeit* vom
    23. 2. 1973.
37 Sequenz TMTB, Einträge 26. 6. 1942 und 11. 7. 1942.
38 Sequenz Nelly Mann an Salomea Rottenberg, Los Angeles,
    19. 8. und 3. 9. 1942, ADK.
39 Rechnung USC, Heinrich Mann Collection.
40 Schon am 23. 10. 1941 erwähnte Klaus Mann in einem Brief
    an Nelly und Heinrich Mann leicht spöttisch, dass er von
    diesen Plänen erfahren habe. Monacensia, München.
41 Die *Los Angeles Times* erinnerte daran am 5. 1. 1944.

IX. Kapitel

1 Heinrich Mann: *Die Vollendung des Königs Henri Quatre*,
   Reinbek bei Hamburg, 2004, S. 513. Die Szene beschreibt
   eine Ohnmacht der Heldin des Romans, der schönen Gabriele, deren Vorbild Nelly war. Solche Erfahrungen hatte
   Heinrich mit Nelly vermutlich öfter gemacht.
2 Zettelsammlung USC, Heinrich Mann Collection.
3 TMTB, Eintrag 8. 3. 1943.
4 Katia Mann an Klaus Mann, o. O., 15. 3. 1943, Monacensia,
   München.
5 TMTB, Eintrag 22. 3. 1943.

6 Dokument USC, Heinrich Mann Collection.

7 Nelly Mann an Carl Rössler, o. O., 15. 6. 1943, Monacensia, München.

8 Nelly Mann an Carl Rössler o. O., 11. 7. 1943, DLA.

9 Dokument USC, Heinrich Mann Collection.

10 Brief des District Managers Bollmann an Nelly Mann, 17. 11. 1943, USC, Heinrich Mann Collection.

11 Berthold Viertel an Nelly Mann, Brief und Gedicht, o. O., 30. 11. 1943, USC, Heinrich Mann Collection. An dieser Stelle sei erwähnt, dass Ludwig Marcuse die Einladungen ins Haus am Swall Drive rekapitulierte wie folgt: Er sei oft da gewesen und habe jedesmal für mehr als zwei Dollar gegessen und Nelly für noch mehr getrunken. Damit wies er darauf hin, dass Heinrich Mann ausreichend Geld zur Verfügung hatte, welches er im wesentlichen nur von Thomas bekommen haben konnte, und trat damit dem Wirbel entgegen, den die Veröffentlichung von Nellys Briefen an Salomea Rottenberg, in denen sie ihre und Heinrichs prekäre finanzielle Situation beschrieb, auslöste. Ludwig Marcuse: »Das sonderbare Ehepaar Nelly und Heinrich Mann« in: *Die Zeit* vom 25. 3. 1960.

12 TMTB, Eintrag 5. 1. 1944.

13 Sollte ihre Kopfverletzung von 1932 so schwer gewesen sein, dass sie noch 1944 durch Röntgenaufnahmen nachweisbar war? Sollten die Ärzte an ein damals entstandenes Hämatom gedacht haben, das sich abgekapselt haben und seither zu Beeinträchtigungen geführt haben könnte?

14 Nelly Mann an Heinrich Mann o. O., im Januar 1944, USC, Heinrich Mann Collection.

15 TMTB, Eintrag 9. 2. 1944.

16 Thomas Mann an Wilhelm Herzog, Pacific Palisades, 18. 1. 1944, Erika Mann (Hrsg.): Thomas Mann: *Briefe 1937–1947*, Berlin und Weimar, 1965.

17 Wegen kriegsbedingt erhöhtem Bedarf an Treibstoff war Benzin rationiert.

18 Darauf weist ein Brieffragment von Gerta Sutter, o. O., hin: »Ihre so freundlichen Zeilen haben mich auf's Herzlichste gefreut. Sie haben mich damit in m. Glauben an den angeborenen oder anerzogenen Lebensrythmus auf's Neue bestärkt. – Ich hoffe von Herzen, dass die Musse und Ruhe, die sie jetzt geniessen, Ihnen Ihren inneren Frieden, Ihren Rhythmus zurückgeben. […] Fortsetzung am 4. 5. 44: Ich habe das Sanitorium angerufen und erfahren, dass Sie nicht mehr dort sind. Zuhause habe ich Sie bis jetzt nicht erreichen können, so müssen nun endlich diese Zeilen an ihren Bestimmungsort abgeschickt werden. Ich hoffe von Herzen, dass Sie es jetzt etwas leichter nehmen können. Dass Sie sich Ihre Lebensfreude erhalten. Sie sind solch ein positiver, strahlender Mensch […]«, USC, Heinrich Mann Collection.

19 Alle FBI-Informationen aus der Akte Heinrich Mann No 165663 A, Feuchtwanger Memorial Library, Specialized Libraries and Archival Collections, University of Southern California, Los Angeles, USC, Heinrich Mann Collection.

20 Dachorganisation aller deutschen antifaschistischen Gruppen und Organisationen Lateinamerikas.

21 Madeleine Rietra (Hrsg.): *Heinrich Mann Briefwechsel mit Barthold Fles 1942–1949,* Berlin und Weimar 1993, S. 91. Als was Nelly zu der Zeit arbeitete, ist unklar.

22 Madeleine Rietra (Hrsg.): *Heinrich Mann Briefwechsel mit Barthold Fles 1942–1949,* Berlin und Weimar 1993, S. 93.

23 Katia Mann an Heinrich Mann, o. O., 25. 5. 1944, USC, Heinrich Mann Collection.

24 Aus einer Broschüre, die Heinrich Mann aufbewahrte. USC, Heinrich Mann Collection. Der Ananda Ashram existiert heute noch.

25 Der Schriftsteller zählte Klaus Mann, Erika Manns Ehemann W. H. Auden, E. M. Forster und David Hockney zu seinen Freunden. Während seiner Berliner Zeit wohnte er u. a. im

Gästehaus des Instituts für Sexualwissenschaft, das sich in einer Villa im Tiergarten befand.

26 Gregory Kheifetz hatte viele Identitäten: die des sowjetischen Vizekonsuls in San Francisco, die des »KGB-Niederlassungs-leiters« ebendort, aber auch die des Spions, angesetzt u. a. auf J. Robert Oppenheimer, der ab 1942 die Forschungsarbeiten zu Entwicklung und Bau einer Atombombe für die USA leitete.

27 Nelly Mann an Heinrich Mann, La Crescenta, o. D., Post-stempel 15. 6. 44, USC, Heinrich Mann Collection.

28 Katia Mann an Klaus Mann, o. O., 16. 9. 1944: »Als ich aber gestern einmal wieder das Stück anrief, verlan[g]te sie, Tho-mas müsse sofort herausfahren, wenn er seinen Bruder noch lebend antreffen wolle. Da sie das aber schon vor vier Jahren dem Gölchen zu sagen pflegte so ist nicht viel darauf zu geben.« Monacensia, München.

29 Telegramm Nelly Mann an Barthold Fles vom 22. 7. 1944, Geldsendung Barthold Fles vom 24. 7. 1944, Brief Nelly Mann an Barthold Fles o. O., 7. 8. 1944. Deutsche National-bibliothek, Deutsches Exilarchiv, Frankfurt am Main, Mappe Heinrich Mann.

30 Nelly Mann an Salomea Rottenberg, o. O., 15. 10. 1944, USC, Heinrich Mann Collection.

31 Madeleine Rietra (Hrsg.): *Heinrich Mann Briefwechsel mit Barthold Fles 1942–1949,* Berlin und Weimar 1993, S. 107 ff.

32 TMTB, Eintrag 24. 10. 1944.

33 Heinrich Breloer: *Unterwegs zur Familie Mann. Begegnungen, Gespräche, Interviews,* Frankfurt am Main 2001, S. 164.

34 Dokumente USC, Heinrich Mann Collection.

35 Nelly Mann an Heinrich Mann, o. O., Januar 1944, USC, Heinrich Mann Collection.

36 Nadine Appling an Heinrich Mann, o. O., o. D., USC, Hein-rich Mann Collection.

37 Ruth Akelian an Heinrich Mann, o. O., o. D., USC, Hein-rich Mann Collection.

38 »Mrs. Nelly Mann (bitte ggf. vor die Tür legen) 301 South
   Swall Dr Losa. Sollten Sie noch einmal bei meinen Bekann-
   ten Lügen über mich verbreiten, werde ich zu Mr. Griffin ge-
   hen und ihm die Wahrheit sagen. Außerdem werde ich Ihren
   Freunden Mr. Ludwick und Mrs. Feuchtwanger mitteilen,
   was Sie über sie gesagt haben. Ich habe genug von Ihrem
   Unsinn, und sollten Sie es noch einmal wagen, werde ich
   Ihnen eine Lektion erteilen, die Sie nicht vergessen werden.«
   Nadine Appling an Nelly Mann, o. O., 27. 9. 1944, ADK.

39 »Ich bedaure, dass Ihre Frau mich derart verletzt hat, dass
   ich gezwungen bin, Schritte zu ergreifen, die scheinbar auch
   gegen Sie gerichtet sind. Ich bin ihre Anschuldigungen leid.
   Sie ging sogar so weit, zu behaupten, ich hätte ihr 2000
   Dollar gestohlen. Ihr Telegramm von heute Morgen war
   eine schwere Beleidigung. Sie war offensichtlich nicht so betrunken, dass sie nicht gewusst hätte, wie sie mich hundert-
   prozentig kränken würde. Gott sei Dank habe ich Freunde,
   die mir beistehen und die mit zweien der prominentesten
   Richter dieses Landes bekannt sind. Sie werden mit mir
   durch dick und dünn gehen. Ich beabsichtige, Nadine dieses
   Mal einen Denkzettel zu verpassen, an den sie sich für den
   Rest ihres Lebens erinnern wird. Ich hoffe, Grady, Sie verstehen das, und vergessen nicht, dass ich Ihre Freundin bin.«
   Nelly Mann an Grady Appling, o. O., o. D., ADK.

40 Thomas Mann: *Über mich selbst. Autobiographische Schriften,*
   Frankfurt am Main 1997, S. 184. Dort auch: »And my ending
   is despair« nach Prospero in Shakespeares *The Tempest.*

41 Sequenz Auszüge aus der FBI-Akte, deren Kopie in der
   USC aufbewahrt wird. Dort auch: »The *Los Angeles Times* of
   December 18, 1944 contained an article reflecting that HEIN-
   RICH MANN's wife, Mrs. NELLY KROEGER MANN had
   comitted suicide by taking an overdose of sleeping tablets.
   According to the article, Mrs. MANN was found uncons-
   cious by subject in the bedroom of their home and after

treatment by their physician, Dr. W. A. SWIM, was taken to the General Hospital, Los Angeles where she died at noon on December 17th. MANN told investigators, according to the article, that he could think of no motive for Mrs. MANNs act. […] In an effort to develop possible information of interest concerning the reason for Mrs. MANNs suicide, the file of the Los Angeles County Coroner, No. 17943, was received on January 23, 1945. This file reflects that the cause of death was phenobarbital poisoning due to barbituric acid – suicidal. The reason for the suicide was ›unknown‹. Mrs. MANN was buried by the undertakers Pierce Brothers, 417 North Maple Drive, Beverly Hills, California at Woodlawn Cemetery, Santa Monica. A copy of the Los Angeles Police Department report in the coroner's file gave the reason or motive for Mrs. MANN's decease as ›despondent‹. The basis for this reason was not shown, however. The report further stated, that HEINRICH MANN did not see Mrs. MANN commit suicide and was unable to give any information. No suicide notes were left by the deceased.«

42 Heinrich Mann an Carl Rössler, 19. 6. 1946, zit. nach Eckhard Heftrich, Peter-Paul Schneider, Hans Wißkirchen (Hrsg.): *Heinrich und Thomas Mann. Ihr Leben und Werk in Text und Bild. Katalog zur ständigen Ausstellung im Buddenbrookhaus der Hansestadt Lübeck*, Lübeck 1994, S. 386.

43 *»[…] NELLY geht zu HEINRICHs Tisch. Sie gießt sich ein Glas Wasser aus der Karaffe ein, öffnet eine Schublade und holt ein Tablettenröhrchen hervor. Sie nimmt sie handvollweise und schnell. Als sie fertig ist, wirft sie den Behälter in den Papierkorb und legt sich auf den Boden, wo sie sich in fötaler Position zusammenkauert … HEINRICH kommt zurück ins Zimmer. Er beugt sich über NELLY und fällt neben ihr auf die Knie. […]«* »Er hob sie in ein Taxi und brachte sie zum nächstgelegenen Krankenhaus. Aber dort war man sehr beschäftigt, da Weihnachten vor der Tür stand. Außerdem misstraute man dem

fremden, schäbigen Alten, der nicht genug Geld bei sich
hatte, von dem man aber auch keinen Scheck annehmen
wollte. So musste er wieder ein Taxi rufen und zum nächsten
Krankenhaus fahren, wo man bedauerte, sich nicht anders
verhalten zu können, ihm aber zuvorkommenderweise ein
drittes Krankenhaus nannte, wo er womöglich mehr Glück
haben würde. Dieses Mal hatte er das Taxi warten lassen,
für alle Fälle, sodass sie unverzüglich zum dritten Krankenhaus rasten, wo man tatsächlich wesentlich hilfsbereiter
war und ihm sofort mitteilen konnte, dass Nelly soeben gestorben war.« Christopher Hampton: *Tales from Hollywood*.
Das Theaterstück wurde 1983 in London veröffentlicht, 1992
wurde es fürs Fernsehen verfilmt, Heinrich Mann wurde
dargestellt von Alec Guinness, Nelly von Sinéad Cusack,
Ehefrau von Jeremy Irons, der ebenfalls in einer Hauptrolle
zu sehen war.

Nach Nelly

1 TMTB, Eintrag 17. 12. 1944.
2 Katia Mann an Klaus Mann, Pacific Palisades, 19. 12. 1944,
Monacensia, München.
3 Dort ist ihr Grab noch heute zu finden, gelegentlich ist es sogar mit Blumen geschmückt. Es liegt im Winkel von Myrtle
Avenue und Maple Avenue, welche auch an der Sektion vor-
beiführt, in der Heinrich Mann (gestorben 1950) und Lion
Feuchtwanger (gestorben 1958) beerdigt wurden. Heinrich
Manns sterbliche Überreste wurden nach Berlin überführt,
und so hat er zwei Grabsteine. An den auf dem Dorotheen-
städtischen Friedhof lehnt sich eine Tafel zum Gedenken an
»Nelly Mann / geb. Kröger [!] / 1898–1944 / Der tapferen /
Lebensgefährtin / Heinrich Manns im Exil / gestorben und
beigesetzt / Santa Monica Kalifornien / zum Gedenken«. Die

Tafel wurde 1977 von der Akademie der Künste in Auftrag gegeben.

4 TMTB, Eintrag 20. 12. 1944.

5 Klaus Mann an Katia Mann, o. O., 31. 12. 1944, Monacensia, München.

6 Auskunft des Klaus-Mann-Biografen Fredric Kroll vom 14. 11. 2006. Monika Manns Aussage ist dokumentiert in Heinrich Breloers Film *Treffpunkt im Unendlichen. Die Lebensreise des Klaus Mann,* von 1983.

7 Golo Mann: »Die Brüder Mann und Bertolt Brecht. Einige Klarstellungen zu den eben veröffentlichten ›Arbeitsjournalen‹«, in: *Die Zeit* vom 23. 2. 1973.

8 Heinrich Breloer: *Unterwegs zur Familie Mann. Begegnungen, Gespräche, Interviews,* Frankfurt am Main 2001, S. 164.

9 Kerstin Holzer: *Elisabeth Mann Borgese. Ein Lebensportrait,* Berlin 2001, S. 66.

10 Thea Sternheim: Tagebücher 1903–1971, DLA.

11 Heinrich Mann an Salomea Rottenberg im Februar 1945, DLA.

12 Heinrich Breloer: *Unterwegs zur Familie Mann. Begegnungen, Gespräche, Interviews,* Frankfurt am Main 2001, S. 220 f.

13 Golo Mann: »Die Brüder Mann und Bertolt Brecht. Einige Klarstellungen zu den eben veröffentlichten ›Arbeitsjournalen‹«, in: *Die Zeit* vom 23. 2. 1973.

14 Zu Heinrichs Finanzen notierte Thomas kurz nach dem Tod des Bruders und nachdem Erika anwaltlichen Rat eingeholt hatte, weil kein Testament gefunden wurde: »Ziemlich bestürzendes Resultat.« TMTB, Eintrag 14. 3. 1950.

15 Ruth Akelian an Heinrich Mann, o. O., o. D., USC, Heinrich Mann Collection.

16 Darunter Gertrude Hardt. Außerdem meldete sich eine Fanny Ertl-Frank, die ihn 1922 gepflegt hatte, als er sehr krank gewesen war; und eine Frau Jo Kahl erinnerte sich an das starke Fluidum Heinrich Manns anlässlich einer mag-

netopathischen Behandlung 1920 in München. Alle schrieben sie an Heinrich Mann nach Nellys Tod, und er bewahrte diese Briefe auf.

17 Thomas Mann notierte in seinem Tagebuch, Heinrichs Herz habe »nachts 1/2 12 Uhr« ausgesetzt, auch hier hatte das FBI genau recherchiert: Es war um 23.28 Uhr.

18 Dass Heinrich Mann hunderte Zeichnungen in Marta Feuchtwangers Obhut gegeben hatte, war lange nicht bekannt, der Fund in den Beständen der Feuchtwanger Memorial Library, USC, war eine große Überraschung. Was die Vernichtung der übrigen, nach Heinrichs Tod gefundenen Zeichnungen betrifft, so waren möglicherweise auch Golo Mann und Eva Herrmann involviert. Die Freundin von Klaus und Erika Mann, selbst Zeichnerin, soll die Blätter als wertlos eingeschätzt haben, was vom künstlerischen Standpunkt aus nachvollziehbar ist.

19 Original und Fälschung DLA.

20 1976 gab Marta Feuchtwanger Lawrence M. Wechsler Interviews, die auf Tonbändern aufgezeichnet wurden und als Tonbandtranskript unter dem Titel »Marta Feuchtwanger's Oral History, Life with Lion Feuchtwanger: Ein Emigrantenleben in München, Berlin, Sanary, Pacific Palisades« dokumentiert wurden. (Special Collections, UCLA Library, Los Angeles). Zit. nach Sieglinde Fliedner-Lorenzen: *Marta Feuchtwanger, Nelly Mann, Salka Viertel, drei Schriftstellerehefrauen im Exil 1933–1945* (Diss.), Bonn 2003.

Zitate sind originalgetreu wiedergegeben, ihre Schreibweise geht auf die jeweiligen Vorlagen zurück.

Archive

(In Klammern die in den Anmerkungen verwendeten Abkürzungen)

Archiv Buddenbrookhaus – Heinrich-und-Thomas-Mann-Zentrum, Lübeck
Archiv der Akademie der Künste (ADK), Berlin
Archiv des Museums für tschechische Literatur (LAPNP), Prag
Bundesarchiv – Bestände ehem. Berlin Document Center, Berlin
Deutsche Nationalbibliothek – Deutsches Exilarchiv, Frankfurt am Main
Deutsches Filmarchiv, Frankfurt am Main
Deutsches Literaturarchiv (DLA), Marbach am Neckar
Die Zeit, Archiv, Hamburg
Feuchtwanger Memorial Library, Specialized Libraries and Archival Collections, University of Southern California, Los Angeles (USC)
Frankfurter Allgemeine Zeitung, Archiv, Frankfurt am Main
Kirchenbuchamt des Kirchenkreises Segeberg
Landesarchiv Berlin
Monacensia, München
Nachlaß Wilhelm Herzog (NLWHTB) bearbeitet von Dr. Carla Müller-Feyen (Privatarchiv)
Zentralarchiv Gleschendorf des Ev.-Luth. Kirchenkreises Eutin

Literatur

(In Klammern die in den Anmerkungen verwendeten Abkürzungen)

Abusch, Alexander: Heinrich Mann 1871–1950. Werk und Leben
in Dokumenten und Bildern, Berlin und Weimar o. J.

Anger, Sigrid (Hrsg.): Heinrich Mann 1871–1950. Werk und
Leben in Dokumenten und Bildern (mit unveröffentlichten
Manuskripten und Briefen aus dem Nachlass), Berlin und
Weimar 1977

Bedford, Sybille: Zeitschatten. Ein biografischer Roman, Reinbek
bei Hamburg 1994

Brather, Jürgen: Ahrensbök in Großherzoglich-Oldenburgischer
Zeit 1867–1919, Ahrensbök 1990

Breloer, Heinrich: Unterwegs zur Familie Mann. Begegnungen,
Gespräche, Interviews, Frankfurt am Main 2001

Steffen Dietzsch und Julia Rosenthal (Hrsg.): Oscar Levy.
Gesammelte Schriften und Briefe Band 1: Steffen Dietzsch
und Leila Kais (Hrsg.): Oscar Levy. Nietzsche verstehen.
Essays aus dem Exil 1913–1937, Berlin 2004; Band 4: Leila
Kais (Hrsg.): Oscar Levy. Der Idealismus – ein Wahn (1940),
Berlin 2005.

Ebersbach, Volker: Heinrich Mann. Leben, Werk, Wirken, Leipzig 1978

Feuchtwanger, Lion: Briefwechsel mit Freunden 1933–1958, Bd. 1,
Berlin 1991

Feuchtwanger, Lion: Narrenweisheit oder Tod und Verklärung
des Jean-Jaques Rousseau, Berlin 2001

Feuchtwanger, Marta: Nur eine Frau, Berlin und Weimar 1984

Feuchtwanger, Marta: So sah ich Heinrich Mann, in: Neue deutsche Literatur, 1971, Berlin

Fliedner-Lorenzen, Sieglinde: Marta Feuchtwanger, Nelly Mann, Salka Viertel, drei Schriftstellerehefrauen im Exil 1933–1945 (Diss.), Bonn 2003

Flügge, Manfred: Heinrich Mann. Eine Biografie, Reinbek bei Hamburg 2006

Gemeinde Timmendorfer Strand (Hrsg.): Chronik der Bädergemeinde Timmendorfer Strand, Timmendorfer Strand 1979

Gumprecht, Holger: New Weimar unter Palmen, Berlin 1998

Hampton, Christopher: Tales from Hollywood, London und New York o. J.

Heftrich, Eckhard, Peter-Paul Schneider, Hans Wißkirchen (Hrsg.): Heinrich und Thomas Mann. Ihr Leben und Werk in Text und Bild. Katalog zur ständigen Ausstellung im Buddenbrookhaus der Hansestadt Lübeck, Lübeck 1994

Herbst, Cristina (Hrsg. und Bearb.): Hedwig Pringsheim Tagebücher 1885–1941 (in Vorbereitung)

Herzog, Wilhelm: Menschen, denen ich begegnete, Bern 1959

Hesterberg, Trude: Was ich noch sagen wollte …, Berlin 1971

Hilmes, Oliver: Witwe im Wahn. Das Leben der Alma Mahler-Werfel, München 2005

von Hofe, Harold: Bei Lion und Marta Feuchtwanger. Eine deutsche Oase in Kalifornien, in: Konturen 2, Los Angeles 1993

Holzer, Kerstin: Elisabeth Mann Borgese. Ein Lebensportrait, Berlin 2001

Isherwood, Christopher: Diaries, Volume One: 1939–1960, edited and introduced by Katherine Bucknell, London 1996

Jaretzky, Reinhold: Lion Feuchtwanger in Selbstzeugnissen und Bilddokumenten dargestellt, Hamburg 1984

Jasper, Willi: Der Bruder Heinrich Mann, Frankfurt am Main 2001

Jasper, Willi: Die Jagd nach Liebe. Heinrich Mann und die Frauen, Frankfurt am Main 2007

Jens, Inge und Walter Jens: Frau Thomas Mann. Das Leben der Katharina Pringsheim, Hamburg 2003.

Jüngling, Kirsten und Brigitte Roßbeck: Katia Mann. Die Frau des Zauberers, Berlin 2003

Kantorowicz, Alfred: Armer B. B., arme Nelly Mann, in: Arbeitskreis Heinrich Mann, Mitteilungsblatt Nr. 3/1973

Kantorowicz, Alfred: Exil in Frankreich. Merkwürdigkeiten und Denkwürdigkeiten, Bremen o. J.

Kesten, Hermann: Lauter Literaten. Portraits – Erinnerungen, Wien u. a. 1963

Kesten, Hermann: Meine Freunde, die Poeten, München 1959

Kesten, Hermann (Hrsg.): Joseph Roth. Briefe 1911–1939, Köln und Berlin 1970

Klapdor, Heike: Überlebensstrategie statt Lebensentwurf. Frauen in der Emigration, in: Exilforschung, Bd. 11, Frauen und Exil. Zwischen Anpassung uns Selbstbehauptung, München 1983

Koopmann, Helmut: Thomas Mann – Heinrich Mann: Die ungleichen Brüder, München 2005

Korruhn, Wolfgang: Hautnah. Indiskrete Gespräche, Düsseldorf 1994

Kreis, Gabriele: Frauen im Exil. Dichtung und Wirklichkeit, Düsseldorf 1984

Kroll, Fredric: Klaus Mann Schriftenreihe, Wiesbaden 1976 ff.

Krüll, Marianne: Im Netz der Zauberer. Eine andere Geschichte der Familie Mann, Frankfurt am Main 1993

Kurzke, Hermann: Thomas Mann. Das Leben als Kunstwerk, München 2000

Lemke, Karl: Heinrich Mann, Berlin 1970

Lips, Eva: Begegnungen in der Emigration, in: Heinrich Mann am Wendepunkt der deutschen Geschichte (Internationale Konferenz aus Anlass des 100. Geburtstags von Heinrich Mann), Akademie der Künste zu Berlin 1971

Lips, Eva: Zwischen Lehrstuhl und Indianerzelt. Aus dem Leben und Werk von Julius Lips, mit Briefen von Heinrich Mann, Berlin 1965

von der Lühe, Irmela: Erika Mann. Eine Biographie, Frankfurt am Main 1999

Mahler-Werfel, Alma: Mein Leben, Frankfurt am Main 1973

Mann, Erika und Klaus: Was nicht im Baedecker steht – Riviera, Leipzig 1997

Mann, Golo: Erinnerungen und Gedanken. Lehrjahre in Frankreich, Frankfurt am Main 2000

Mann, Heinrich: Briefe an Maximilian Brantl (1907–1931), mitgeteilt von Ulrich Dietzel in: Weimarer Beiträge 14 (1968)

Mann, Heinrich: Briefe an Ludwig Ewers, herausgegeben von Ulrich Dietzel und Rosemarie Eggert, Berlin und Weimar 1980

Mann, Heinrich: Briefwechsel mit Barthold Fles 1942–1949, herausgegeben von Madeleine Rietra, Berlin und Weimar 1993

Mann, Heinrich: Briefe an Karl Lemke (1917–1949), Berlin 1963

Mann, Heinrich: Briefe an Karl Lemke und Klaus Pinkus, Hamburg 1963, 1964

Mann, Heinrich und Inés Schmied: Briefe einer Liebe (1905–1909), herausgegeben von Günter Berg, Anke Lindemann-Stark und Ariane Martin, in: Heinrich Mann Jahrbuch 17/1999

Mann, Heinrich: Das Kind. Geschichten aus der Familie, herausgegeben von Kerstin Schneider, Frankfurt am Main 2002

Mann, Heinrich: Die ersten zwanzig Jahre. Fünfunddreißig Zeichnungen, Berlin und Weimar 1984

Mann, Heinrich: Die Jugend des Königs Henri Quatre, Reinbek bei Hamburg 2004

Mann, Heinrich: Die Vollendung des Königs Henri Quatre, Reinbek bei Hamburg 2004

Mann, Heinrich: Ein ernstes Leben, mit einem Nachwort von Alfred Kantorowicz, Rudolstadt o. J.

Mann, Heinrich: Ein Zeitalter wird besichtigt, Frankfurt am Main 2003

Mann, Heinrich: Gesammelte Werke in 13 Bänden, Wien 1925–1932.

Mann, Heinrich: Sieben Jahre. Chronik der Gedanken und Vorgänge. Essays, Frankfurt am Main 1994

Mann, Heinrich: Zur Zeit von Winston Churchill, Frankfurt am Main 2006

Mann, Jindrich: Prag, poste restante: eine unbekannte Geschichte der Familie Mann, Reinbek bei Hamburg 2007

Mann, Julia: Ich spreche so gern mit meinen Kindern, Berlin 2000

Mann, Katia: Meine ungeschriebenen Memoiren, Frankfurt am Main 2000

Mann, Klaus: Der Wendepunkt, Reinbek bei Hamburg 1984

Mann, Monika: Das fahrende Haus. Aus dem Leben einer Weltbürgerin, herausgegeben von Karin Andert, Reinbek bei Hamburg 2007

Mann, Thomas: Tagebücher (TMTB), 10 Bde. Bd. 1–5 hrsg. von Peter de Mendelssohn; Bd. 6–10 hrsg. von Inge Jens, Frankfurt am Main 1977 ff.

Mann, Thomas, Briefe 1937–1947, herausgegeben von Erika Mann, Berlin und Weimar 1965

Mann, Thomas, Heinrich Mann – Briefwechsel 1900–1949, herausgegeben von Hans Wysling, Frankfurt am Main 1984

Mann, Victor: Wir waren fünf. Bildnis der Familie Mann, Frankfurt am Main 1998

Marcuse, Ludwig: Mein Zwanzigstes Jahrhundert, Zürich 1975

De Mendelssohn, Peter: Der Zauberer. Das Leben des deutschen Schriftstellers Thomas Mann, Frankfurt am Main 1997

Müller-Feyen, Carla: Engagierter Journalismus: Wilhelm Herzog und *Das Forum* (1914–1929). Zeitgeschehen und Zeitgenossen im Spiegel einer nonkonformistischen Zeitschrift, Frankfurt am Main 1996

Naumann, Uwe: Die Kinder der Manns. Ein Familienalbum, Reinbek bei Hamburg 2005

Naumann, Uwe: Joachim Seyppel: Abschied von Europa, Buchbesprechung in: Arbeitskreis Heinrich Mann, Mitteilungsblatt 6/1975

Ostwald, Hans (Hrsg.): Großstadtdokumente, Berlin 1904 ff.

Prater, Donald A.: Thomas Mann. Deutscher und Weltbürger, München 1998

Reich-Ranicki, Marcel: Thomas Mann und die Seinen, Frankfurt am Main 1990

Ringel, Stefan: Heinrich Mann. Ein Leben wird besichtigt, Darmstadt 2000

Schickele, René: Werke in drei Bänden, Bd. 3: Tagebücher und Briefe, Köln 1959

Schoeller, Wilfried F.: Heinrich Mann. Bilder und Dokumente, München 1991

Schröter, Klaus: Heinrich Mann in Selbstzeugnissen und Bilddokumenten, Reinbek bei Hamburg 1967

Schröter, Klaus: Heinrich und Thomas Mann, Hamburg 1993

Schumacher, Theo: Aldous Huxley, Reinbek bei Hamburg 1992

Schuster, Martin: Die SA in der nationalsozialistischen »Machtergreifung« in Berlin und Brandenburg 1926–1934 (Diss.), Berlin 2004

Seyppel, Joachim: Abschied von Europa. Die Geschichte von Heinrich und Nelly Mann dargestellt durch Peter Aschenback und Georgiewa Mühlenhaupt, Berlin 1979

Skierka, Volker (Hrsg.): Liebschaften und Greuelmärchen. Die unbekannten Zeichnungen von Heinrich Mann, Göttingen 2001

Stephan, Alexander: Im Visier des FBI. Deutsche Exilschriftsteller in den Akten amerikanischer Geheimdienste, Berlin 1998

Sternheim, Thea: Tagebücher 1903-1971, Deutsches Literaturarchiv, Marbach am Neckar

Viertel, Salka: Das unbelehrbare Herz. Ein Leben mit Stars und Dichtern des 20. Jahrhunderts, mit einem Vorwort von Carl Zuckmayer, Hamburg 1987

Ville de Sanary sur Mer (Editeur): Sur les pas des Allemands et des Autriches en exil à Sanary, 1933-1945, Sanary sur Mer 2004

Vosswinkel, Ulrike und Frank Berninger (Hrsg.): Exil am Mittelmeer. Deutsche Schriftsteller in Südfrankreich von 1933–1941, München 2005

Wagner, Hans: Heinrich Mann im Exil in Amerika. Literatur, Legende und politische Vereinsamung, in: Heinrich Mann Jahrbuch 3, Lübeck 1985

Wisskirchen, Hans: Die Familie Mann, Reinbek bei Hamburg 2000

Wunderlich, Heinke: Spaziergänge an der Côte d'Azur der Literaten, Zürich 1993

Wysling, Hans und Cornelia Bernini (Hrsg.): Jahre des Unmuts. Thomas Manns Briefwechsel mit René Schickele, Frankfurt am Main 1992

Wysling, Hans und Yvonne Schmidlin (Hrsg.): Ein Leben in Bildern, Zürich 1994

Zühlsdorff, Volkmar: Deutsche Akademie im Exil. Der vergessene Widerstand, Berlin 2001

DANK

Mira Albus, Villa Aurora, Pacific Palisades
Karin Antes, Autorin, Tutzing
Sylvia Asmus, Exilabteilung Deutsche Bibliothek, Frankfurt am
Main
Susan Bindermann, Lektorat Propyläen, Berlin
Rüdiger Borstel, Archiv Bayer AG, Leverkusen
Wilhelm Brauneder, Institut für Rechts- und Verfassungsge-
schichte der Universität Wien
Gordon Davidson, Founding Artistic Director of Center Theatre
Group, Culver City, Los Angeles und Hausbesitzer Mabery Road,
Santa Monica
Hildegard Dieke, DLA Handschriftenabteilung, Marbach
Britta Dittmann, Archiv Buddenbrookhaus, Lübeck
Gisela Erler, Landesarchiv, Berlin
Sieglinde Fiedler-Lorenzen, Germanistin, Bonn
Heidrun Fink, DLA Handschriftenabteilung, Marbach
Manfred Flügge, Autor, Berlin und Paris
Elisabeth Geisel, Muttersprache: Französisch, Göttingen
Michael Grisko, Wiss. Leiter Buddenbrookhaus, Lübeck
Franz-Heinrich Hackel, Germanist, Odenthal
Kristin Hartisch, Bundesarchiv, Berlin
Cristina Herbst, Publizistin, Frankfurt am Main
H. Henningsen, Gemeindesekretärin, Niendorf
Oliver Hilmes, Autor, Berlin

David Hrankovic, Muttersprache: Tschechisch, London
Herbert Jede, Archivar Meldebehörde, Lübeck
Klaus W. Jonas, Forscher, Bibliograph, Stifter
Evelyn Juers, Autorin, Sydney
Marion Krause, Standesamt, Ratekau
Fredric Kroll, Klaus-Mann-Biograf, weltweit
Meike Kruse, Archivarin Kultur, Stadt Lübeck
Tilman Lahme, Autor, Göttingen
Michael Lentz, Autor, Berlin
Nadezda Macurova, Archiv des Museums für tschechische
Literatur, Prag
Riccardo Marinello, Max-Planck-Institut für europäische Rechts-
geschichte, Frankfurt am Main
Christina Möller, Archiv der Akademie der Künste, Berlin
Carla Müller-Feyen, Germanistin, Berg am Starnberger See
Monika Nakath, Brandenburgisches Landeshauptarchiv,
Potsdam
Uwe Naumann, Programmleiter Sachbuch, Rowohlt, Reinbek
bei Hamburg
Brigitte Nestler, Bibliografin Heinrich Manns, Berlin
Christoph Nettersheim, Nürnberg
Julia Niehaus, Lektorin, Berlin
Bernfried Nugel, Huxley-Forscher, Universität Münster
Wulf Pingel, Landesarchiv Schleswig-Holstein, Schleswig
Otto Rönnpag, Chronist, Niendorf
Michaela Röll, Literaturagentin, Berlin
Astrid Roffmann, Braunschweig
Maud (†) und Julia Rosenthal, Tocher und Enkelin Oscar Levys
Manuela Runge, Lektorin, Berlin
Ester Salentin, Juristin, Köln
Peter-Paul Schneider, Präsident der Heinrich-Mann-Gesellschaft,
Berlin
Pamela Schnieders, Muttersprache: Amerikanisch, Köln
Ingrid Schories, Kirchenbuchamt, Segeberg

Marje Schuetze-Coburn, Feuchtwanger Memorial Library, Los Angeles

Stefan Schulte-Herrmann, Bibliothekar, Köln

Christian Seeger, Programmleiter Propyläen, Berlin

Joachim Seyppel, Autor, Hamburg

Rachelle Smith, Feuchtwanger Memorial Library, Los Angeles

Michael Stolleis, Max-Planck-Institut für europäische Rechtsgeschichte, Frankfurt am Main

Martin Thoemmes, Autor, Timmendorf

Hans Tylinski, Gemeindeverwaltung, Ahrensbök

Michaela Ullmann, Feuchtwanger Memorial Library, Los Angeles

Hans-Jürgen Voß, Zentralarchiv, Gleschendorf

Inga Wagner, DLA Handschriftenabteilung, Marbach

Michael Warnke, Ehemann und Mediziner, Köln

Gabriele Weber, Monacensia, München

Angela Wiese, Standesamt, Ahrensbök

Jörg Wollenberg, Publizist, Ahrensbök und Bremen

Volkmar Zülsdorff, ehem. Geschäftsführer der Deutschen Akademie der Künste und Wissenschaften im Exil, Publizist, Berlin (am 22. September 2006 verstorben)

Besonderer Dank gilt der Feuchtwanger Memorial Library, University of Southern California, Los Angeles, für ein Reise- und Arbeitsstipendium.

Stiftung Archiv Akademie der Künste, Berlin, Heinrich Mann Archiv: 2, 3, 4, 5, 12, 13, 14

Buddenbrookhaus, Heinrich und Thomas Mann Zentrum, Lübeck: 7, 9, 10,

Deutsches Literaturarchiv Marbach, Vorlass Joachim Seyppel: 1, 20, 21, 22

Feuchtwanger Memorial Library. Specialized Libraries and Archival Collections. University of Southern California, Los Angeles: 6, 8, 11, 17, 18, 19, 23

Jindrich Mann: 24

Thomas Mann Archiv, Eidgenössische Technische Hochschule, Zürich: 16

New York Times, 14. Oktober 1940 (Associated Press): 15

Süddeutscher Verlag: 25

Abegg, Wilhelm 188
Adler, Siegfried 53
Akelian, Ruth 144, 163 f., 170 f.
Appling, Grady 163 f., 213
Appling, Nadine 144, 157, 163 f.,
    168, 170
Aschermann, Max Traugott 114
Aschermann, Leonie (»Goschi«) s.
    Mann, Leonie
Aschermann, Suzanne (bzw.
    Franziska Josephine) 114
Auden, Wystan Hugh 193, 211

Ball, Richard 122 ff., 202
Barnathan 58 f., 110, 116, 195, 198
Baum, Vicky 186
Bedford, Sybille 60
Benn, Gottfried 186
Bernhard, Georg 89 f., 197
Bertaux, Félix 49, 113, 184
Bingham, Hiram 122, 203
Bodenhagen, Elsa Emma (geb. West-
    phal) 12 f., 118, 133, 146, 176, 202
Bodenhagen, Harry 174
Bodenhagen, Willi 133, 146, 176,
    202
Bohne, Julius 54
Bonhoeffer, Klaus 186
Borgese, Guiseppe Antonio 129
Brantl, Maximilian 26, 28, 180
Brauer, Frieda 77

Braun, Max 75
Brecht, Bertolt 28, 145, 159
Breloer, Heinrich 169, 216
Bruckner, Anton 124
Budzislawski, Erna 138 f., 144
Budzislawski, Hermann 138 f.

Carius, Rudi 39, 50, 56 f., 65, 71,
    73, 79, 83 ff., 87, 89 ff., 93, 123,
    172, 185
Chamisso, Adelbert von 179
Cramm, Gottfried von 186
Cusack, Sinéad 215

Davidson, Julius Ralph 207
Davidson, Gordon 205
Dietrich, Marlene 30, 34
Döblin, Alfred 135
Dunin, Lyonel 46 f.

Ebinger, Blandine 171
Einstein, Albert 127
Eisler, Hans 159
Eisner, Kurt 38
Ertl-Frank, Fanny 216
Ewers, Charly 13, 176
Ewers, Ludwig 21 f.

Feuchtwanger, Lion 42, 59, 73 f., 80,
    121, 123, 135–139, 143, 159, 168,
    170, 186, 202 f., 206 f., 215

Feuchtwanger, Marta 42, 59 f., 64,
80, 135 f., 163, 168, 172, 186, 202,
206 f., 213, 217
Fischer, Samuel 186
Flach, Rudi 39, 71 ff., 92 f., 123, 149
Fleischmann, Rudolf 188
Fles, Barthold 144, 159, 161 f.
Forster, Edward Morgan 211
Frank, Bruno 59 f., 132, 135, 153, 159
Frank, Liesl 59, 121, 135, 153, 168, 190
Freud, Sigmund 37
Fry, Varian 121–124, 127

Garbo, Greta 206
Gide, André 185
Gluge 102, 104, 109, 195*
Goebbels, Joseph 40, 187
Goethe, Johann Wolfgang von 55,
179
Göring, Hermann 40
Griffin, Charles 155, 157, 163, 213
Gross, Babette 90
Guinness, Alec 215

Hampton, Christopher 215
Harden, Maximilian 186
Hardt, Gertrude 216
Hardt, Giulia 147, 153
Hardt, Ludwig 147, 152 f.
Harvey, Gertrude 146, 209
Harvey, Martin 146, 209
Hauptmann, Gerhart 137, 186
Hebel, Johann Peter 187
Hermann, Eva 181, 217
Herzog, Eva-Maria 183
Herzog, Wilhelm 33–36, 42, 45 f.,
48 f., 80, 89 f., 158, 183 f.
Hesterberg, Trude 27–30, 33 ff.,
183
Heydrich, Reinhard 149
Hitler, Adolf 39, 48, 192
Hockney, David 211
Hollaender, Friedrich 28, 171
Holz, Martha 40

Holzer, Kerstin 169
Horch, Franz 127
Hugo, Victor 38
Huldschinsky, Paul 207
Huxley, Aldous 60, 160, 195
Huxley, Maria 60, 195

Irons, Jeremy 215
Isherwood, Christopher 160

Jannings, Emil 29
Jaurès, Jean 180
Jeritza, Maria 35, 183
Joachim, Joseph 186

Kahl, Jo 216
Kahn, Filip 180
Kahnová, Hermíne 180
Kahnová , Maria (»Mimi«) s. Mann,
Maria
Kais, Leila 194
Kann, Edith 25
Kantorowicz, Alfred 64, 75, 122, 139,
176, 203
Kantorowicz, Friedel 64, 203
Kerr, Alfred 28, 35, 183, 186
Kesten, Hermann 63, 70, 121, 123,
137
Kesten, Toni 70, 123
Keun, Irmgard 137
Kheifetz, Gregory 160, 162, 212
Kiepenheuer, Gustav 47
Kisch, Egon Erwin 75
Klabund 28
Klemperer, Otto 153
Knopf, Alfred A. 140
Koltz, Peter 156 f.
Kortner, Fritz 159
Kraus, Karl 25
Kröger, August Hermann Carl
(»Audi«) 12, 56
Kröger, Frieda 187
Kröger, Hedwig Bertha (»Hedi«) 12,
118, 201

Kröger, Käthe Sophie Elise s. Saebel,
    Käthe Sophie Elise
Kröger, Nicolaus Wilhelm Heinrich
    12 f., 176
Kröger, Walter Ewald 12, 39, 56, 185
Kroll, Fredric 216

Landshoff, Eva 78
Landshoff, Fritz 78, 113
Langer, Bianca 117
Lányi, Jenö 128
Lányi-Mann, Monika s. Mann,
    Monika Lawrence, David
    Herbert 195
Lawrence, Frieda 195
Lehmann, Lilli 186
Lemke, Karl 174, 183
Leonhard, Rudolf 75
Levy, Maud 77 f., 194
Levy, Oscar 74, 77, 79–83, 88 f., 91,
    93, 123, 193 f.
Liebknecht, Karl 40, 208
Lilienthal, Margareta Catharina 9
Lips, Eva 116, 127, 142, 146
Lips, Julius 95, 116, 127, 142, 146
Litwinow, Maxim 144, 208
Löhr, Julia s. Mann, Julia
Löns, Hermann 17
Lustig, Hugo von 34, 183
Luxemburg, Rosa 40, 208

Mahler-Werfel, Alma 59 f., 121,
    123–126, 131, 135, 147, 202, 204
Maikowski, Hans Eberhard 39 f.
Manga Bell, Alexandre 192
Manga Bell, Andrea 70, 191 f.
Manga Bell, Rudolf 192
Mann-Auden, Erika s. Mann, Erika
Mann Borgese, Elisabeth (»Medi«)
    76, 79, 129, 162, 168 f., 188, 191,
    193
Mann, Carla 23, 25
Mann, Elisabeth s. Mann Borgese,
    Elisabeth

Mann, Erika 36, 42, 60 f., 65, 78, 91,
    115, 121 f., 128, 172, 193, 211, 216 f.
Mann, Golo 76, 91 f., 121–126, 128,
    161, 169 f., 188, 202, 204, 217
Mann, Heinrich 11 f., 14 ff., 19–40,
    42 f., 45–66, 69–111, 113–117,
    119–129, 131–149, 151–173, 176 ff.,
    180–188, 192–195, 197 f., 200,
    202 ff., 206, 209 ff., 213–217
Mann, Julia (verh. Löhr) 22 ff., 26 f.

Mann, Katia 24, 36, 38, 59 f., 64,
    73, 81, 115, 127 ff., 135, 138 f., 145,
    147 f., 152 f., 160 f., 167–171, 183,
    188, 193, 197, 212
Mann, Klaus 36, 42, 65, 74, 78, 91,
    128, 137, 141 f., 145, 152 f., 167,
    169, 181, 188, 209, 211 f., 217
Mann, Leonie (»Goschi«) 26 ff., 33,
    48, 52 f., 56, 65 f., 71, 76, 83, 87,
    92, 96, 113 f., 122, 193, 198, 200,
    203
Mann, Maria (»Mimi«; geb.
    Kahnová) 25 ff., 30, 34 ff., 46 f.,
    52 f., 59, 65 f., 71, 76, 90 f., 96,
    113 ff., 180 f., 188, 198, 200
Mann, Michael (»Bibi«) 65, 76, 79,
    161, 188, 191, 193
Mann, Monika 128, 132, 160, 169,
    188, 216
Mann, Thomas 22 ff., 26, 36, 38,
    58–61, 65 f., 73–76, 78, 81 f., 91 f.,
    113–116, 121, 126–129, 131–136,
    138, 141 f., 144–148, 152 f., 156–159,
    161 f., 165, 167–170, 179 f., 182 ff.,
    188, 193, 198, 202, 207, 210, 212,
    216 f.
Mann, Viktor 180, 182
Marcu, Valeriu 137
Marcuse, Erna 64
Marcuse, Ludwig 75, 135, 168, 194,
    210
Massary, Fritzi 28, 190
Mehring, Walter 28, 135, 170

Meier-Graefe, Julius 60
Meyer, Agnes 144
Molotow, Wjatscheslaw M 208
Morena, Erna 183
Münzenberg, Wilhelm 72, 90,
    94–97, 137, 192

Napoleon I. 194
Nestler, Birgit 182
Neugebauer, Marie 119
Neumann, Alfred 135
Nicolaï, A. 98, 116 f.
Nicolaï, Inès 92, 198
Nielsen, Johannes Maagaard 156,
    158
Nietzsche, Friedrich 77, 107

Omala, Sister 161
Oppenheimer, Julius Robert 212
Orska, Maria 35, 183
Otte, P. A. 182 f.*
Otto, Adolf 92 f.

Paduck, Ilse 12, 41 ff., 54, 186 f.
Pallenberg, Max 28
Palloc 86*
Petersen, Jan s. Schwalm, Hans
Pinkus, Klaus 184
Planck, Max 186
Polgar, Alfred 28, 135
Pommer, Erich 34
Prabhavananda, Swami 160
Pregel-Breyer, Sophie 171

Quandt, Carl Udo von 119, 201
Quandt-Braun, Edith von 119, 201

Rathenau, Walther 186
Reed, John 154
Reinhardt, Gottfried 135
Reinhardt, Max 28
Ringelnatz, Joachim 28
Robert, M. 81*
Roberts, Edwin G. 154

Rönnpag, Otto 176
Roosevelt, Eleanor 202
Roosevelt, Franklin D. 144
Roosevelt, Theodore 107
Rosenfeld, Kurt 146, 208
Rosenthal, Julia 194
Rosenthal, Maud s. Levy, Maud
Rössler, Carl 153
Roth, Friederike 70
Roth, Joseph 63 ff., 70, 123, 191 f.
Rottenberg, Salomea 137, 140 ff.,
    146, 148 f., 198, 206, 209 f.
Rottenberg, Samuel 137, 141 f., 146,
    149
Rousseau, Therese 80

Sackville-West, Edward 61
Saebel, Carl Emil 54, 189
Saebel, Käthe Sophie Elise (geb.
    Kröger) 12, 54, 189
Salazar, Antonio 125
Schickele, Anna 59, 191
Schickele, René 59–64, 66 f., 89, 91,
    123, 191
Schmidt, Werner (»Werther«) 14,
    177, 187
Schmied, Adalbert 179
Schmied, Adalberto 179
Schmied, Arnold 179
Schmied, Inés (»Nena«) 24 f., 179
Schmied, Pauline 179
Schmied, Rudolf 179
Schnitzler, Arthur 25, 180, 190
Scholz, Sophie 40
Schories, Ingrid 174
Schulz, Johannes 72
Schwalm, Hans (Pseud. Jan
    Petersen) 185
Schwarz, Hans 119
Seyppel, Joachim 14, 39, 174, 189
Shakespeare, William 213
Sharb, Waitstill 122, 202
Shenstone, A. G. 127
Shenstone, Molly 127

Sinsheimer, Hermann 47, 187, 202
Siodmak, Curt 186
Siodmak, Robert 186
Stalin, Josef 192
Stegemann, Dorothea Helena
  Johanna 11
Steinrück, Albert 27, 180
Sternberg, Josef 30
Sternheim, Thea 75, 110, 169, 184
Stieler, Hilde 119
Strauß, Emil 117
Strauß, Johann 184
Sutter, Gerta 211
Swim, W. A. 214*

Tabori, George 207
Thoemmes, Martin 176 ff.
Troplowitz, Noah 11, 175
Tucholsky, Kurt 28
Turek, Ludwig 92 f., 198
Tylinski, Hans 173

Ullstein, Brüder (Louis, Hans,
  Rudolf, Hermann, Franz) 186

Viertel, Berthold 25, 136, 154 f., 159,
  205
Viertel, Salka 135 f., 164, 168, 205 f.
Vimala, Sister 161
Vochoč, Vladimir 116, 124 f.

Voß, Hans-Jürgen 174 f.
Voss, Margot 40, 171, 186

Wagner, Richard 184
Waldoff, Claire 28
Wechsler, Lawrence M. 217
Wedekind, Frank 180
Wedekind, Tilly 180
Weigel, Helene 168
Weil, Greta 171
Weiner (od. Werner), Elly 117,
  201
Weiskopf, Franz Carl 189
Werfel, Alma s. Mahler-Werfel,
  Alma
Werfel, Franz 59 f., 121, 123–126,
  135 f., 202
Werles, Lydia 89 f., 102, 108
Westphal, Bertha Margaretha Elise
  9, 11 f., 174
Westphal, Elsa Emma s. Bodenha-
  gen, Elsa Emma
Westphal, Elsabe Magdalena 11
Westphal, Heinrich Detlev 11
Wilder, Billy 186
Wirts 54*

Zauritz, Josef 39 f.
Zsolnay, Paul 47
Zweig, Stefan 107

* Vornamen nicht ermittelbar

Kirsten Jüngling, Brigitte Roßbeck
Schillers Doppelliebe

Die Lengefeld-Schwestern Caroline und Charlotte

352 Seiten mit 16 Seiten s/w-Abbildungen

www.list-taschenbuch.de

ISBN 978-3-548-60650-7

Liiert war Friedrich Schiller mit Charlotte – aber deren Schwester Caroline war stets mit von der Partie. Das Liebesleben des Dichters war eine Dreiecksgeschichte par excellence, voller Emotionen und Turbulenzen. Kirsten Jüngling und Brigitte Roßbeck ermöglichen mit diesem reizvollen Doppelporträt einen völlig neuen Zugang zu Schillers Persönlichkeit. Ein Lesevergnügen auf höchstem Niveau – lebendig erzählt und höchst aufschlussreich.

»Ein gut recherchiertes Buch über das Schillersche Doppelleben, in dem vor allem die Lebensumstände und Gedanken der beiden Von-Lengefeld-Schwestern im Vordergrund stehen – garniert mit den Zutaten eines guten Krimis: Liebe, Misstrauen und falsche Fährten.« *ntv*

List Taschenbuch

L324